浙江中医临床名家

徐志瑛

总主编 方剑乔

王新华 主编

科学出版社

北京

内 容 简 介

本书是"浙江中医临床名家"丛书之一,介绍了浙江省国医名师徐志瑛。徐志瑛教授是第三、五批全国老中医药专家学术经验继承工作指导老师,2011年成立全国名老中医药专家徐志瑛传承工作室。本书共分六章:中医萌芽、名师指引、声名鹊起、高超医术、学术思想、桃李天下,着重介绍徐志瑛教授从医50余年积累的治学经验。首先,介绍了徐志瑛教授的求学历程、从医经历及学术思想的形成过程;其次,通过徐志瑛教授的成功验案,介绍分析其辨证思路与用药特点;再次,通过徐志瑛教授的医论医话展现其学术特点、治学经验;最后,通过工作室师承学生的学习体会、临证感悟体现中医学术的传承。

本书可供中医临床、科研人员及在校学生阅读使用,也可供中医爱好者参考。

图书在版编目(CIP)数据

浙江中医临床名家・徐志瑛 / 方剑乔总主编;王新华主编. —北京:科学出版社,2019.8
ISBN 978-7-03-062118-4

Ⅰ.①浙… Ⅱ.①方… ②王… Ⅲ.①徐志瑛-生平事迹 ②中医临床-经验-中国-现代 Ⅳ.①K826.2 ②R249.7

中国版本图书馆CIP数据核字(2019)第179748号

责任编辑:郭海燕 刘 亚 国晶晶/责任校对:王晓茜
责任印制:徐晓晨/封面设计:黄华斌

科 学 出 版 社 出版
北京东黄城根北街 16 号
邮政编码:100717
http://www.sciencep.com

北京捷迅佳彩印刷有限公司 印刷
科学出版社发行 各地新华书店经销
*
2019 年 8 月第 一 版 开本:720×1000 B5
2019 年 8 月第一次印刷 印张:13 3/4 插页:2
字数:225 000
定价:68.00 元
(如有印装质量问题,我社负责调换)

徐志瑛教授

徐志瑛教授与本书主编

徐志瑛全国名老中医药专家传承工作室人员合影

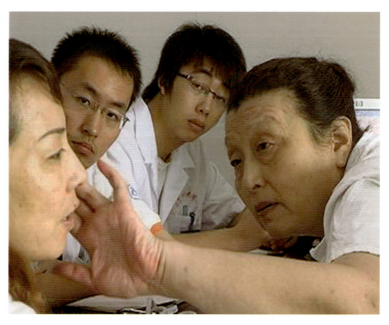

徐志瑛教授在诊治患者

浙江中医临床名家

丛书编委会

浙江中医临床名家·徐志瑛

编 委 会

总　序

中华医药，博大精深，源远流长。灵兰秘典，阴阳应象，穷万物造化之妙；《金匮》真言，药石施用，极疴疾辨治之方。诚夷夏百姓之瑰宝，中华文明之荣光。

浙派中医，守正出新，名家纷扬。丹溪景岳，《格致》《类经》，释阴阳虚实之论；桐山葛岭，《采药》《肘后》，载吴越岐黄之央。固钟灵毓秀之胜地，至道徽音之华章。

浙中医大，创业惟艰，持志以亢。忆保俶山下，庠序进修，克艰启幔；贴沙河干，省立学府，历难扬帆；钱塘江畔，名史大学，梦圆字响。望滨文南北，富春秋冬，三区鼎足，一校华光；惟天惟时，其命维新，一德以持，六艺互襄；部省共建，重校启航，黾勉奋发，踵武增华。

甲子校庆，名医辈出，几代芳华。值此浙江中医药大学建校六十周年之际，特辑撰"浙江中医临床名家"丛书，以五十二位浙江中医药大学及直属附属医院名医为体，以中医萌芽、名师指引、声名鹊起、高超医术、学术成就、桃李天下为纲，叙名家成长成才之历程，探名家学术经验之幽微，期有益于同仁之鉴法、德艺之精进。

时己亥初夏

目　　录

浙江中医临床名家·徐志瑛

第一章

中 医 萌 芽

第一节　西子湖畔立医志，怀善求真寻医道

徐志瑛教授出生于浙江杭州，生长于秀美的西子湖畔，其家族从事的行业是摄影，而非医学。徐志瑛的祖父徐仲甫原来在上海一家照相馆做学徒，掌握了照相业务的关键技术后，回杭州开设照相馆，因为希望每个到他店里拍照的顾客都能感受到美好，留下灿烂的笑容，而取名活佛照相馆。徐仲甫买来法国产的照相机，并精心研究改进拍照技术，所以活佛照相馆里拍摄的照片要比别家清晰，再加上徐仲甫凡事亲力亲为，照片都是亲自看过满意后才交付顾客，因此深得顾客信任。通过对技术的不懈追求，活佛照相馆成为当时杭州照相业的著名品牌。徐志瑛受家庭氛围影响，从小受到的熏陶是人一定要注意自己的形象，她自幼喜爱自然美好的事物，同时酷爱科学，喜好探索研究事物规律。此外，徐志瑛幼年曾患小儿营养不良症，又矮又小，常常生病，由于当时缺医少药，反复不愈，她母亲就给她找了中医偏方进行治疗，而后才慢慢得以痊愈。还有一次放学回家，徐志瑛发现了一个面部包着纱布的男人，就去问母亲，原来是她父亲因应用刚从外国引进的照相机镁光灯烧伤，后来经中药外敷，才没有留下疤痕。"为什么会出现美与丑，为什么会出现生病与健康"，从小徐志瑛就常常在脑海中辗转思索，并且对人体的生命健康产生了浓厚兴趣。读小学时，她就在学校的课外兴趣小组参加了小小医务室活动，也就萌发了做医生的想法。

近代中国卫生落后、缺医少药、医疗条件差，霍乱、伤寒、天花、血吸虫病等多种疾病经常流行，威胁着成千上万人的健康与生命。在成长的过程中，家人的病痛给徐志瑛留下了深刻印象。据徐志瑛回忆，她母亲生了9个孩子，她的兄弟姐妹中总是有人生病，不是今天这个不适，就是过几天那个发热；不是麻疹，就是百日咳；不是这个感冒，就是那个肺炎。大姐双脚浮肿说是缺乏维生素B，天天吃麦麸；二姐常流鼻血说是倒经，每日喝"康复多"；大妹发热不退医生说是患伤寒证；不久徐志瑛也被传染了，经中药治疗得以痊愈。小弟在10个月时因发热不退突然抽搐不止，请了杭城有名的小儿科医师陆庆平大夫，他说必须用青霉素，那时的青霉素十分的昂贵，要二担米换一瓶。经过10余天后总算救了过来，此后却常因受惊而昏厥，常需中药治疗，后被诊断为病毒性心肌炎。小妹患了猩红热后并发急性肾炎用了很多西药，肾炎无法缓解，最后用了杭城一位单方医生的外敷中药后痊愈。最令徐志瑛刻骨铭心的是，比她大两岁的姐姐因发热不退而住进了日本人开的医院（据说是传染病院），不久病死在医院里。徐志瑛祖母生病后常请大夫来诊治，要求忌口，这不能吃，那不能服，最后全身浮肿，因没有小便而死亡，最后据说是患的糖尿病。徐志瑛祖父喜欢吃生螺、生蟹、生虾等，后因肝硬化、便血而死亡，最后被诊断为血吸虫病伴肝硬化出血。这一段段的痛苦经历在潜移默化中影响着徐志瑛的成长，使她下定决心要学医，立志以中医药学济世为民，救死扶伤。故当其高中毕业后，于1959年考入了浙江中医学院（现为浙江中医药大学）医疗系。

第二节　励志学医为大众，潜修岐黄入杏林

进入古老神秘的中医学世界，徐志瑛充满了探索和求知的欲望，对学校的新鲜事物感到格外新奇。然而当上了第一堂课后，感受更多的却是陌生和空白，阴阳、气血及《黄帝内经》，这些中医耳熟能详的词汇令既无从医经历、又无中医理论基础的徐志瑛顿觉词简义深、茫若望洋。这使徐志瑛倍感压力，于是她向当时在南京大学就学的大哥徐克勤求助。大哥开导说："你不是从小喜爱学医吗，学中医有什么不好呢？我们家里的人不都是用中药来治好病的吗？只要你专心学习，就一定会学好、学懂、学会，就一定能成为一个好医师，实现为大众解除病痛、救死扶伤的理想。"感受到家人的支持，徐志瑛直面困难没有退缩，从此加倍努力学习，熟读各门功课，慢慢地从不理解，到能分辨；从心中的空白，到心内的充实。特别是学了中药学课程后，对中医药开始愈发热爱起来。当时的任课老师潘国贤教授是著名的中医药学家，学识渊博，智慧通达，上课引经据典、讲解生动风趣，还常常列举鲜活的故事、

个案，极大地提高了徐志瑛的学习兴趣。由王慧英老师主讲的中医诊断学，分析病情条理清晰、简明扼要，加深了学生对临床的认识，更是让徐志瑛渐入学医佳境。当接触临床课后，徐志瑛更是涉猎广泛，希望能尽快去临床上实践学习。当时中医临床班的学制为六年，前四年为理论知识学习，主修中医四大经典及西医实践学习知识，主张中西兼顾而有侧重，并举而不偏废。在此期间徐志瑛系统学习了中医学课程，日夜勤勉，熟读诵记《黄帝内经》《伤寒论》《金匮要略》《神农本草经》等中医典籍，并参看了不少同学收集的油印的书籍材料。同时还认真学习了由浙江省医学院教研室主任和浙江省中医院一线西医专家授课的西医课程。四年的勤学苦读，孜孜不倦，为徐志瑛打下了扎实的医学基础，也为徐志瑛以后中西互补的学术思想提供了知识源泉。以此为起点，徐志瑛寻到了自身的医道，真正地步入了杏林。

第
二
章

名 师 指 引

第一节　院校师承得师授，宁波城隍遇真传

　　中医临床班的最后两年是临床实习，在学校安排下，徐志瑛遇到了中医临床的第一位明师，浙江省中医院老院长、全国名老中医魏长春。魏长春是著名的中医临床家、教育家，为浙江省中医界耆宿之一，早年锐志医学，曾先后师从善用经方的长沙姚精深医师和擅长温热的浙东名医颜芝馨医师。昔年与近代名医张生甫、严鸿志、周小农、范文虎、曹炳章等贤达常有交往，质疑磋商。魏老治学严谨，造诣甚深。历年来朝夕省览，勤于摘录，上溯《黄帝内经》《难经》、仲景之学，熟谙温热，下通东垣、丹溪、景岳诸家。早年长于时感急证之诊疗，后又致力于内伤杂病的调治，尤精于脾胃、肝胆疾病。

　　魏老光发银须，中气实足，说话声音洪亮，在看病时总带着笑脸，一口宁波话，对病人问诊十分认真。由于抗战时遭受日本飞机轰炸导致听力受损，临床辨证以望、脉、舌为重，对望、切二诊有独特见解。魏老十分重视中医师承教育，对实习学生要求严格，每日开诊前，都要给学生讲半小时的课，每半个月要检查笔记，并给予批注。在切脉、望舌、按腹、问诊时，严格要求学生，必须态度端正，不得嬉笑马虎。病史记录必须详细准确，处方药味强调遵照中药君、臣、佐、使排列顺序书写。平时除剖析病例，阐解处方外，还毫无保留地把自己积累的学习笔记、诊治心得交给学生传抄。在魏老的引导下，徐志瑛学会了三部九候，懂得了书上的二十八种脉及三阴脉、三阳脉；初步学会了望面、望神、望舌诸法，懂得了四诊对阴阳、寒热、虚实、表里、气血等的辨别。由于徐志瑛学习认真刻苦，魏老还奖给她一本笔记本，并在首页题字签名。

魏老授课尤重经典，认为不论哪种中医流派，均是以《黄帝内经》《难经》《金匮要略》《伤寒论》《神农本草经》等经典著作为基础，如果不熟读经典，对中医基础理论缺乏充分的认识，就会失之于偏。其认为西医学习中医学，一般多喜欢研究中药效能，不大喜欢中医理论，却不知中医理论言简义深，《黄帝内经》所言"知其要者，一言而终；不知其要，流散无穷"是之谓也，如《素问·阴阳应象大论》曰："治病必求于本。"从这个"本"字就可以悟出许多治宜。首先，治病当以元气为本，治疗时要随时顾护，勿使元气受伤，防汗、吐、下药力过猛使元神衰脱，应预先佐以辅药。其次，治病以体质为本。寒体患热病，用药不宜过分寒凉，为防外感热退阳伤，要预先加一二味照顾病人寒体的药，使病愈且无后遗症。若病人阴虚热体患寒证，驱逐风寒之药不宜辛温猛烈，只宜用甘温甘润药品治疗，服药后饮薄热粥汤，盖被取汗，使风寒从汗解，对阴虚热体津液不伤，续方宜甘淡养胃药善后……。又如，《难经·七十五难》所言："东方实，西方虚，泻南方，补北方。"魏老临床体会可以依据这段论述借治肝风、头眩晕、欲仆及类中风症。"盖东方肝木之实，出现风动，都因西方肺金之虚，气失清肃而上亢。母能令子实，肝木旺，心火上炎，病因下虚致上实，补北方肾水，泻南方心火。"所谓"实则泻其子，虚则补其母"，使肾水充足，能潜阳柔肝，心火下降，肺气清肃。根据此理，不但对内风治疗有效，其他内伤证亦可通用。凡治内伤头痛失眠、怔忡惊悸、内伤咳嗽、反胃呕吐等症，均可根据此理治疗。再如，《金匮要略》云："若五脏元真通畅，人即安和。"五脏元真即五脏的真气，即人之元气。人患病时，体内阴阳的正常关系失去平衡，五脏功能不能协调或相互矛盾，所以，人身若能五脏元真通畅，就不易患病，一旦患病，正能抗邪，也易痊愈。所以常要求学生反复背诵，熟记经典原文，以备临床不时之需。同时魏老还要求学生多读书多思考，在熟读精思中医经典的基础上，广泛地学习前人的著作和经验，特别是金元四大家及温病学派叶、薛、吴、王的著作。其认为只有博采众长、集思广益，才能汇通诸家、化裁创新。魏老的这些学术思想、临床体会极大地丰富了徐志瑛的临床观感，对徐志瑛今后的临床辨证思维和中医治学思想产生了深远影响。

在宁波中医院城隍中医门诊部，徐志瑛遇到了实习时的第二位明师，宋氏妇科第四十二代传人，浙江省首批名老中医宋世焱先生。宋世焱先生出生于宁波宋氏妇科世家，早年在上海叔伯处承习家学熏陶，后侍学于宁波叔父处，学成后在宁波继承祖业，在多年的行医生涯中，对经、带、胎、产妇科多种疾病的治疗积累了独特的经验，在中西医结合治疗某些疑难重症方面进行了积极探索。宋老对待病人随和、耐心认真，对流产，胎位不正，无脑儿，羊水过多，不孕症，产后病，经、带、胎、产等无病不治，疗效显著，其病人遍及全国，每天门诊量多达上百。宋老善讲，循循善诱，常讲解病例的辨证分析，分享疾病的诊疗经验。宋老认为"用妇科的方法也能治疗内科疾病，中医的理论可以在各科中融会贯通"，如中医学对癫狂病因病机的认识，早有"重阴者癫，重阳者狂"和"多喜曰癫，多怒曰狂"的记载，指出癫狂之证多由阴阳失调所致。前人又认为癫狂之病有因气、火、痰、郁而成者。宋老体会少女癫狂的病因不在痰火，而在气郁化火，阴伤血结，心、肝、脾功能失调居多。郁热之邪随经内入少腹，与血搏结，腑气不通，上扰心神，遂成狂证。治仿《伤寒论》"蓄血发狂"之意，用桃核承气汤加当归、香附以活血行瘀、清涤腑气为先，佐以理气解郁，疗效颇为显蓄。这种整体辨治、融会贯通的思想对徐志瑛触动很大，她活学活用，将宋老采用枳术汤治疗胎儿羊水过多所致无脑儿的方法，在后来临床上用于低蛋白血症引起的水肿、肝硬化腹水取得了满意疗效。直到现在徐志瑛还常常与学生分享这段学习经历与临床体会，认为凡患内科病的妇人，进行月经病的调治后，内科病的疗效更能提高，而这正体现了中医整体观在治病中的重要意义。

实习期间宋老还带徐志瑛参与了下乡巡回医疗，那时农村缺医少药，宋老在各科疾病取得的治疗效果使徐志瑛认识到中医学的伟大，更坚定了徐志瑛对中医临床的信心。在一次下乡时，有一位产妇难产，羊水已破，孩子生不下来，宋老仅用了三味药，孩子就安全地出生了。有感于此，在宋老的鼓励下，徐志瑛第一次写了关于《沥胞难产治例体会》的论文，并在《浙江中医杂志》上发表。同时宋老重视现代妇科检查，他鼓励徐志瑛学习现代妇科诊疗技术，还特地为其安排了妇科检查实践和产房实习。这种中西汇通的思维方式给徐志瑛留下了深刻印象，为她今后在临床上运用中西医结合诊疗的思路奠定了基础。

第二节　江西血防得历练，基层急证习真功

由学校走入社会，进入了医院，徐志瑛被分配到江西高安县中医院。第一年是下基层进行血吸虫病防治（以下简称血防）的工作，她被安排到农村公社进行血吸虫病的防治。徐志瑛还清楚地记得同一批共有40余名从各医学

院校毕业的学生，除与她一起分配的同一个医院同学外，其余都是西医学生。40多人经过一周培训后按任务进行分组，徐志瑛被分到相城组，到当地相城公社开展工作。工作最开始是到田间找钉螺，按每平方米筛查钉螺情况，每天要完成五六亩田的工作量。回公社后再计算出钉螺的密度和杀虫用的五氯酚钠药一亩地的数量。其余的时间则与卫生院医生一起去看公社大队里的病人。快到农闲时，开始对每个疫区的人进行大便检查（即通过显微镜查找血吸虫卵），检查后将血吸虫虫卵阳性的病人登记在册，然后是家庭走访，准备农闲时再给予治疗。

终于到了最关键的血吸虫病治疗阶段，当时在相城组共留下7个人，除徐志瑛外，其他为江西医学院、广东医学院和福建医学院的毕业生。大家开始虽不认识，但在同吃、同住、同劳动中增进了友谊和感情，成为无话不谈的好朋友。在防疫站医师的指导下，众人积极做好相应准备工作，并计算好每个病人注射的锑剂量。每日一早大家在公社大厅等候病人，安排好床位，准备下午进行注射治疗。这时候徐志瑛深刻体会到中医学院学生动手能力不足的苦恼——不会打针。据徐志瑛追忆："那时只能去敲装药水的玻璃瓶，并一支一支的抽在针筒内，等待别的同学去打针。整个下午都在重复同样的事情。这样过了3天，实在憋得难过死了，于是就请西医同学们教我如何打静脉针。"在西医院校毕业生热情细心的指导下，徐志瑛逐渐学会了静脉注射，从能一针打入静脉，到能用六只指头把针头固定。徐志瑛对当时的情形记忆犹新，"必需要用两只手的协调性，六只指头的位子，都很重要，而且不能漏出药水，有一点漏出就会引起针头周围的溃烂，而且要推得很慢。不论怎样累，也要顺利完成7天的治疗。"这样的注射，使徐志瑛第一次尝到了做医生的快乐与责任。锑剂的反应比较大，出院后的病人每天都要去随访。如果出现心脏的问题比较多，就要再次收入病房治疗。4天后的下午，突然有大队长报告说，有一位治疗者在劳动时晕倒在地里，几位男医师当即把病人抬到公社，经检查确诊为锑剂引起的阿-斯综合征。这是徐志瑛第一次听到该病名，西医们各任其责，她只能旁观。经过近1小时的抢救，病人总算苏醒，并能对答。大家总算放下心了，虽然天很冷，但每个人身上都是汗。晚饭后大家都到办公室坐着，看书的看书，谈天的谈天，同时还要清洗白天用过的医疗器材并对其消毒等。值班的医师多次去观看病人，一切都很平静。快到11点时，他们各自回宿舍休息，徐志瑛的房间正好在刚抢救的病人对面，她就顺便去看了一下，看到病人很自然地睡着，双手抱头，细心的徐志瑛发现病人好像没有呼吸，立即回办公室叫医师，于是大家马上组织抢救，心外按摩、心内注射、打针、输液、吸氧，等等。经过一个多小时的抢救，心跳仍然不能恢复，被宣告死亡。在这个病人身上徐志瑛第一次学会了心脏按摩、心内穿刺，也第一次看到了病人的死亡。而这一晚则成了徐志瑛的不眠之夜，抢救的情形、病人的状态纷纷在脑海中闪现。也就是从那天起，徐志瑛暗下决心要学好西医知识和急救技术。

期间一位村中的大队长，因中风瘫痪在床半年，西药吃了一大堆，效果不明显。一个体力劳动者躺在床上需要别人去护理，沮丧是可想而知的，他听说徐医师是中医，就让血防站负责人安排请她帮忙治疗。徐志瑛凭着自己娴熟的中医理论知识，运用补阳还五汤加减并每天配合针灸治疗，1个月后大队长能慢慢地站起来了，再经过加强康复训练，2个月后能一瘸一瘸地在地里劳动了。这是她第一次感到学有所用的意义，运用中医中药治好了病人，初战告捷、信心陡增，徐志瑛感受到了自己弘扬中医医术的快乐。

1个月后全体人员都回到公社总部，久别重逢特别高兴，从各村带来的点心、菜蔬则组成了一顿特别丰盛的晚餐。第二天各队组长汇报工作，布置下一个月的任务。这次徐志瑛被分配到了切脾组，由于血吸虫病肝脾大、腹水病人很多，运用西药利尿起效快，能很快缓解痛苦，因此，人们都习惯使用西药治疗，中医中药在当时几乎无人问津。但徐志瑛常以"学中医者当姓'中'"自勉。在切脾组中她发现血吸虫病肝脾大、腹水病人，运用西医利尿、切除脾脏后，远期效果并不佳，腹水还会不断地产生。她抓住了发挥中医特长的契机，认为肝脾大、腹水的关键病机是"瘀"，选定以桂枝茯苓丸为主方加减，疗效甚佳，病人肝脾逐渐软化缩小，腹水消失，许多人又可以下地劳动了。而且通过对切脾手术前采用中药和不采用中药的病人进行对照，徐志瑛发现用中药的手术病人恢复也较未用中药的快。经过临床对照分析，向血防站做了工作总结后，切脾组被评为先进集体，徐志瑛则被评为先进个人。再次告捷，使徐志瑛深感中医中药广阔的用武之地，从而加深了其对"学以致用"这四个字的体会，其医术名声也在当地传开。

在血防锻炼快要结束的时候，也就是徐志瑛毕业后的第二个夏天，高安又发生了流行性乙型脑炎（简称乙脑），她作为医疗队员被安排到公社卫生院开展乙脑的治疗。当天来了一位14岁的女孩，其高热、角弓反张、抽搐、神志不清，对这种情况她只在书本上看到过，从未亲眼看到，惊慌中不知道该怎么办。正在发呆时，刚好有位该县人民医院的外科医师下乡调查疫情经过卫生院，他指导徐志瑛用氯丙嗪针剂使抽搐得到缓解，同时又用了安乃近滴鼻和酒精擦浴等退热方法使病情暂时稳定，他在事后交流时教导徐志瑛，"在农村里做医生，要当一个'万金油'，什么都要懂得一些、知道一些，我虽然是一个外科医生，也应知道内科的知识，才能正确地分析病情，筛选病症，回去后你要多向各科学习。"同时还提醒说：治疗发热，中医应该很有办法。外科医师的话被徐志瑛深深记在心中，对她今后的工作学习产生了深远影响。而西医师对中医药的首肯则让刚踏上工作岗位的徐志瑛信心大增，她用银翘白虎汤、复方菖蒲郁金汤为病人开窍退热，第三天起病人热度渐渐下降，第四天抽搐停止。第五天发现病人鼻、口腔有白色脓团，仔细一看是蛔虫团块，赶紧清除蛔虫。就这样，徐志瑛五天五夜守在病人身边，第六天病人终于热退神清。

这个案例对徐志瑛来说是一次宝贵的经历，既是教训又是经验。这是她第一次与护士采鲜毛竹，在炭火上自制鲜竹沥以祛痰；第一次看到病人的抽搐、角弓反张；第一次用酒精擦浴退热，并实践观察了纯酒精和稀释酒精不同的效果；第一次看到、学到用冬眠宁（氯丙嗪）静脉注射的效果和方法；第一次看到了因3天未排便而用大黄后的腹泻，还第一次给病人换床单和清洗大便；第一次为因中途出现抽搐而呼吸暂停的病人进行胸外按摩；第一次从病人口中和鼻腔中拉出六条蛔虫，缓解了窒息；第一次对骶骨作按摩预防压疮；第一次尝到了把病人从死亡线上拉回来的喜悦；也是她第一次感受到作为一名医生应该担负的责任。这成为徐志瑛人生的新起点——她确立了自身所追求的人生目标，要成为一名好医生。

一年的血防锻炼结束了，在此期间，徐志瑛通过努力，先后三次被评为三好先进工作者，一次五好积极分子。回到高安县中医院不久，中医院与人民医院合并，徐志瑛被分在人民医院，在那里徐志瑛遇到了工作中的第一位明师——吴应龙先生，他是青岛医学院1956年的毕业生，精通西医内科，业务能力为大家所公认。吴应龙先生善于讲解病情，分析病因、病机，对各种传染病的特点能精确地掌握，如流行性出血热的酒醉样面孔、鞭打样的出血点、口腔内的出血斑、早期出现的蛋白尿、中毒性的类白血病反应等；白喉的喉间鸡鸣声，吸气时的三凹征、气管切开的标准、在治疗中气管内白膜脱落时要及时掏取白膜等。在他的尽心教导下徐志瑛熟练掌握了各种技术操作，如胸膜腔穿刺、腰椎穿刺、骨髓穿刺、腹腔穿刺等。同时他还大胆支持徐志瑛应用中药治疗危重病人。一天上午从下级医院转入一位流行性出血热病人，全身肿胀如同水牛，无尿已达一天，舌质淡红，苔白，脉细滑。当时徐志瑛按水湿浸淫、三焦决渎失司、膀胱气化失常治疗，予以五皮饮合麻黄连翘赤小豆汤加减急服。晚上9点左右，病房的护士急匆匆把正在开会的徐志瑛叫回了病房，原来中药取得了意想不到的效果，病人大约在晚上8点半时有尿意，共排尿3000ml，此后又排尿约2000ml。这令包括吴应龙先生在内的病房医务人员无比振奋，这是第一次采用中药解决了急性肾衰竭病人排尿难的问题。经过一夜，病人共排尿12 000ml，第二天检查发现眼面肿胀消减不少，徐志瑛去除麻黄连翘赤小豆汤，改六味地黄汤加减，病人逐渐转危为安。从那时开始中药用于流行性出血热的抢救和恢复期治疗就成了高安县人民医院感染病病房的标配，随之而来的是流行性出血热死亡率从96%下降到16.7%，院领导予以表扬后高度重视，并将成果逐级上报。随后，徐志瑛所在病房成为了全国流行性出血热防治点，北京相关疾病防治研究院和宜春地区人民医院特地派遣了相关专业人员入驻整理治疗经验。医院也对传染病病房增派人手以加强力量。经过一年的共同探索观察与总结，研究人员对中西医结合治疗流行性出血热给予高度肯定，认为该方案对流行性出血热死亡率降低的效果，在国内达到领先水平。1969年8月高安人民医院召开了全国会议，由徐志瑛主讲流行性出血热中医的病因病机和治疗方案，这是她第一次面向全国各地来的医生讲课，徐志瑛既紧张又激动，通过反复演练精心准备，终于圆满完成了任务，得到了广泛好评。

在传染病病房的临床工作中，徐志瑛取得了满满的收获，她向科室内的医师和护士学到了很多临床技能和知识，接触了众多的传染病，如伤寒、钩端螺旋体病、乙脑、流行性脑脊髓膜炎（简称流脑）、病毒性脑膜炎、水痘并发脑炎、麻疹并发症（肺炎、脑炎）、中毒菌痢、中毒性肝病、肝性脑病、重型肺结核、结核病大咯血、狂犬病（狂躁型及静止型）、白喉等。

一天晚上10点多，病房来了一位8个月月龄的男孩，患败血型流脑，全身出现大片状的瘀斑，小孩太胖找不到静脉，看着瘀斑越来越多，为了抢救，徐志瑛当即嘱咐护士采用颈静脉穿刺，但护士没有做过，她只好自己动手，采用氯霉素2支加入50%葡萄糖液100ml慢推，大约推到20ml后就看到紫斑慢慢地缩小，推完后再换成磺胺嘧啶静脉滴注，第二天下午小孩病情转危为安。这是徐志瑛第一次尝试采用颈静脉穿刺，也是第一次看到败血型流脑西医治疗起效的全过程。

还有一位肺结核引发大量咳血的病人，吴应龙先生为了不使病人窒息，当即叫来两位体强力壮的工人，将病人两只脚朝上头向下，身体靠在床边，让病人吐血，待慢慢减少后再让病人侧卧，这种没有吸引器时代的抢救方法，让徐志瑛大开眼界。

还有一个冬天的晚上11点左右，收入一位气喘的病人，有肺结核，当时徐志瑛总觉得不似感染，也无吐血，她想会不会是气胸，但从未见过，就咨询值班护士，护士非常热心，说："我爱人是外科医生，我去叫，你等着。"当时在县城，医院医生基本都住在院内，3分钟即到，来了一看是医院的冯副院长。检查后送放射科明确诊断为自发性气胸，这是徐志瑛第一次接触到气胸患者。在冯副院长的指导下徐志瑛第一次尝试了胸膜腔抽气法，抽出500ml后，病人呼吸开始平稳，共抽了1500ml。大约过了一个小时，病人又呼吸急促了，问题未能得到解决。于是采取了闭锁引流。用化验室的一根长吸管，加一只500ml的盐水瓶，瓶中加150ml的水，把吸管插入用瓶塞固定，再插入一只9号针头，吸管上加一根输液的橡皮软管，闭锁引流瓶就做成了。经过引流，病人胸腔的气体不断从引流瓶中排出，呼吸急促又得到缓解。经过4天的治疗，气体再不排出，经透视肺已膨胀，气体全部吸收愈合，予以拔管出院。

在科室成员的支持下，徐志瑛不但西医技术十分娴熟，同时还积极采用中药及针灸治疗。如乙脑采用中药后缩短了病程，明显减少了后遗症；麻疹并发肺炎，采用了化斑汤加减，使肺炎吸收明显，病程缩短而达到临床痊愈；将细的5号注射针头进行穴位注射，用在止痛、止血、安眠、退热等方面，不但减少了药量，而且增强了效果。

正是因基层病房的反复实践，徐志瑛看到了对危重病采用中医药治疗所取得的成效，实践了中医学理论与西医学在临床上的结合，为今后进一步应用中医药来解决疑难和危重病打下了良好的基础，并以此为契机走上了以中西医结合进行临床治疗的道路。

第三节 杭城省中寻明师，博学旁通悟真谛

1971年徐志瑛调入浙江省中医院，在这里遇到了她工作中的第二位明师杨继荪先生，杨老系全国首批五百名国家级名老中医药专家之一，现代著名中医临床学家。他从医60余年，学验俱丰，硕果累累。在中医药理论、临床

诊疗和科学研究等方面，都取得了卓著的成绩。尤其对各种急性病证、老年病的治疗，具有独特的见解、独到的诊治方法，并有确切的疗效。徐志瑛至今仍记得第一次与杨老见面的情形，"那时我从江西高安人民医院调入浙江省中医院，由中医内科的负责人李学铭带着了解医院和科内的情况，李学铭指着一位花白头发、带着微笑在问病史的老医师介绍说：'他是刚从浙江医院调过来的老中医，叫杨继荪。'"徐志瑛对杨老的深刻印象还源自于另一件往事，在此四年前，徐志瑛大哥因长期尿血曾到浙江省中医院求诊，曾被一位西医诊断为肾结核，服抗结核药半年后，仍然尿血不止。后来在母亲的劝说下去找老中医杨继荪主任求诊，经杨老检查和摄片后，诊断为肾结石，劝他行手术治疗，并在杨老的细心诊疗与帮助下最终获得痊愈。像这样一位老中医竟然对西医现代检查如此精通，徐志瑛对此心中一直念念不忘，而今天终于见到了杨老。

半年门诊后徐志瑛进入病房工作，有一天来了位咳血的病人，确诊为支气管扩张出血，经科内各医师的努力还是不能止血，这天徐志瑛晚上值班，10 点钟患者又出现大出血，出血量约在 4000ml，血中带气管样的凝血块。徐志瑛止血、输血并补充血容量后，出血总算减少，保持了生命体征。次晨，徐志瑛向病房的负责人提出请杨老会诊，然后徐志瑛去门诊向杨老汇报了病情。杨老来到病房，通过望、闻、问、切后，杨老在他们开的方中去了白桔梗，加重了黄芩 30g、银花 30g、鱼腥草 30g、紫珠草 30g。结果出现意想不到的疗效，3 天后患者再也未见出血。获得成效后，徐志瑛禁不住问杨老："为什么您仅改了几味药的效果那么好？"他笑着说："出血那么多天，病人舌质仍然鲜红，脉象仍然弦滑有力，表明肺中有热，热则迫血妄行，必须加重清肺热凉血止血之品，桔梗有升宣的作用，出血的病人不能再升宣，故不能用。"当时徐志瑛联想到宋世焱老师在妇科上治疗血崩病人时也说过类似的话，"妇人血崩时往往认为必定气血两虚，常用补气摄血之剂，而适得其反，仍然无法止血者，如果病人的舌质不淡白，脉象弦滑者，必定胞宫热盛，故要采用清热凉血，才能止血。"这使她深刻领会到辨证的重要性，不论内科、妇科，都需要整体辨证，都需要辨证施治。

杨老对中医的临床工作非常重视，要求全体人员了解中医中药的重要性，并提出中医病房在治疗时要做到"先中后西，能中不西，中西结合"的治疗原则。同时杨老还特别重视中医经典学习，在查房中常采用中医传统六经理论体系进行辨证，如太阳阳明合病、阳明少阳合病、太阳少阳并病、少阳太阴并病、太阴少阴合病和厥阴等的辨证。在这种氛围的影响下，徐志瑛重新对中医经典进行了温习。在杨老的支持下，徐志瑛还参加了1976年在南京中医学院举办的温病师资学习班的培训，通过学习，对热病中如何运用卫气营血辨证有了更深的理解，在治疗危重病、传染病、热病时提高了疗效。同时杨老重视现代医学的理解与运用，把西医资深专家陈过教授从门诊调入病房，并加强科室西医临床理论的学习。每日早交班时由陈过教授主持学习西药拉丁文，并指导学习各种西医临床技能，如肝穿刺、心包穿刺、骨髓穿刺等；推骨髓片、去化验室测凝血酶原时间对照分析弥散性血管内凝血（DIC）的严重性、学习用心电图观察心律失常等，并为抢救病人把关。这种理论学习与临床实践相结合的方法快速提升了徐志瑛的西医基础理论水平和临床实践能力，使徐志瑛逐渐能用现代医学的手段来分析中医机制，辨证用药，调整治法治则，指导加减用药。而两位老人对病人认真细致耐心地问诊、触诊、切脉、听诊，对临床简明扼要透彻的分析，使徐志瑛一生铭记，也是徐志瑛一生的榜样。

杨老从不排斥西医，他在工作时常与西医互相交流，相互配合。曾有一位病人从朝鲜回国后出现大便脓血，西医疑为肠癌，要行相关检查，病人不愿意检查，杨老积极动员说："应该检查，对你有好处"。有一位德国专家，患胃病，由省保健办主持了中西医结合的大会诊，病人说："西药我已在自己的国家吃了很多，但无效，我是来服中药的"，此时杨老说："是服中药，而且是经过我们大家讨论的结果"。病人笑了，后来反复寄药去德国，也达到了痊愈。

杨老在看病时，善于从细微处抓主症，讲解辨证要点，重脉、重证；还要看病人过去治疗的方药。杨老说："既然其他医生看过无效，可以看看是什么原因不见效，我就会少走许多弯路。"这体现了他认真求实的钻研精神，同时也可以看到杨老谦逊的品格。另外，如果他对某个现代检查指标不太熟悉，只要有西医学生在抄方，都会立即请他们讲一讲这个指标的意义，常常在听取意见后进一步完善治则，从而取得更好的疗效。这表明了他善于吸收现代医学的成果，并将其运用于提高临床疗效，转化为生产力。

他在病人面前从不批评和指责初学者或民间医师在诊治中出现的差错，即使是批评，也是举一些实例来委婉地教育他人。如有一位因心脏病就诊的病人，杨老开具处方时报了桂枝3g，而抄方的学生笔误成30g。第二周病人来复诊时说，他这周中药效果特别特别好，当时杨老看了方后没有说什么。

改了一下方子，桂枝用了15g，又加了一些活血药后，使病者3周达到了临床缓解。他在事后说："当时我也不知道为什么有这样的效果，一看到桂枝用了30g，我也吓了一跳，错有错着，反起了作用，表明了桂枝的用量随着病情的变化可以增量。也启发了我在用量上有了新的突破。"在以后的工作中，常可看到杨老在用量上有新的改变，疗效更为明显。更表明了杨老在教育下一代中，为人坦荡，心比天宽。

杨老对年轻医师的建议很重视，有一次在讲白细胞减少病时，提出采用半硫丸30g包煎，能提高白细胞的作用，徐志瑛听后观察了40多例病人，其中有原发性白细胞下降和由肝病引起的白细胞下降两种患者，对原发性白细胞下降者有效果，而肝病引起的白细胞下降者，可引起肝功能损害，告诉杨老后他虚心接受。更说明了杨老的思路敏捷，善于接受新生事物，有"活到老，学到老"的精神。

在朝夕相处中，杨老优秀的精神品格不断地滋润着徐志瑛，对她产生着深刻影响。为此，徐志瑛曾不止一次向学生感慨她在杨老身上获益良多，在她心中杨老是永远的榜样与目标，也是她最为尊敬的师长之一。

杨老任浙江省中医院院长时，十分重视中医病房的建设，不断调入经验丰富的中医师以加强中医病房的力量，随着影响不断扩大，许多危重病人都慕名而来，这让徐志瑛看到了更多没有见过的病种和症状，学到了许多没有操作过的检查。那段时间徐志瑛从专家、老师、同事，甚至病人身上学会了很多东西。同时她深深地认识到中医学是一门来自于临床实践的经验医学，检验它的最直接的办法就是看中医理论能否有效地指导临床实践。所以徐志瑛开始再一次大规模地温习中医理论，对《黄帝内经》《难经》《伤寒论》《金匮要略》《温病条辨》《景岳全书》《丹溪心法》《脾胃论》《医宗金鉴》《沈氏尊生书》等历代书籍进行了广泛参读，并认为所读之书当以学以致用为要，以用之指导临床实践为根本。徐志瑛认为《黄帝内经》为现代诸多中医学说之溯源，体现了中国传统文化在医学理论上的升华，中医学包含着古代朴素的哲学思想，通过对人体由浅入深的研究，将人体与外界环境相比类，以整体观来观察人体的自身调节，虽然没有像现代实证科学一样直观，但它天人相应、取象比类的思想却很好地分析和归纳了人体的微妙变化，以及这些变化影响到五脏六腑的生理病理机制。徐志瑛结合魏老当年的授课内容将《黄帝内经》进行深入研读，通过临床实践，进一步归纳其中的治则治法。认为各种治法都是在明确审证辨证基础上"治病必于本"的体现。如"火"与"热"，虽然相似,但不能等同。所以清热药和泻火药也有不同,在临床上应用有一定区别。"火"在临床上分为两个方面,一是六淫之火,可以引起发热,此多见于夏天暑热化火,所以六淫之火常伴有口渴舌质红、鲜红或绛,苔黄或糙,甚至神昏谵语等。但发热的病不一定都是火,寒也可发热。二是内伤五志化火,是指脏腑偏胜而表现的症状,但与六淫不同,此火无发热,仅觉潮热、烘热、两颧红赤、心烦易怒、头晕耳鸣、舌质红绛,故常为肝火和虚火。若五志之火内燔可出现神志失常,骂詈不避亲疏的狂疾,此常为痰火。这些类别不同,治则也不一样,方药也不同。病机十九条第一条把诸热归为一起,热在一定条件下可以转化为"火"。此火属于六淫之火,并出现瞀(神志不清)、瘛(筋脉挛急),所以诸热应属壮热、发热、恶寒、瘟热等的热性病,火邪可充斥三焦,伤及人的神志。张景岳说:"热伤神则瞀。"又曰:"亢阳伤血则瘛。"所以说热性病容易伴抽搐、痉挛、神昏等症状,如小儿的急惊风及瘟病(流脑、乙脑或其他传心包、肺性脑病)可表现出舌质红绛、神昏、高热不解的症状,临床上常用"凉开三宝"(安宫牛黄丸、紫雪丹、至宝丹)。此皆属于诸热之火,当然并非所有的瞀瘛均属于火。病机十九条第二条的躁、狂、越(登高而歌及弃衣而走)三症也属火,与火邪亢盛有密切关系。其产生原因:一是热势由轻转重,形成烦躁狂越,后世称郁邪化火。二是五志郁结,迫动痰上扰清,而致无热而躁狂之证。所以《景岳全书·狂症门》云:"狂多因于火……当以治为先。"治疗常用直下苦降之法,采用黄连、山栀、芦荟、龙胆草等。但是躁证中也有阴躁,是属真寒假热,临床上多由口渴不欲饮,津液不能上承所致。这不属火,多为湿重者,治用化湿燥湿或温肾健脾之法。

通过这样不断地对理论与实践进行反复揣摩,徐志瑛教授对中医学又有了新的领悟,她认为中医临床学是通过"审证求因""审因求症""从症和因"进行辨证论治,最终提出正确施治方案的,它从整体观出发,以五脏为中心,对精、气、血、津、液的亏损,通过脏腑间的相辅相成的协调和相互资生、相互制约的平衡以及局部和整体的联系,来进行治疗,使脏腑协调、气血和顺、阴阳平衡,最终达到生机不息。

第三章

声 名 鹊 起

第一节　门诊临床获赞誉，病房危症取真经

　　1971 年徐志瑛调入浙江省中医院后，有幸得到了魏长春、杨继荪、陈过等名医的悉心指点。在临床中加深了中西医的理论基础，并在病房和门诊采用中西医结合治病的方式，取得了较好的疗效，深得院内领导、同事和病人的好评。她率先在医院以中医药开展"三衰"抢救并成立中医急诊科，担任科主任和学科带头人，也在浙江省内开展和组建中医急诊协作组，制订治疗方案，负责高热、出血、中风、休克、急性菌痢等课题研究并担任省急诊协作组副组长，为浙江省的中医急诊工作做出了贡献。后又转入慢性支气管炎、肺源性心脏病（简称肺心病）的研究，成立呼吸科，成为浙江省呼吸病学研究基地的学科带头人。

　　作为经验丰富的中医内科专家，徐志瑛教授擅长治疗呼吸系统疾病，提出"古为今用，结合现代，验证经典"的观点。如她常用"通因通用"法，此法多用于消化系统疾病，然而徐志瑛教授则将其用于呼吸系统疾病，实践证明，"通因通用"法与现代医学治病机制完全符合。对于肺间质纤维化，徐志瑛教授提出了"肺络为病"的观点，认为此类患者的气管中、肺泡内和肺泡形成的无效腔中都有痰积（痰栓），只有采用软化痰积、活血散瘀法方可去除病因。然后整体调治，方能逐渐缓解病情，最终达到临床痊愈。经她治疗的肺间质纤维化病人，生存期超过 10 年者比比皆是，打破了西医所说的最多生存 4 年的界限。徐志瑛教授认为，呼吸系疾病由热、湿（浊）、痰、瘀互结所致，且兼气虚、阴亏、津乏，故治疗上要综合考虑，急则"清热宣肺，祛痰豁痰，软坚活血"或"清热养阴，润肺豁痰，软坚活血"；缓则"补中不忘祛痰，益气必参活血，养阴需加清热，润肺需顾鼻咽"，整个治疗清中带补，寒温并用，动静结合。

具体而言，她认为肺系疾病，虽表现不同，但万变不离其宗，慢性支气管炎（简称慢支），或哮喘，或肺炎，均有其共同的规律，即在发作期宜清热解毒、宣肺祛痰，缓解期宜从虚而治，从肺、脾、肾三脏论治。治疗亦分发作期、缓解期和巩固期三步。这三阶段的病理都脱不开一个"痰"字。痰为人体内水、精、津液代谢失常，停聚而成的病理产物，同时又可成为新的致病因子，引起更为广泛的病理变化，出现多种病态和体征。痰不仅可由肺失宣降引起，人体内的各大脏器病变，如脾失运化，肾失蒸化均可令机体水液代谢失常而聚津成痰。《景岳全书》有云："五脏各以其时受病，非其时各传以与之。然则五脏之咳，由肺所传，则肺为主脏，而五脏其兼者也。"故辨治肺系疾病，不止于肺，亦不离于肺，关键在于"治痰"，痰有狭义与广义之分。狭义之痰指肺部渗出物和呼吸道分泌物，或咳嗽而出，或呕恶而出，其量之多少、色之黑白、质之清浊、味之腥淡，视之可见，触之可及，闻之有声，易被人们察觉和理解。故有人称其为"外痰""有形之痰"；广义之痰则由机体气机郁滞或阳气衰微，或情志不畅，不能运化津液，使体液停留积聚，逐步蕴结而成，此痰视之不见，触之不及，闻之无声，往往不为人们所察觉，故称其为"内痰""无形之痰"。

徐志瑛治痰之法有祛痰、豁痰、化痰之分。祛乃煽动上部大气道之痰；豁为豁深部小气道之痰；而化痰实指健脾化痰，以杜生痰之源。在运用中首先应当分清痰之有形之无形，再综合分析痰所处位置之深浅、病程之长短，侵犯脏器之多寡，选用相应的治痰方法。

有形之痰多由外感六淫等使肺失宣降，水道失于通调，水浊停留蓄积于肺脏所致，故有"肺为贮痰之器"之说。此痰为"霰"，多在体表，病程短暂或仅侵犯肺脏，治宜豁痰祛痰，使邪有出路，则邪去正安，如支气管炎、肺炎、肺脓疡等多属有形之痰，治疗可用桔梗、桑白皮、白前、贝母、瓜蒌、竹茹、枳壳、天竺黄、旋覆花、皂荚等豁痰祛痰之药。若痰稀色白，多属寒痰，方选三拗汤合止嗽散加减；痰稠色黄，多属热痰，方选清气化痰丸加减；咳痰量多，多属湿痰，方选二陈汤合三子养亲汤加减；痰少难咯，多属燥痰，方选桑杏汤加减。

无形之痰当通过观察临床症状和体征来辨证求因，审因论治。此痰为病，多病达筋膜肌肉，病程长久或侵犯肺外脏器，其因多由湿聚而成，湿邪来源直接与脾之运化功能密切相关——"脾为生痰之源"，脾虚则积湿生痰，故治当健脾化痰，如肺气肿、肺心病、肺纤维化等，属无形之痰，治疗可用茯苓、半夏、苍术、白术、陈皮、泽泻、莱菔子、枇杷叶、天南星、白附子及海浮石、白芥子、皂角刺、鬼箭羽、山慈菇、礞石、猫爪草、瓦楞子、夏枯草、橘络、昆布、海藻等。

长期临床研究，徐志瑛总结出两点心得：第一，治疗呼吸系统疾病应当结合西医诊断手段，如胸片、CT、MRI 等，切不可凭主观臆断盲目用药，并引以为戒。曾有病人，胸闷气急 1 个月，望徐志瑛用中药为其调理，然 CT 示为纵隔肿块，肺部未见明显异常，徐志瑛将其送胸外科治疗，并告诫跟师学生，若吾医不明其理，仍我行我素，辨证开方，轻则延其病情，重则患者性命忧矣。第二，肺疾用药，不可全选轻清之品，古书曾云："治上焦如羽，非轻不举。"并将银花、连翘等作为治疗肺系疾病之主药，但临床所见并非全然。尤其是各种炎症后期，易出现肺纤维化，此期肺泡坏死，形成空腔，结缔组织增生，在病理上已进入不可逆期，但可用中药阻断其进一步发展，并消除炎性病灶，减少副作用大的西药激素等的使用。中医学认为，肺纤维化的病机为肺长期聚痰。其为有形之痰，可以咳出，故首先当豁痰软坚，并结合利水、活血、化瘀、收敛等法，解除肺泡间的瘀阻、水肿，减少炎症渗出，复张萎陷的肺组织，恢复肺吐故纳新的功能。故用药必当峻猛，单用银花、连翘之类清轻之品不能力达病所，祛邪外出。

此外，慢性呼吸系统疾病多有发作期与缓解期相交替的特点，通过长期观察，徐志瑛总结出，呼吸系疾病多发于春、秋、冬三季，在三伏高温或三九严寒之时，气温相对稳定，反不易于发作。再经反复探索研究，1983 年，她以《素问》"春夏养阳、秋冬养阴"为基本理论依据，结合中医整体观念，率先提出"冬病夏治""冬令调治"的理论，并将其运用于临床实践，大大提高了急慢性支气管炎、哮喘及感冒、咳嗽等慢性呼吸系统疾病的缓解率和治愈率。目前此理论已被各大医院广泛应用于临床。

"冬病夏治"法主张在三伏天或夏至到秋分的这一阶段，运用中医的各种治疗方法，如中药、针灸、气功等，对冬季易发的呼吸系统疾病进行整体治疗和调摄。徐志瑛总结出夹脊或穴位灸法、药酒擦脊背法、穴位注射法和中药治疗四大疗法。主要从肺、脾、肾三脏着手，调节三脏的气血和阴阳平衡，解除"瘀""痰"的病理循环，从而延长发作周期，减少复发率，达到临床治愈的效果。"冬令调治"是"冬病夏治"的延续，在疾病初步得到缓解后，利用冬至经三九寒冬到春分这一阶段，再次进行预防性调摄。主要疗法为内服膏滋药，即俗称的"膏方"，药物组成多为胶类补血益髓之血肉有情之品，如阿胶、龟板胶、鹿角胶等，为栽培人体精血之良药，并配益气、健脾、活血之药，在冬藏之时，调理阴阳、气血，以达到阴阳平衡、脏腑协调、气血和顺的目的。实践证明，她这一大胆创举对呼吸系统疾病具有显著疗效。

徐志瑛还是一位全科中医师，对妇科、急诊、老年病、养生、疑难杂症等均有较好的治疗经验。对于代谢综合征以及肝、胆、胃等消化系统疾病，徐志瑛教授提出"从肝论治"的理论。肠道疾病在"审证求因"后以"六腑以通为荣"为治则，先清肠中瘀积之热，再行健脾补肾收敛之法，终达临床痊愈。面对疑难杂症她倾心倾力，积累了丰富的经验，如肺脓肿、肝脓肿、脓胸、支气管扩张、胃溃疡、克罗恩病、阑尾脓肿等，她不是坐等病人上门，而是与西医外科联合，有的在引流间，有的在手术前主动前去观察病情并施以药方。她指出，虽然脓胸、肝脓肿不发热，然仍属痈证。痈证在病程发展中可出现热化和寒化，寒化往往由禀赋不足所致，治疗在清热的基础上加温通之品，如附子、桂枝、白芥子、皂角刺等，同时注重扶正祛邪，适加收敛之药，往往获效明显。

此外，徐志瑛还是一位急救高手，长期的病房历练使她具有娴熟的危重病救治能力。据跟诊学生回忆，20世纪90年代初曾遇一重证支气管哮喘病人，20余岁，经药物治疗无效，已奄奄一息，群医无策，时徐志瑛教授任浙江省中医院院长，适来查房，她当机立断，立即予以气管插管、人工机械通气，当时的呼吸机相当落后，没有监测系统，她嘱咐学生守护病人一夜，不断调节机器和吸痰频率，在动脉血气分析的监督下，每3小时亲自追查一次，经两天一夜的抢救，终于将病人从死亡边缘拉了回来。现在看来用这样落后的机器把病人抢救过来，是何等的胆识和水平！

第二节 教学科研创学术，笔耕不辍书真章

50多年的临床实践，徐志瑛积累了丰富的临证经验，并形成了自己的学术思想和观点。

1. 重视辨证的整体观

面对复杂的症候群，通过现象看到本质，抓住辨证的纲领和关键的证候，详细准确地辨别病证的属性。如在呼吸系统疾病的治疗中，强调黄痰固为有

热,白痰未必是寒,她认为两者皆因蕴结化热而成,其区别只是程度不同罢了。治肺脓肿,不要一味清热排脓,要重"审证求因"注意其虚。如一例支气管胸膜瘘脓胸行胸腔闭锁引流病人,经静脉使用抗生素2个月余,仍脓流不断,外科医师认为病人胸腔闭锁引流管不可能拔除,须终身带管。徐志瑛教授会诊见其消瘦,乏力,面色无华,舌质淡苔白,脉细,认为其长期肉腐血败为脓,正气必伤,形成邪恋正虚之证,治以益气、清热、排脓、活血,方以大剂黄芪为主药,益气托毒生肌,鼓舞正气,加以清热解毒,化痰祛瘀生肌,如此经半年调治,瘘管口闭合,拔除胸腔引流管,恢复健康。

2. 治肺论痰、创治痰法

肺系疾病,虽临床表现不同,但究其病因病机不外一个"痰",痰是肺、脾、肾水液代谢失常的产物,同时又可形成肺病的致病因子,引起更为广泛的病理变化,出现多种症状和体征。故辨治肺系疾病,不止于肺,亦不离于肺,关键在于"治痰"。徐志瑛治痰之法可归纳为祛痰、化痰、豁痰、涤痰等四法。祛痰指祛除体内上部大气道的痰饮,主要指祛除存在于肺部的痰饮,药用桔梗、贝母、天竺黄之类;化痰指借助于脾气的帮助来化去全身的痰饮,主要指较为清稀的部分,有健脾燥湿、杜生痰之源之意,药用二陈汤、平胃散之类;豁痰指将积聚在体内的痰块化掉成为较软的痰液,排出体外,主要用贝壳、石类药物。涤痰为治无形之痰,无形之痰可窜走在体内关节间隙、肌腱筋络或空腔之中,变生他病。荡涤不论清稀的或稠厚的痰,这类方药均能经过机体的调节作用将其排出,其力量较为强大,就排痰的力量来说,涤痰>豁痰>祛痰>化痰。

3. 强调中西医的互补,重宏观、微观结合辨证

在传统中医宏观辨证论治的基础上,结合现代医学技术,具体、深入、微观地来认识补充疾病,使传统辨证更趋完整、准确并得以发展。如根据在纤维支气管镜、电镜下观察到气管壁的充血水肿、痰栓黏附难以排出的现象,徐志瑛主张重用祛痰豁痰药。曾治一高热1个月余的中年女性病人,咳嗽、咳痰不畅,时有咯血,久治不愈,身体虚弱。经纤维支气管镜检查示:支气管中有较多痰液,右下支气管开口处有大量的痰液溢出。徐志瑛在辨证中抓住病人咯血后反而体温有所下降、支气管中聚有大量痰液及体弱气虚的特点,认为肺部痰已阻塞支气管,郁而化热伤及肺络,不能用宣降之药,又发热1个月,气虚无力排痰,故治疗采用益气托毒排痰之法,重用黄芪30g,野荞麦根 30g，鱼腥草 30g，合用千金苇茎汤加桔梗 12g 和祛痰的寒水石、海浮石、蛤壳等，1 周内咳出大量黄白色痰液，体温逐渐正常，后改用益气健脾，佐清肺化痰法调治收功。再如对肺阴虚病人，纤维支气管镜检查发现其呼吸道中痰干黏如栓，据此主张及时使用羊乳、南沙参、麦冬、鲜芦根、鲜石斛等养阴之品，这也属"增液行舟"的理论（即异病同治）变化，从而使呼吸道湿润、液增痰出，迅速改善了症状，再用清肺祛痰之法进行调治，均起满意疗效。在对慢性阻塞性肺疾病（简称慢阻肺）、哮喘病人血液流变学的研究中发现，他们存在着血液黏稠度增高的现象，故在早期就重视活血化瘀法的应用。

4. 首举"冬病夏治""冬令调治"

徐志瑛主张遵循《素问》的"春夏养阳，秋冬养阴"原则来调治肺系疾病，总结出"补中不忘祛痰、益气必参活血、养阴需加清热"三大治则，寓清中带补、寒温并用、动静结合之意。自 1983 年以来，利用慢性呼吸系统疾病发作期和缓解期的时间差，首举"冬病夏治""冬令调治"，按整体和阶段的调理，使该病的发生、发展达到缓解，甚至可达到临床痊愈的效果。按个体化特点，每年采用膏滋和胶丸治疗的病人达 1000 多例。

5. 广集博采，用药灵活

徐志瑛有着丰富的用药配伍经验，一药多用，内外结合，她认为哮喘的病人出现的过敏现象，是肺脏与气管的上皮细胞出现了变化，这与皮肤过敏性疾病是一致的，所以她采用了大量的皮肤科的药物，并在哮喘病人中起到奇效。如在治疗间质性肺炎纤维化病例中，除按肺疾病的常规治疗外，还加重了活血软坚药物的应用，如白芥子、皂角刺、王不留行、槐角等以荡涤无形痰瘀，使病人的肺部 CT 片有明显改善。同时注意到肺与皮毛有密切关系，发现患本病的人群往往同时存在银屑病、皮炎等皮肤病，一旦肺部症状得到控制，外在的银屑病或皮炎也可消退，达到了二病同解的效果。她也常根据病的不同部位，采用不同的引经药，如头痛病人加卷柏，手痛用桑枝、桂枝等，使病情得到了较快的缓解。

早在 1976 年，徐志瑛就投入到了肺心病的临床研究中。她的《肝素、力其丁抢救重型肺性脑病 30 例》和《通里攻下、活血化瘀治疗肺源性心脏病急性发作期 66 例对血液流变学和血气分析研究》两篇论文在首届全国中西医结合肺心病会议中交流，浙江省中医院因此被推举为全国中西医结合肺心病研究副组长单位，徐志瑛则担任副秘书长和常务理事。在 20 世纪 80 年代初，她主持的"慢性肺心病缓解期冬病夏治临床研究"课题，获浙江省医学科学技术进步奖二等奖。从慢性阻塞性肺疾病发作期和缓解期的病理特点入手，提出了慢性肺源性心脏病阴阳转化的机制，完成"慢性肺源性心脏病阴阳转化征的研究及清热养阴的应用"课题，获浙江省教育委员会科学技术进步奖三等奖。首创"冬病夏治"法对肺心病缓解期的临床研究，筛选制成"夏治1—4号"系列胶囊，在每年夏至到秋分进行治疗已达20年，深得病人好评，其水平属国内领先，1992年获浙江省卫生厅医学科技进步奖二等奖。嗣后在"冬病夏治系列胶囊"的基础上组成"肺心固本冲剂"，集益气、温肾、清热、活血诸法于一体，相关课题"益气温肾清热活血法对慢阻肺的肺功能保护作用的研究"获浙江省中医药科学技术创新二等奖。历年来共主持和参加省级课题15项，已通过鉴定10项，论文奖3篇，参编《实用中西结合呼吸病学》《呼吸系病理学和治疗学》《健康与合理营养》《中西医结合临床内科学》《徐志瑛膏方经验》《徐志瑛学术经验集》《徐志瑛治疗危重疑难病案一百例》，共百余万字，发表论文50余篇。

徐志瑛热心教学，曾任浙江中医学院中医系主任，负责本科和研究生的中医内科教学。2002年即被评为全国名老中医药专家学术经验继承工作指导老师，2011年成立徐志瑛全国名老中医药专家传承工作室，学生众多。"活到老，学到老"是徐志瑛的座右铭，虽现在已80岁高龄，她仍然反复钻研《素问》《难经》《灵枢》《伤寒论》《金匮要略》等经典，从书中找出与现代医学的结合点，开拓自己的诊治方法、创新治法和方剂，并把自己的心得体会记录下来，编辑成册，如《黄帝内经与现代临床》《伤寒论与临床》等，以指导下级医师。由于徐志瑛对中医传承工作的贡献，她于2006年获得全国首届中医药传承特别贡献奖。"老骥伏枥，志在千里"，她宝刀不老，仍精神抖擞地战斗在教学、临床和科研的最前线。对祖国医学的后来人，她赠吾辈十六个字"打好基础，认真学习，反复实践，提高疗效"，落笔铿锵，力透纸背，寄殷殷期望和无限关怀于其中。徐老那一辈人所走过的路是我们所不能经历的，但她于祖国传统医学的这份痴痴执念和苦苦求索的精神，是我们年轻一代人需要继承和发扬的宝贵财富。

第三节　精益求精声鹊起，诚挚感言抒真意

祖国传统医学多年来受到现代医学的冲击，不可避免地要面对中西医两

种治疗方法在临床上有取舍的结合运用的问题。徐老认为，中医学和西医学是两个不同的科学体系，不能等同，亦无法比较孰优孰劣，但可互补。西医学着眼于"点"的研究，即疾病发生发展中的一个关键点；中医学注重"面"的治疗，讲求以效为先，强调从整体诊治。譬如癌症，西医学主要针对癌变的原因，研究如何使其得到修复或逆转，从而阻断其发展，中医学主要从改善人体整体调解机制入手，缓解病人症状，提高生存质量，延长生命。

徐老倡导新一代中医师应当走中西医结合路线，若不懂西医学，势必不能了解疾病的预后，如肺炎的发展，可影响到心脏，引起阿－斯综合征而造成心搏骤停；可影响到脑，引发肺性脑病，若有医不明，妄用中药，必误病人病情。徐老对"中西医结合"的观点：第一，中西医互相学习，借鉴是中西医结合的基础；第二，中西医结合是个人经验总结的过程，在学校中西医课程由不同专业教师分授，实现中西医的结合，只能在学生个人身上体现，只有将两门知识都牢固掌握，才能实现两者的结合，否则，只能偏废其一；第三，中西医结合，是以西医理论协助中医辨证论治，而非把中医方药作为西医的加减变化。如心电图可明确诊断房性期前收缩、室性期前收缩、心房颤动、二联律、三联律的不同，有助于中医更加准确的切诊，而这些心律失常均可以引起气血瘀滞，出现心悸、怔忡的表现，治疗时根据情况，分别施以益气、养血、滋阴、活血、化瘀诸法。中西兼顾，有助于临床思路的开阔。

徐老反复教导下一辈"学无止境"，告诫现在的中医师，切不可忘己之所学，弃己之所长，并提出两点经验与吾辈共勉：一为读书须背书。因经典著作文字简洁，理论深奥，初学者常难明其义理，若能将其中内容熟记于心，日后随所学之深入，则自然可触类旁通。二为理论须结合临床实践，吾辈当注意培养临床分析能力和操作能力。

目前，中医业有大批优秀人才急需培养。徐老认为，新一代中医人才的诞生关键有二点：首先应当有一个专门的中医实习环境，实习生们完全按照中医理论来审证求因，辨证论治，如此可快速提高学生的中医临床辨证水平，再到中西医结合医院，将西医治疗经验融入中医临证思路中，实现中西医的结合运用。其次为抄方，这是中医师成长过程中必不可少的环节，抄方并非单纯的"抄"，而是要亲身临证，如此方有机会独立地思考、总结，提高临床辨证水平。

徐老认为要成为一名真正的良医，就必须具有"雄鹰的眼睛、雄狮的胆量、鲁班的智慧、波洛的推理、女人的纤手"。在临床上要做到："眼勤、耳勤、口勤、手勤、脚勤"。唯此，方能为人类的防病、治病、延年益寿做出贡献。

她对医生、医师、名医、大夫、天使的感言是：

医师
被认为是神圣的职业，
被人们称为白衣天使。
医生
他为病人带来了健康，
他有救护病人的权利，
他是救死扶伤的使者。
名医
不是随便可以得到的，
是医师的梦想和追求。
没有梦想就不会成功，
没有追求就不会圆满。
他是经过了几十年的磨练，
他是从抢救生命的刀尖上滚出来的，
他经历过无数的生生死死，
失败和成功永远是平等的。
他为了抢救可以把家庭抛在脑后，
他为了治疗的延续把孩子也忘掉，
他会谨记失败和死亡病例的惨痛教训，
他会将成功抢救病人的喜悦与大家分享，
要成为名医很难，要做好名医更难。
大夫
同一个职业不同的称呼，
同样的名称做同样的事。
要成为一个真正的大夫，
就必须付出更多的代价，
因为他和病人都是同一地球人。
天使
像上帝派来的一样，

24

但不是神，是人！
同样生活在地球上，
同样吃的是五谷，
同样有辛酸苦辣。
要利用他的眼、耳、口、手、足，
从环卫工人做到神圣的天使，
因为他所取的是病人排出的污秽，
回报他的是病人的健康和微笑。
他要学会各种行业的技术，
解决病人的痛苦和烦恼。
他不是为利也不为钱，
是要人们永远身心健康，
是要人类永久延年益寿，
医生永远要做强者。

第四章

高超医术

　　徐志瑛教授从事临床50余载，从乡、县基层到三甲医院，师从名医，在长期的医疗实践中，形成了一套以"循古创新、内外兼治、中西互补"为特点的疗法体系。在热病、传染病、内科、妇科、儿科和现代医学的诊治、抢救、操作方法等方面，取得了丰富经验，具有独特的见解，彰显了其高超的医术。徐志瑛教授灵活变通的治疗方法不仅反映了中医学治疗各种疾病的特色，而且促进了中医学科的发展。

　　"故凡治病者，在必求于本，或本于阴，或本于阳，知病之所由生而直取之，乃为善治。若不知根本，则茫如望洋，无可问津矣"（《医门法律》）。治病必求于本，何谓"本"，本为本质，本源，根本的原因。尽管疾病的病理变化十分复杂，过程有轻有重。但是徐志瑛教授在治疗疾病的过程中，擅长找到疾病根本的"点"，采用各种治则，调整机体使气血阴阳平衡。

　　（一）釜底抽薪除高热

　　黄某，男性，16岁。

　　高热3天，神昏谵语，循衣摸床，口渴欲饮，四肢抽搐，大便二日未解，小便短少，舌质红，微紫，苔微黄燥，脉滑数。

　　此乃邪在气分，已入营分，热扰心包，阳明经证与阳明脏证合病，热毒充斥三焦，有热极生风之象，应防厥脱之变证。急以清营凉血、釜底抽薪之法。用方清营汤、白虎汤合承气汤加减。处方：银花30g、连翘15g、淡竹叶9g、炒黄连6g、玄参12g、麦冬12g、知母12g、生石膏60g、生大黄15g、生枳壳12g。另加紫雪丹，1支/次，一日二次吞服。1剂。

　　第二天热势开始下降，神志昏蒙，抽搐已止，小便增多，舌质红苔黄燥，脉滑数。再进原方，共3剂。热退神清，大便第二天已下，思食口渴，舌质红，苔白有津，脉滑弦。改用清热养阴、调理脾胃之方，出院。

按语： 古有云"扬汤止沸，不如釜底抽薪"。这句话引用在中医治疗疾病上，是指在热性病中热在上、中二焦时，已用了大剂清热药物后仍然高热不解，不如用泻下的方法来治疗，促使邪热从大便而去，称为"釜底抽薪法"。本案便是该法在临床中的实际运用。患者症见高热，口渴欲饮，大便未解，小便短少，舌红苔微黄燥，脉滑数。俱是热炽于阳明经并里结成实之征。里热蒸腾，热炽伤津，仍在气分，治以因势利导，清泄宣透。以"辛凉重剂"白虎汤合承气汤清热生津、攻下泻热。重用甘寒之石膏以清热透表，苦寒质润之知母，清热滋阴润燥，二者相须为用，清热生津、除烦止渴之功大增。又因里结成实，故以生大黄苦寒攻下泻热，枳壳行气，通降下行胃肠气机，使邪热从下而去，犹如釜底抽薪，去火退热。患者还症见神昏谵语，循衣摸床，四肢抽搐，舌微紫。此热入营分，内陷心包之征。叶天士有云"入营犹可透热转气"。故以清营汤合紫雪丹清营开窍，透热养阴，息风止痉。以紫雪丹清热开窍、息风止痉，玄参、麦冬清热养阴生津，炒黄连苦寒清心，银花、连翘、淡竹叶轻清透泄，使营热外达，透出气分而解。全方气营同治，方药对证而见卓效。

（二）甘温除热妙回春

苓某，女性，35岁，杭州人。

初诊：不规则发热已历半年，中西药无效，目前精神软弱，面色萎黄，行走无力，头昏且胀，胸闷心悸，午后发热，无明显畏寒，口渴不欲饮，纳食不香，舌质淡红而胖，苔白薄腻，脉细软无力，血常规：正常。

此乃热病日久，正气虚弱，不能祛邪，湿郁于内，当先予以补气清热、扶正祛邪之法。用补中益气汤加减。处方：生黄芪9g、生白术12g、太子参12g、软柴胡9g、炒当归12g、刀麻3g、陈皮9g、佩兰12g、大青叶30g、草果仁12g、炙白薇12g。3剂。第二天体温未明显上升，第三天精神好转，纳增。

二诊：体温基本正常。精神已恢复，寐安，舌质红苔白，脉细缓。再在原方基础上去佩兰、炙白薇。加石斛12g。7剂。

热退、胸闷心悸解除，纳、便正常。舌质红苔白，脉细缓。给予调理方14剂，出院。

按语： 《内外伤辨惑论·饮食劳倦论》云："惟当以甘温之剂，补其中而升其阳，甘寒以泻其火则愈。"此为李东垣的升阳散火之论。即使用甘温之品，起到益气养血、清热理气之作用，升阳后中气得旺，邪去病自解也。对于因虚生热者，采用甘温之品以补元气，而虚热自退，称为"甘温除热"法。虚热证者，多见面黄神疲，软弱倦怠，心慌气短，发热自汗不畅，口渴不饮，舌质淡苔白，脉细无力，或沉细，或虚大无力。本案患者久病体虚，中气不足，阴火内生，病久正气虚弱，脾胃运化失职，痰湿内生，湿郁于内，故法当益气健脾，甘温除热，兼以化湿。方用补中益气汤加减。生黄芪、生白术、太子参益气健脾、甘温补中；炒当归养血和营；柴胡、升麻升举清阳，透泄热邪，正如《本草纲目》所谓"升麻引阳明清气上升，柴胡引少阳清气上升，此乃……脾胃引经最要药也"；大青叶、炙白薇滋阴清热，陈皮、佩兰、草果仁行气化湿。全方以补气为主，升提为辅，补中寓升；以甘温补益为主，清热行气化湿为辅，补中兼清，补中兼行，补而不滞。

（三）寒因寒用除热厥

芦某，男性，34岁。

4天前出现发热恶寒，头痛鼻衄，腋下和皮肤褶皱处有细小出血点，仍然参加劳动，今晨突然四肢冰冷，急送入医院，体温不升，眼赤，球结膜水肿，酒醉样面孔，呼吸急促，血压30/10mmHg，小便黄赤量少，大便两天未下，舌质红绛，苔黄厚糙、少津，脉沉细无力。血常规：白细胞15.00×10^9/L，中性粒细胞比0.85，可见异型细胞。尿常规：尿蛋白（+++），红细胞（++），白细胞（+）。确诊为流行性出血热。

脉证参合：瘟疫之毒，卫气同犯，蕴热内陷，结于阳明，正气不能胜邪，气虚液灼，有趋向阳明腑实，热又迫入血分，形成气阴外脱，内热充斥三焦，阳气不达四肢，造成真热假寒之象。故予以急下阳明、扶正祛邪之法。方用生脉饮合承气汤加减。处方：西党参15g、生石膏20g、知母12g、寸麦冬12g、粉丹皮15g、金银花30g、青蒿30g、炒黄芩15g、枳壳12g、大黄15g、鲜生地15g、紫草12g、生甘草6g。急服1剂，另加用西药升压。经18小时后开始手指转温，血压稳定未下，已排尿一次，约200ml，第二天再服1剂。基本病情控制，体温正常，血压110/75mmHg，开始进食。改清热凉血、养阴利尿之法调治。痊愈出院。

按语：《素问·至真要大论》曰："奇之不去则偶之，是谓重方。偶之不去，则反佐以取之。所谓寒热温凉，反从其病也。"本案证属真热假寒，宜反治治之，即用寒因寒用法。寒因寒用法是指用寒性药物来治疗假寒征象的病症，适用于阳盛格阴的真热假寒证。病者出现四肢厥冷症状，根据"寒者热之"的原则，我们多常用热药治之，实际上病者出现的是"热深厥深"的表现。四肢厥冷，但胸腹灼热，体温常在 39～41℃，口渴烦躁，甚则神昏谵语，小便短赤，或大便干结，甚则热结旁流等，也有腹痛拒按，舌质红或绛，苔黄燥厚，或焦黄，或起芒刺，脉反沉迟，或沉实。此时是里热盛极，阳盛格阴，阳气不达四肢，反见寒象的真热假寒证。辨证中热盛是其本质，故须用凉药，治其真热，去其假象才能消除热邪，临床上常用的方剂有白虎汤、承气辈，阴亏津耗时用增液承气汤等。绝对不能用四逆辈方。正如《素问·至真要大论》曰："反治……热因热用，寒因寒用，塞因塞用，通因通用，必伏其所主，而先其所因，其始则同，其终则异，可使破积，可使溃坚，可使气和，可使必已。"

（四）急下存阴救痉厥

金某，女性，34 岁。

初诊：因头痛发热，由大庆转于浙江某医院神经内科住院治疗。脑脊液检查：清晰透明，蛋白（＋），白细胞 $158×10^6/L$。确诊为病毒性脑膜炎。已发热 30 余天不解，伴头痛恶心呕吐，动则加剧，3 天前突然左上肢活动不利，故请中医会诊。症见：病者痛苦貌、精神软弱，面色灰白，稍有呼吸急促，体温在 38.8～40.3℃，畏寒发热无汗，午后加重。头晕偶痛，颈稍板滞，左手握力减退，纳食难进，大便稀烂。舌淡红、苔白、梢厚，脉濡数。

脉证参合：风邪犯于上焦，蕴而化热，与湿交杂缠绵不懈，太阳阳明并病，湿热逗留气分。正气虚损，虽未入营，但湿阻气血，窜走脉络。采用清热解毒、透气化湿，佐以扶正之法。方用白虎汤合蒿芩加三仁、参苏饮加减。处方：人参叶 20g、生石膏 30g、知母 12g、桑叶 12g、炒黄芩 30g、青蒿 30g、姜半夏 12g、金银花 30g、连翘 20g、淡竹叶 9g、大豆黄卷 12g、米仁 30g、豆蔻仁 9g、葛根 30g、柴胡 9g、天麻 12g、苏叶 9g。3 剂。嘱药后汗出。

二诊：仍发热，畏寒已除，体温在 38.0～39.3℃。汗出较前轻，头晕偶痛，呕吐 4～5 次，右手握力恢复，大便已调，舌红，苔白根厚，脉细濡。原方减桑叶、大豆黄卷、天麻，加姜竹茹 9g、杏仁 12g、草果 9g、薄荷 9g。3 剂。

三诊：热峰已降于 38℃左右，头胀痛已除，稍能活动，呕恶已除，纳食能进，大便调润，舌红，苔白厚，脉细滑数。上方减姜竹茹、草果、半夏、柴胡，加砂仁 9g、炒僵蚕 12g、天麻 12g。4 剂。

四诊：发热已退 4 天，头痛消失，能起床活动，纳便正常，舌红苔薄白，脉细滑。脑脊液复查：清晰透明、蛋白（－）、白细胞 $56 \times 10^6/L$。上方减金银花、连翘、杏仁、苏叶、薄荷，加蔓荆子 12g、女贞子 20g、墨旱莲 12g。4 剂。

五诊：热退一周，头痛亦除，能起床和室外活动。纳便正常，月经过期行，舌质淡红，苔薄白，脉细滑。待再脑脊液检查正常出院。上方减青蒿、炒黄芩、石膏、知母、砂仁、豆蔻，加太子参 12g、紫丹参 20g、苦参 12g、玄参 12g、大血藤 30g、香白芷 12g。7 剂。

六诊：已出院一周，诸症均已消失，仅体力仍未恢复，纳便正常，舌质淡红苔白，脉细缓。上方减玄参、女贞子、墨旱莲、米仁、大血藤，加炒杜仲 12g、川续断 12g、益智仁 12g、鸡血藤 30g、卷黄柏 12g。7 剂。

按语：本案病者证属湿热胶固于气分，太阳阳明并病，热毒内壅、湿阻气血，耗伤阴津，由邪盛向正虚过渡，甚至厥脱逆变。类似于《伤寒论》中的"土燥水竭"证，当用仲景所创的"急下存阴"之法。该法指在热性病过程中，热毒内盛伤津，津液日夜耗损，为保津液，防病入营，急需用泻下药通大便，泻去实热，以保存津液的方法。本案仿此法用石膏、知母、黄芩、青蒿清热燥湿、泻火存阴，豆蔻畅中，米仁渗下、分消湿热，淡竹叶、大豆黄卷、姜半夏清热利湿，银花、连翘、桑叶、苏叶、葛根、柴胡轻清透泄、解表达邪，人参叶益气扶正助邪外出，天麻息风止痉。湿热之邪从表解之，从里清之，从下渗之，而阴津得存、正气得复。正如叶天士所倡，温病当以保津为第一要义，"存得一分津液，便有一分生机"。对于现代医学中感染性疾病、传染病、中暑等危重急症，证属"土燥水竭"者，急下存阴法能直捣病巢、力挽狂澜，正如陆九芝所肯定的"病至此下之则愈，不下则危，迟下则下亦危，不下必危矣，下法当急如此"，可见其对指导临床急危重症有重大意义。

（五）交通心肾得既济

朱某，女性，52 岁，杭州人。

失眠心烦，口干无液，头晕乏力，已历 1 年余，中西药治疗效果不佳。近 1 个月失眠加剧，甚则彻夜不寐，口溃舌烂，腰酸膝软，自感生不如死，纳食一般，大便干燥，舌红光干，脉弦滑。

此患者年入半百，肝阴亏虚，肝火亢盛，上炎心火，肝肾同源，精血同源，精血亏虚，故心火旺于上，肾水亏于下，水火不济，心肾失交。在交通心肾之时必养肝阴，予以清泻肝火、养血安神之法。采用逍遥散合四物汤，并用交泰丸、甘麦大枣汤加减。处方：炒当归 12g、柴胡 9g、白茯苓 12g、生白术 12g、制香附 12g、广郁金 12g、石菖蒲 12g、川黄连 6g、肉桂 3g、粉丹皮 15g、炒酸枣仁 30g、夜交藤 30g、甘草 9g、淮小麦 30g、大枣 30g、合欢花 30g、鲜石斛 15g、淡竹叶 9g、制玉竹 15g、柏子仁 12g、女贞子 12g、佛手片 12g、潼白蒺藜各 12g。共复诊 4 次，随症加减。诸症缓解肝肾阴亏已复，夜寐得安。改服膏滋二料后告痊愈。随访至今正常生活。

按语：《素问·上古天真论》云："女子七七，太冲脉衰少，天癸竭，地道不通，故形坏而无子也。"患者半百之年，肝肾亏虚，虚阳亢盛，上炎心火，心火旺于上，肾水亏于下，不能相济。当以交通心肾、水火既济之法。治病求本，故必滋养肝肾，清肝泻火。以逍遥散合四物汤养肝补血，甘麦大枣汤养心安神，交泰丸交通心肾。交泰丸作为交通心肾法的代表方，黄连大苦大寒，主入心经，擅泻心火以挫热势，肉桂辛甘大热，主入肾经，引火归原。正如《本草新编·商集》云："黄连、肉桂寒热实相反，似乎不可并用，而实有并用而成功者，盖黄连入心，肉桂入肾也……黄连与肉桂同用，则心肾交于顷刻，又何梦之不安乎？"徐志瑛教授临床上不会单用交泰丸，往往配用六味地黄丸来滋补肾水。水旺则心火自灭。现在也用于由激素的不良反应引起的面赤潮红，效果较佳。

（六）开上泄下巧通便

黄某，男性，52 岁，杭州人。

初诊：因久病影响肾阳不足，命门火衰，常感筋疲力尽，倦怠腰软，面色㿠白，人如未老先衰之象，近月小便点滴不利，淋漓不尽，腰酸脚软加重，纳食一般，舌质淡红苔白，脉迟涩无力。

宜温补肾阳，化气利尿。济生肾气丸加减。处方：生熟地各 12g、怀山药 15g、粉丹皮 12g、白茯苓 12g、山萸肉 9g、泽泻 12g、桂枝 6g、淡附子 6g、车前草 15g、怀牛膝 9g、白桔梗 6g、川贝母 6g、巴戟天 9g。7 剂。

二诊：上方服第 5 剂后小便开始明显增多，淋漓好转，但精神上尚感疲倦，食反减少，大便溏烂，舌质淡红苔白，脉沉细缓。此原因肾阳不足，用药后见大便溏是肾水反侮脾土，故改用补中益气合肾气丸。处方：生黄芪 15g、炒白术 12g、西党参 12g、软柴胡 9g、升麻 5g、炒当归 12g、生枳壳 15g、生熟地各 12g、白茯苓 12g、怀山药 20g、桂枝 9g、淡附子 9g、陈皮 9g。14 剂。诸症缓解。后改膏滋方服一冬季而愈。

按语：本案患者因久病出现小便点滴不利，淋漓不尽之症，当属"癃闭"

范畴。因久病及肾，肾阳衰惫，气化无权，故小便点滴不通；阳虚失于温煦，故见倦怠乏力，面色㿠白；肾阳不足，肾主骨，腰府失养，故腰酸脚软；火不暖土，脾虚不运，故纳食一般；舌质淡红苔白，脉迟涩无力，均为阳虚之象。故当以温补肾阳、化气利水。方用济生肾气丸加减。但小便的排泄，除了与肾的气化有关外，尚与肺的通调，脾的转输有关。故复诊时患者小便虽较前增多，但神疲食少，大便稀溏，说明患者脾亦虚，故合用补中益气汤以温补脾肾，化气行水。《续名医类案·小便秘》中有张隐庵治癃闭一案，诸治不效，以补中益气汤投之，一剂而愈。问其何故也？答曰："君不见夫水注子乎？闭其上而倒悬之，点滴不能下矣，去其上之闭，而水自通流，非其验也？"此乃下病上治、开上泄下、提壶揭盖、升清降浊之法。本案乃此法之用。徐志瑛教授认为肺气壅滞，咳嗽气喘，小便不利者，多用三拗汤或清肺饮加减；中气下陷，小便不利者，常用补中益气汤加减。

（七）逆流挽舟从汗解

徐某，女性，24岁，湖州人。

突然发热恶寒，头痛如裂，肤灼无汗，口渴欲饮，脘胀腹痛，大便水泄1次，呕吐8次，进食后以黄水为主，舌质红苔薄腻，脉浮数。

病在暑日，暑湿内犯，又加饮食生冷，肺胃同病，故采用清热解表、清暑化湿之法，方用香薷饮加减。处方：香薷12g、厚朴12g、白扁豆12g、白茯苓12g、炒黄连6g、姜竹茹6g、姜半夏12g、淡吴萸2g、金银花30g、连翘15g、苏叶9g、薄荷6g。5剂。

二诊：服至1剂稍有汗出，而体温反上升，至3剂时大汗出而热全解，原诸症全解，仍感乏力，大便烂、日行一次。舌质红苔薄白，脉细缓。给予调理中药而告愈。

按语：本案患者症似喻嘉言《寓意草》中的外邪陷里而成之痢疾之症。患者虽有呕吐、泄泻腹痛之里证，但同时可见发热恶寒、头痛、脉浮等表证，可见邪虽入里，仍有在表者。从表陷里者仍当由里出表，如逆水挽船上行之意。喻嘉言用败毒散治疗外邪陷里而成之痢疾，该方疏表除湿，寓散于通，意即疏散表邪，表气疏通，里滞亦除，其痢自止，称为"逆流挽舟"。徐志瑛教授仿取此法，本应以利湿导滞法为主，而现在表邪正盛，故急先用清热解表之法，以香薷辛温芳香，发汗解表，以祛在表之湿，金银花、连翘、苏叶、薄荷辛凉而散，轻清透达，以除内蕴之暑热，厚朴苦温芳香，行气化湿，姜竹茹、姜半夏、炒黄连、淡吴萸清热化痰、降逆止呕，白扁豆、白茯苓健脾化湿。全方辛温辛凉合剂，少佐苦温苦寒，祛暑解表，清热化湿，表里两治。除此外，逆流挽舟之法的方剂还有荆防败毒散、藿朴夏苓汤、葛根芩连汤之类，此亦可用于急性热病与卫气同病，达表以解里。

（八）培土生金理肺脾

黄某，女性，32 岁，杭州人。

反复咳嗽已历 7 年，痰黄白相兼，时伴咯血，常服清热宣肺、凉血止血之药。初诊时咳嗽痰黄伴有咯血，纳食不佳，形体消瘦，时有低热，大便溏烂，舌质红苔少，脉弦滑。

痰热久稽，伤及肺阴，阴虚火旺，病久及脾，肺脾气虚，运化失司，液灼成痰，互为因果。先予以清肺祛痰、凉血止血之法，共服药 1 个月后血止，痰少转白，即改为益气固肺、健脾实肾之法。处方：生黄芪 20g、生白术 12g、防风 9g、西党参 12g、白茯苓 12g、野荞麦根 30g、炒黄芩 20g、冬瓜子 30g、桃仁 12g、米仁 30g、干芦根 30g、怀山药 30g、桑白皮 12g、浙贝母 15g、生侧柏叶 30g、佛手片 12g、扁豆花 12g、阿胶珠 12g、粉丹皮 15g、桑椹 30g。共 2 个月余，稍有改动，咳嗽已解，痰除，体质恢复，并开始上班。病情稳定后服膏滋药 2 个冬季。一直稳定。

按语：患者痰热久而不去，伤及肺阴，阴虚则火旺，故痰黄血出不解。痰热久留，过用寒凉，伤及脾胃，加之病久子病及母，脾气亏虚，运化失司，液灼成痰，互为因果。初起邪实为主，故先予以清肺祛痰、凉血止血之法。1 个月服尽血止痰减，邪去正虚，当以扶正固本，改为益气固肺、健脾实肾之法。肺脾二者，子母之脏，脾胃乃为后天之本，生化之源亏乏，无力滋润肺脏，肺脾俱虚，当培土生金，才能母健子壮。方用参苓白术散加减。正如吴崑所言："脾胃喜甘而恶苦，喜香而恶秽，喜燥而恶湿，喜利而恶滞。"黄芪、党参、扁豆，味之甘者也，白术、茯苓、山药、米仁、防风，甘而微燥者也，佛手辛香而燥，可以行气开胃醒脾。肺金宜清，痰热宜化，故用野荞麦根、桑白皮清肺热，冬瓜子、浙贝化痰热，同时用桃仁、侧柏叶、粉丹皮、阿胶珠、桑椹滋阴凉血。全方补虚与祛邪合用，虚实并治，肺脾见调，以补脾为主，寓有"培土生金"之意。

（九）清补两用治热厥

林某，女性，干部。

初诊：2017 年 8 月 3 日。患者高热昏迷 1 周，伴有抽搐。1 周前发热，在杭州市某医院门诊诊为病毒性感冒，服药后高热不能缓解入院呼吸科，于第 4 天进入昏迷而转入 ICU 室，经又 4 天抗菌消炎、升压、脱水等治疗仍然昏迷不醒伴有抽搐，体温 39.0～40.2℃，面色㿠白中带灰，四肢厥冷，牙关紧闭，鼻饲，气管插管，大便秘结数天未行，舌无法见（因插管），脉细弱而数。

脉证参合：病程已有 10 天，因热毒内盛，充斥三焦，又久热伤及气血，发生热深厥深之症。急予以扶正祛邪、清热解毒、开窍活血之法。处方：生晒参 5g、生石膏 40g、肥知母 12g、生甘草 6g、广郁金 12g、石菖蒲 12g、连翘 15g、淡竹叶 9g、大青叶 30g、人参叶 15g、紫丹参 30g、苦参 12g、青蒿 30g、薄荷（后下）9g、贯众 12g、冬葵子 30g、女贞子 30g、姜半夏 12g。煎水 800ml。其中 400ml 灌肠，另 400ml 鼻饲，每 6 小时 1 次，同时安宫牛黄丸 2 粒，分别半粒化在 6 小时的中药中鼻饲。共 3 天。

二诊：2017 年 8 月 6 日。体温已下降至 37.2℃以下，神志仍然昏迷，有刺激性抽搐，大便仍然未下，面色较前转红，舌质及苔无法见（因气管插管），脉细较前有力，尿量正常。热势虽下，气营两燔未解，有入太阳腑证之势，仍有可能热毒再充三焦。仍予以扶正祛邪、清热解毒、滋阴开窍、息风通腑，佐以活血之法。处方：生晒参 6g、人参叶 15g、苦参 12g、紫丹参 30g、玄参 12g、广郁金 12g、石菖蒲 12g、连翘 12g、淡竹叶 9g、青蒿 30g、生石膏 30g、肥知母 12g、冬葵子 30g、女贞子 30g、生枳壳 30g、生白术 12g、粉丹皮 15g、大青叶 30g、制大黄 12g。4 剂。水煎 800ml，其中 400ml 鼻饲，另 400ml 灌肠。本证还应采用安宫牛黄丸，但因无货，只能暂停。

三诊：2017 年 8 月 10 日。体温波动在 36.5～37.5℃。仍然昏迷状态，抽搐，面及上肢浮肿，仍以药水鼻饲和灌肠，灌肠后稍有粪便，舌不详，脉弦滑时数。此病在气营，正气虚弱影响脾阳行水，从上肢水肿表现有水液停滞，必有脑水肿存在，采用扶正祛邪、清热解毒、息风开窍、逐水通腑之法。方用五参汤合复方郁金菖蒲汤、白虎汤、三甲复脉汤加减。处方：生晒参 6g、人参叶 15g、苦参 12g、紫丹参 30g、乌玄参 12g、广郁金 12g、石菖蒲 12g、连翘 15g、淡竹叶 9g、青蒿 30g、肥知母 12g、生石膏 30g、粉丹皮 15g、双钩藤 30g、生枳壳 30g、生白术 12g、制大黄 12g、女贞子 30g、冬葵子 30g、全蝎 5g。4 剂。另配：炙鳖甲 9g、炙龟板 9g、炙炮甲（代）9g。4 剂。先煎 25 分钟，再加入以上中药。煎至 800ml。用法如前。

四诊：2017 年 8 月 14 日。体温仍有波动，36.5～37.5℃，面部浮肿已消失，上肢仍有浮肿，昏迷伴抽搐，时有呕吐呃逆，尿量正常，开始从胃管进入营养液每日 300ml。舌苔不详，脉滑数。病情趋在气营之间，胃气上逆，腑气不畅，仍拟扶正祛邪、清热解毒、息风开窍、降逆和胃之法。处方：生晒参 6g、人参叶 15g、苦参 12g、乌玄参 12g、紫丹参 30g、广郁金 12g、石菖蒲 12g、连翘 15g、姜竹茹 9g、姜半夏 12g、粉丹皮 15g、生枳壳 30g、生白术 12g、全蝎 5g、炙鳖甲 9g、炙龟板 9g、双钩藤 30g、夏枯草 12g、冬葵子 30g、女贞子 30g、青蒿 30g、炒黄芩 15g。5 剂。水煎 800ml，其中 400ml 鼻饲，400ml 灌肠。另加至宝丹 2 粒，早晚化水分服。

五诊：2017 年 8 月 19 日。体温稍有波动，在 37.5～38.0℃。呃逆呕吐解除，仍昏迷抽搐但间隔时间延长，波幅减少，上肢稍有浮肿，鼻饲和药物进入后有少量粪便，气管插管改气管切开。舌质淡红苔白厚，脉滑数。病情仍然停留在气营之间，胃气已降，腑气已通。继续予以扶正祛邪、息风开窍、清热解毒、凉血通腑之法。处方：生晒参 6g、人参叶 15g、苦参 12g、乌玄参 12g、紫丹参 30g、淡竹叶 9g、生石膏 40g、广郁金 12g、石菖蒲 12g、粉丹皮 15g、生枳壳 30g、生白术 12g、炙鳖甲 9g、生龙牡各 15g、全蝎 5g、青蒿 30g、川黄连 5g、水牛角 30g、制大黄 15g、蝉衣 9g。4 剂。水煎 800ml，其中 400ml 鼻饲，400ml 灌肠。另加至宝丹 2 粒，早晚化水分服。

六诊：2017 年 8 月 23 日。体温在 37.5℃左右，眼睛开始张开，但无神，四肢不自主的活动，鼻饲中无呃逆现象，在灌肠中排出少量大便，尿量正常，舌质淡白苔白厚，脉细数。病情开始从营转气，气管内痰量较多。处方：生晒参 6g、人参叶 15g、苦参 12g、乌玄参 12g、紫丹参 30g、淡竹叶 9g、肥知母 12g、生石膏 30g、广郁金 12g、石菖蒲 12g、生枳壳 30g、生白术 12g、生龙牡各 12g、川黄连 6g、水牛角 15g、全蝎 5g、炙鳖甲 9g、炙龟板 9g、粉丹皮 15g。5 剂。水煎 800ml，其中 400ml 鼻饲，400ml 灌肠。另加紫雪散 2 支，早晚化水分服。

七诊：2017 年 8 月 28 日。低热未解，神志开始转清，眼神恢复，能点头表达，鼻饲营养液增加，大便在灌肠前明显增多，痰量增多，色黄白相兼，在吸痰时仍有抽搐，尿量正常，舌质淡红苔白，脉弦细滑。病情已从营分转出气分，但正气大虚，营血亏乏，仍有虚风内动，继续予以扶正祛邪、清肺祛痰、佐以息风之法。处方：生晒参 6g、人参叶 15g、苦参 12g、乌玄参 12g、紫丹参 30g、野荞麦根 30g、炒黄芩 30g、白桔梗 9g、桑白皮 12g、肺形草 30g、米仁 30g、冬瓜仁 30g、海蛤壳 12g、粉丹皮 15g、海浮石 12g、大血藤 30g、生龙骨12g、生枳壳30g、生白术12g。5剂。水煎800ml，其中400ml鼻饲，400ml灌肠。另加紫雪散2支，早晚化水分服。

八诊：2017年9月1日。1周中仍有几天低热，咳嗽明显增多，痰色黄白相兼，量多，在吸痰时仍有抽搐，呃逆未出现，神志清，呼吸平稳，稍有胸闷感，能主动伸舌，舌质淡红苔白，脉细滑。CT复查：两肺局部炎症明显。处方：生晒参6g、人参叶15g、苦参12g、乌玄参12g、紫丹参30g、肺形草30g、炒黄芩30g、白桔梗9g、桑白皮12g、冬瓜子30g、海浮石12g、桃仁12g、大血藤30g、生龙骨12g、姜半夏12g、姜竹茹9g、生枳壳30g、苏梗木各12g、寒水石12g。5剂。水煎800ml，其中400ml鼻饲，400ml灌肠。停紫雪散。增加米饮鼻饲。

九诊：2017年9月7日。神清，开始床上肌肉和关节锻炼，时有低温，咳嗽有痰，痰色白量多，大便每日1～2次，尿量正常，舌质淡白苔白，脉细滑。嘱可以从口中进一些水或果汁，锻炼吞咽功能。处方：生晒参5g、人参叶15g、紫丹参30g、苦参12g、乌玄参12g、野荞麦根30g、炒黄芩30g、白桔梗9g、桑白皮12g、肺形草30g、米仁30g、浙贝母12g、粉丹皮15g、大血藤30g、海蛤壳12g、生白术12g、生枳壳30g、桃仁15g、豆蔻仁9g。5剂。水煎800ml，其中400ml鼻饲，400ml灌肠。

十诊：2017年9月12日。患者能用写字回答，主动握手，在紧张和激动时仍有抽搐，气管中痰量时多时少，色白有时带有血丝，大便欠畅，小便正常，舌质淡白苔白，脉弦滑。处方：生晒参5g、野荞麦根30g、鱼腥草30g、炒黄芩30g、白桔梗9g、桑白皮12g、浙贝母12g、生米仁30g、冬瓜子30g、桃仁12g、肺形草30g、芦根30g、海浮石12g、生侧柏叶15g、粉丹皮15g、大血藤30g、瓜蒌仁15g、苏梗木各12g、寒水石12g。5剂。水煎800ml，其中400ml鼻饲，400ml灌肠。

十一诊：2017年9月27日。病情比较稳定，CT复查：两肺炎症明显吸收。脑CT复查：脑水肿已消失。咳嗽仍然明显，痰量时多时少，在吸痰时或激动时有抽搐，大便不畅，解时无力，舌质淡白苔白，脉弦细滑。处方：生晒参6g、鱼腥草30g、野荞麦根30g、炒黄芩15g、白桔梗12g、桑白皮12g、浙贝母15g、生米仁30g、冬瓜仁30g、桃仁15g、大血藤30g、双钩藤30g、全蝎4g、粉丹皮15g、佛手片12g、寒水石12g、制大黄15g、川厚朴12g、蝉衣9g。5剂。水煎800ml，其中400ml鼻饲，400ml灌肠。

患者后因为病情突然出现恶化，突然出现心跳、呼吸骤停，经抢救心跳呼吸恢复，再次陷入昏迷，后多次诊治长期处于昏迷状态。

按语：适值暑热之季，患者突起高热、神志昏迷、面色灰白，肢冷，牙关紧闭，大便秘结，脉细弱而数。当属中医"暑温"的范畴，为暑入心营、留于阳明之证。"夏暑发自阳明"，暑温初入阳明，气分热盛，灼伤津液，液亏肠燥，邪热与肠中糟粕搏结形成燥屎，症见高热不解，大便秘结。气分暑热不能及时清解，暑气通于心，暑热之邪内陷心营，且暑热可煎液为痰，即戴思恭所说"有暑即有痰"，痰热互结闭阻心窍，而见神昏、牙关紧闭。暑热内盛，引动肝风，风火相煽，发生痉厥，邪热闭阻于内，阳气不能达于四末，则四肢厥冷，邪热内闭愈深，肢厥愈重，即"热深厥亦深，热微厥亦微"。壮火食气，暑热易伤津耗气，则见脉细弱而数。故急用安宫牛黄丸、至宝丹以清心开窍，白虎加人参汤清热、益气、牛津，菖蒲郁金汤清营透热，酌情加用通腑清热解毒、滋阴凉血息风之品。三治之后，热势渐退，余邪未尽，留扰阴分，气阴大伤，胃之气阴大伤，失于和降，故时时泛恶，气虚水停，而见肢体及脑水肿，故除用清热解毒、息风开窍之法外，还注重滋阴凉血，益气逐水，降逆和胃。六治病邪从营分转出气分，但正气大虚，营血亏乏，仍有虚风内动，则以益气生津、滋阴息风为主，同时邪在气分，炼液为痰，加用清肺祛痰之药。对于暑温之病，本应如张凤逵所说"暑病首用辛凉，继用甘寒，再用酸泄酸敛"，但本案患者初诊之时已内陷心营，引动肝风，故徐志瑛教授治疗时初按暑入心营论治，中后期热退正虚，邪气由营转气，气阴大伤，虚风内动，按暑伤心肾论治，同时注重清气分余邪。

（十）清肺健脾治气胸

高某，男性，退休。

初诊：2001 年 5 月 21 日。患者自发性气胸反复发生，今年发生 3 次，平时咳嗽不多，痰白量少，胸闷气急明显，不能上楼梯和过快活动。末次发生在 4 月 27 日，气胸处已吸收，但肺部感染存在，纳食不香，大便干燥，舌质红带紫，苔厚腻，脉弦滑。有高血糖、高血脂。

脉证参合：反复肺破，肺络损坏，肺气必虚，难以卫外，邪乘虚而入，缠于肺络之间，及脾涉肾，三脏失于协调，气机不利，痰湿内蕴，伏于膈下。故先当清肺祛痰、健脾燥湿之法。处方：藿香 12g、佩兰 12g、炒苍术 12g、猪茯苓各 12g、姜半夏 12g、野荞麦根 30g、炒黄芩 20g、炒莱菔子 12g、生炒米仁各 12g、砂蔻仁各 9g、白桔梗 12g、桑白皮 12g、浙贝母 20g、寒水石

浙江中医临床名家・徐志瑛

12g、皂角刺 9g、枇杷叶 15g。7 剂。

二诊：2001 年 5 月 28 日。咳嗽已少，痰量明显减少，气急存在，血糖升高，纳食久香，大便干燥，舌质红，苔白中碎，脉弦滑。处方：炒苍白术各 12g、生黄芪 12g、川黄连 6g、白茯苓 12g、佛手片 12g、砂蔻仁各 9g、生炒米仁各 20g、野荞麦根 30g、炒黄芩 15g、炒莱菔子 12g、浙贝母 20g、桑白皮 12g、紫石英 15g、皂角刺 9g、鸡内金 15g。7 剂。

三诊：2001 年 6 月 4 日。血糖仍高，血脂高，咳嗽已少，痰基本消失，胸闷气急存，胃胀嗳气，大便干燥，舌质红，苔白（从腻转白），脉细滑。处方：生黄芪 15g、川黄连 6g、炒苍白术各 12g、白茯苓 12g、佛手片 12g、砂蔻仁各 9g、生炒米仁各 20g、炒黄芩 15g、炒莱菔子 12g、苏子 12g、苏梗 12g、紫石英 15g、决明子 30g、鸡内金 15g。7 剂。

四诊：2001 年 6 月 11 日。复查血糖 9.9mmol/L，血脂已正常，咳嗽基本消失，痰除，纳可便调，舌质红，苔白中裂，脉细滑。处方：生黄芪 15g、川黄连 8g、炒苍白术各 12g、白茯苓 15g、生炒米仁各 20g、砂蔻仁各 9g、怀山药 30g、山萸肉 12g、苏子 12g、苏梗 12g、川芎 15g、决明子 30g、煨葛根 30g、桑椹 30g、铁皮石斛 12g、紫石英 15g。7 剂。

五诊：2001 年 6 月 18 日。血糖仍偏高，咳嗽无，气急改善，大便已调，舌质红，苔白中裂，脉细滑。处方：生黄芪 15g、川黄连 8g、炒苍白术各 12g、白茯苓 15g、佛手片 12g、砂蔻仁各 9g、怀山药 30g、苏子 12g、苏梗 12g、钟乳石 12g、煨葛根 30g、桑椹 30g、铁皮石斛 12g、紫石英 15g、王不留行 12g。7 剂。

六诊：2001 年 6 月 25 日。稍有咳嗽，痰又起色白，量少，动则气急，纳可便调，舌质红，苔白，脉细缓。处方：生黄芪 20g、川黄连 8g、白茯苓 15g、怀山药 30g、粉丹皮 15g、泽泻 15g、煨葛根 30g、川芎 15g、王不留行 12g、桑椹 30g、皂角刺 9g、紫丹参 30g、铁皮石斛 15g、紫石英 20g、鸡内金 12g。7 剂。

七诊：2001 年 7 月 2 日。咳嗽减痰少，动则气急，血糖仍高，纳可便调，舌质红，苔白中裂，脉细滑。处方：生黄芪 20g、川黄连 8g、白茯苓 15g、怀山药 30g、粉丹皮 15g、泽泻 15g、煨葛根 30g、川芎 15g、王不留行 12g、紫丹参 30g、紫石英 20g、桑椹 30g、浙贝母 20g、钟乳石 12g。7 剂。

八诊：2001 年 7 月 9 日。痰仍存在，气急好转，其无他症，舌质红，苔白中裂，脉细缓。处方：生黄芪 20g、川黄连 8g、白茯苓 15g、怀山药 30g、粉丹皮 15g、泽泻 15g、煨葛根 30g、川芎 15g、王不留行 12g、紫丹参 30g、紫石英 20g、桑椹 30g、浙贝母 20g、钟乳石 12g、大豆黄卷 12g。7 剂。

九诊：2001 年 7 月 16 日。近日有痰色黄，或有胸痛，怕气胸发生，胸透无殊。舌质红，苔白，脉弦滑。处方：生黄芪 20g、川黄连 8g、白茯苓 15g、怀山药 30g、粉丹皮 15g、煨葛根 30g、川芎 15g、王不留行 12g、生炒米仁各 20g、皂角刺 9g、桑白皮 12g、紫石英 20g、浙贝母 20g、钟乳石 12g。7 剂。

十诊：2001 年 7 月 23 日。血糖未复查，咳嗽减轻，痰少转白，纳便正常，舌质红，苔白中裂，脉细滑。处方：生黄芪 20g、川黄连 8g、白茯苓 15g、怀山药 30g、粉丹皮 15g、煨葛根 30g、川芎 15g、王不留行 12g、生炒米仁各 20g、泽泻 12g、浙贝母 20g、绞股蓝 20g、桑椹 30g。7 剂。

十一诊：2001 年 7 月 30 日。咳嗽已少，痰白不多，胸闷改善，疼痛已除，舌质红，苔白，脉细缓。处方：生黄芪 20g、川黄连 8g、土茯苓 30g、怀山药 30g、山萸肉 12g、粉丹皮 15g、煨葛根 30g、川芎 15g、王不留行 12g、生炒米仁各 20g、皂角刺 9g、石斛 12g、浙贝母 20g、钟乳石 12g、紫石英 20g。7 剂。

十二诊：2001 年 8 月 6 日。病情稳定，咳嗽不多，痰量少，胸闷气急好转，舌质红，苔白，脉细缓。处方：生黄芪 20g、川黄连 8g、土茯苓 30g、怀山药 30g、山萸肉 12g、粉丹皮 15g、煨葛根 30g、桑椹 30g、王不留行 12g、生炒米仁各 20g、皂角刺 9g、石斛 12g、浙贝母 20g、钟乳石 12g、紫石英 20g。7 剂。

十三诊：2001 年 8 月 13 日。胸闷解除，血糖偏高，纳便正常，舌质红，苔白中裂，脉细滑。处方：生黄芪 20g、川黄连 8g、土茯苓 30g、怀山药 30g、山萸肉 12g、粉丹皮 15g、煨葛根 30g、炒天虫 12g、生炒米仁各 20g、王不留行 12g、浙贝母 20g、石斛 12g、皂角刺 9g、三七粉 3g、紫石英 20g。7 剂。

十四诊：2001 年 8 月 20 日。病情一直稳定，无胸闷气急，舌质红，苔白，脉细缓。处方：生黄芪 20g、川黄连 8g、土茯苓 30g、怀山药 30g、山萸肉 12g、粉丹皮 15g、煨葛根 30g、炒天虫 12g、生炒米仁各 20g、王不留行 12g、浙贝母 20g、石斛 12g、皂角刺 9g、三七粉 3g、紫石英 20g、桑椹 30g。7 剂。同时开出巩固胶囊方。处方：生黄芪 300g、决明子 200g、川黄连 100g、石斛 120g、蛤蚧 2 对、西洋参 120g、川贝粉 120g、参三七 100g。2 剂。研粉制成胶囊。每日 3 次，先服 3 粒，后加量直到 5 粒 / 次，3 次 / 日。

病情有变化即来改方。

其后8年来，每至冬令之时，复诊以开膏方调治，期间未发生过气胸。

按语：素体肺气虚弱，难以卫外，邪乘虚而入，缠于肺络之间，反复咳嗽，肺络破伤致成气胸。金破不鸣，痰浊内蕴，气道受阻，肺失清肃，日久及脾涉肾，三脏俱虚，无力温煦水液，气不化津，液聚成痰。以藿香、佩兰、苍术、黄连、半夏、砂仁、蔻仁等化湿和中，野荞麦根、炒黄芩、桑白皮、寒水石等清泻肺热，猪苓、茯苓、米仁、黄芪、白术等健脾利湿，炒莱菔子、白桔梗、浙贝母、皂角刺、枇杷叶、苏子降气化痰平喘。苏梗、佛手宽胸理气，鸡内金、决明子等消滞通便。方中实际包括了平胃散、二陈汤、藿朴夏苓汤、三仁汤、小陷胸汤等诸方之意，集清热燥湿化痰之大成，至四诊时，痰湿渐化，患者血糖血脂偏高，因肺、脾、肾三脏失调，纳运不调，痰湿蕴阻三焦，久而化热伤津，致肺燥胃热肾虚，而成消渴之证。此时着重健脾益肾、清热生津、行气活血，加怀山药、山萸肉、桑椹、钟乳石等补肾纳气，葛根、石斛清热生津，川芎、王不留行、三七等行气活血，后期更是以膏方扶正固本，以防复发。

（十一）清肺滋阴愈咯血

朱某，男性，54岁，干部。

初诊：2008年3月12日。患者反复咳血史17年，半月前又咳血一次，量不多，已被浙江某医院确诊为支气管扩张伴感染。第一次咳血于1990年，第二次1999年。1988年曾有期前收缩史。目前胸闷时作，无痰，手足心发热，夜寐难入、易醒同存，纳可便调。腰酸，精神软弱，面色较㿠白，舌质红边紫，苔白糙，脉细滑。

脉证参合：风寒热之邪常犯肺腑。不能肃降，贮痰于内，久而郁热，损及肺络，迫血妄行。随年增长，自更亏损，气阴失和，难以濡养髓海而充养肾府。法先当清肺祛痰，滋阴凉血。处方：肺形草30g、野荞麦根30g、炒黄芩20g、地骨皮12g、桑白皮12g、浙贝母20g、生炒米仁各12g、草果仁9g、白及15g、炙白薇12g、寒水石12g、天竺黄12g、淡竹叶9g、紫草15g、粉丹皮15g。7剂。嘱：药后可能有痰咯出或兼有陈血。或大便稀。饭后15～20分钟服药。

二诊：2008年3月19日。药后第一天有痰咯出，目前已除，未见咳血，手足心发热减轻，夜寐好转，纳可便烂，舌质红边紫苔薄白，脉细缓。处方：生白术 12g、防风 9g、肺形草 30g、野荞麦根 30g、炒黄芩 20g、地骨皮 12g、桑白皮 12g、浙贝母 20g、生炒米仁各 12g、白及 15g、炙白薇 12g、天竺黄 12g、淡竹叶 9g、紫草 15g、粉丹皮 15g。7 剂。

三诊：2008 年 3 月 26 日。近日来咽痒而咳，手足心时发热，夜寐安，纳可便调，舌质淡红（边紫已除），苔薄白，脉细弦。处方：制黄精 30g、生白术 12g、防风 9g、野荞麦根 30g、射干 9g、白桔梗 9g、桑白皮 12g、浙贝母 20g、百合 12g、粉丹皮 15g、炙白薇 12g、制玉竹 15g、淡竹叶 9g、人中白 15g、石斛 12g。7 剂。

四诊：2008 年 4 月 1 日。咳嗽未见，咽痒不显，手足发热明显减轻，纳可便调，精神好转，夜寐安，舌质红苔少，脉滑。处方：南沙参 20g、制黄精 30g、生白术 12、防风 9g、野荞麦根 30g、射干 9g、白桔梗 12g、桑白皮 12g、炙白薇 12g、制玉竹 15g、淡竹叶 9g、人中白 15g、石斛 12g、桑椹 30g、淫羊藿 30g。7 剂。

五诊：2008 年 4 月 9 日。咳嗽无痰无，仍有时手足心发热，纳便寐均安。舌质淡红，苔薄白，脉细弦。处方：南沙参 30g、寸麦冬 12g、五味子 9g、制黄精 30g、生白术 12g、制玉竹 15g、炙白薇 12g、防风 9g、石斛 12g、淫羊藿 30g、桑椹 30g、淡竹叶 9g、女贞子 20g、墨旱莲 15g、潼白蒺藜各 12g。7 剂。同时开出调理胶囊缓图之。处方：制黄精 300g、生白术 120g、防风 90g、肺形草 300g、野荞麦根 300g、炒黄芩 200g、桑白皮 150g、地骨皮 150g、粉丹皮 150g、浙贝母 200g、藤梨根 300g、生米仁 300g、天竺黄 120g、寒水石 120g、黛蛤散（包）150g、百部 150g、草果仁 100g、西党参 300g、麦冬 120g、五味子 90g、制玉竹 150g、炙白薇 150g、制首乌 300g、人中白 150g、女贞子 200g、墨旱莲 120g、生枳壳 200g、广郁金 120g、石菖蒲 120g、首乌藤 300g、炒枣仁 300g、合欢花 300g、炙远志 120g、佛手片 120g、砂蔻仁各 90g、枸杞子 300g、淫羊藿 300g、炒杜仲 120g、川续断 120g、覆盆子 120g、益智仁 120g、金狗脊 120g、苦参 90g、淡竹叶 100g、苏梗木各 120g、人中白 150g、潼白蒺藜各 120g、化橘红 120g。1 剂。浸膏。白及粉 150g、石斛 120g、桑椹 200g、川贝粉 150g、参三七 120g、西洋参 120g、冬虫夏草 40g（百令孢子粉 200g）、山参 90g、蛤蚧 2 对。1 剂。研粉。以上方经打粉与浸膏制成胶囊，每日 3 次，每次 6 粒，从 3 粒开始，每日 3 次，服 3 天，无不良反应，改为 4 粒增至 6 粒。即可。

外感或咳血、腹泻时停服。即来医师处另开方药，经待调整后再服。

按语：本案患者 10 余年来反复咳血，肺阴已虚，气失清肃，贮痰于内，郁久化热，阴津更伤，阴虚火扰，灼伤肺络，故见反复咳嗽，伴有咳血，痰少咽痒，当以清肺化痰、滋阴凉血，方用肺形草、野荞麦根、炒黄芩、地骨皮、桑白皮等清泻肺热，浙贝母、米仁、桔梗等清热化痰，沙参、麦冬、玉竹、鲜铁皮石斛等滋阴清热。患者肺络损伤，又用白及、白薇、紫草、丹皮等清热凉血止血。心肺同居膈上，日久涉及心阴，阴血不足，心失所养，心神不宁而胸闷心悸、手足心发热、夜寐难安，故以淡竹叶引药入心，清热除烦。母病及子，日久及肾，肾阴不足，筋脉、肾府失于濡养，而见腰酸背胀，又以黄精、淫羊藿、桑椹、女贞子、墨旱莲、五味子等滋补肺肾。方药适证，经治疗后诸症缓解。最后以清肺祛痰、滋阴凉血、养血宁心、健脾益肾之法，制成胶囊巩固治疗，以防复发。

（十二）清热化瘀治肺痈

程某，女性，70 岁，干部。

初诊：2007 年 6 月 29 日。患者 1 个月前因饮食不顺吸入食物后，出现咳嗽伴发热，于 2007 年 5 月 29 日在当地人民医院求诊，CT 提示：①右肺上前段病变以肺癌合并空洞可能性较大，肺脓肿待排。②两肺下感染性病变。即转于浙江某医院住院治疗，入院时体温已正常，脉搏 69 次 / 分，呼吸 19 次 / 分，血压 122/69mmHg，心率 69 次 / 分。血常规：白细胞计数 11.3×10^9/L，中性粒细胞比 0.74、淋巴细胞比 0.44，红细胞计数 3.97×10^9/L，血小板计数 373×10^9/L，C 反应蛋白 13.9mg/L，血沉 28mm/h，铁蛋白 469.1ng/ml，D- 二聚体 2610μg/L，SSA 阳性，SSA52 阳性，ANA、p-ANCN、c-ANCN 阳性；痰脱落细胞未找到肿瘤细胞；肺部 CT：右肺上叶肿块，考虑右上周围型肺癌伴周围阻塞性炎症。经半月抗菌、消炎治疗后复查 CT 未见吸收。患者不愿意手术而出院。继续门诊治疗，嘱 2 周后复查 CT。复查后病灶如旧故来中医治疗。目前无特殊症状，咳嗽无，痰不多，纳可便干，舌质紫红苔厚白，脉缓小弦。

脉证参合：六淫之邪首先犯肺，肺失清肃，热毒瘀结，虽已成痈，而未溃脓，气道受阻，故痰难出，但舌质紫苔厚白，此乃痰湿血互结而致。故拟清热解毒、化瘀消痈之法。处方：肺形草 30g、野荞麦根 30g、炒黄芩 30g、白桔梗 12g、藤梨根 30g、桑白皮 12g、浙贝母 20g、生米仁 30g、天竺黄 12g、石见穿 12g、十大功劳 15g、寒水石 12g、皂角刺 9g、草果仁 12g、海蛤壳 15g、制胆星 12g。7 剂。嘱药后可能出现咳嗽、有痰、腹泻等现象。饭后服中药。

二诊：2007 年 7 月 6 日。药后自觉症状好转，痰量较前增加，因痰而咳，纳可，便干改善。舌质红稍紫，苔白糙，边白中裂，脉滑小弦。处方：肺形草 30g、野荞麦根 30g、炒黄芩 15g、藤梨根 30g、生米仁 30g、白桔梗 12g、桑白皮 12g、浙贝母 20g、石见穿 12g、生枳壳 20g、十大功劳 15g、草果仁 9g、皂角刺 9g、制胆星 12g、山慈菇 12g。7 剂。

三诊：2007 年 7 月 13 日。咳嗽已减，痰转少，咽部仍有不舒，眼睛出现眼眵，左脚湿气增加，口腔溃烂，纳食可，大便又干而不畅，舌红紫，苔转白，脉细滑。此时热毒开始外泄，继续原法。处方：肺形草 30g、野荞麦根 30g、炒黄芩 20g、炒莱菔子 12g、藤梨根 30g、生米仁 30g、白桔梗 12g、桑白皮 12g、浙贝母 20g、石见穿 12g、草果仁 12g、皂角刺 9g、山慈菇 12g、莪术 12g、淡竹叶 9g。7 剂。

四诊：2007 年 7 月 20 日。咳嗽不多，痰量减少，胸时痛，口角仍溃，纳可，大便转软日行一次。舌质红紫，苔白转薄，脉细小弦。处方：肺形草 30g、野荞麦根 30g、炒黄芩 20g、炒莱菔子 12g、藤梨根 30g、生米仁 30g、白桔梗 12g、桑白皮 12g、浙贝母 20g、石见穿 12g、草果仁 12g、皂角刺 9g、山慈菇 12g、莪术 12g、生枳壳 20g。14 剂。

五诊：2007 年 8 月 3 日。于 7 月 31 日本院 CT 复查：原右肺上叶肿块明显缩小。咳嗽未再出现，无痰，体质明显好转，胸痛已除，纳可便调，舌质红淡紫，苔白稍厚，脉细缓。处方：肺形草 30g、野荞麦根 30g、炒黄芩 20g、桃仁 12g、藤梨根 30g、生米仁 30g、白桔梗 12g、桑白皮 12g、浙贝母 20g、石见穿 12g、草果仁 12g、皂角刺 9g、山慈菇 12g、莪术 12g、生枳壳 20g。14 剂。

六诊：2007 年 8 月 17 日。咳嗽、痰均再未出现，体质明显好转，纳食正常，大便调软，舌质转红，苔白中厚，脉细缓。表明患者湿浊仍然较盛，加重健脾化湿之药。处方：炒苍术 12g、肺形草 30g、野荞麦根 30g、炒黄芩 20g、炒莱菔子 12g、藤梨根 30g、白桔梗 12g、桑白皮 12g、浙贝母 20g、生米仁 30g、草果仁 12g、石见穿 12g、山慈菇 12g、莪术 12g、生枳壳 30g、升麻 3g。21 剂。

七诊：2007 年 9 月 14 日。湿浊仍然难化，无殊症状，纳便正常，舌质红，苔厚白，脉细滑。处方：炒苍术 12g、防风 9g、肺形草 30g、炒黄芩 15g、藤

浙江中医临床名家·徐志瑛

梨根30g、白桔梗12g、石见穿12g、山慈菇12g、莪术12g、炒米仁30g、橘络12g、草果仁12g、皂角刺9g、炙炮甲（代）9g、生枳壳12g。14剂。复查CT：原右肺上肿块基本吸收。随访3个月病情一直稳定。

按语： 本案患者无肺痈典型的"咳吐腥臭脓痰"的表现，而依靠现代医学的诊疗手段不能排除肺脓肿。肺脓肿相当于祖国医学的肺痈。《灵枢·痈疽》曰："营卫稽留于经脉中，则血泣不行，不行则卫气从之而不通，壅遏而不得行，故热。大热不止，热胜则肉腐，肉腐则为脓。"患者病初外邪侵犯肺卫，外邪未及时表散，郁而化热，热壅血瘀，血败肉腐，酝酿成痈。肺脓肿一症，治当以排脓消痈为主。故方用肺形草、野荞麦根、炒黄芩、桑白皮、藤梨根、十大功劳等清热解毒，桔梗、米仁、贝母、山慈菇、皂角刺、莪术、石见穿、炙炮甲（代）等化痰散结、排脓消痈，草果仁、苍术、胆星等化湿祛痰，诸药相伍，痰瘀涤荡，痈消脓出，气道复畅，成效卓著。

（十三）热因热用愈脚疮

李某，男性，24岁，平阳人。

初诊：因左下肢外侧溃破不敛，胀痛隐隐，卧床不起，长期低热不解，体温在38.3℃以下，面色㿠白，形体消瘦，精神软弱，头眩耳鸣，胸闷心悸，腰酸膝软，纳食不香，下肢浮肿，舌质淡红，苔白，脉细弱。西医诊为骨髓炎。

脉证合参：此乃湿浊下注，肾阳亏虚，无法上蒸脾阳，水液停聚，无力托邪外出，致久而不愈，法当温肾助阳，祛湿利湿。方选用阳和汤加减。处方：炙麻黄9g、白芥子12g、生熟地各12g、肉桂4g、炮姜4g、鹿角片9g、甘草6g、川牛膝12g、生黄芪15g、苦参12g。连服10剂。

二诊：体温已降至正常。精神好转，二肢浮肿减轻，舌质淡红，苔薄白，脉细沉。再以原方加白蔹12g、王不留行12g。15剂。

三诊：体温正常，纳便已调，溃疡处流出许多黄水，开始结痂，舌质红，苔薄白，脉细缓。请外科清理疮口，再服原方加重鹿角片15g。15剂。共治疗2个月，余溃疡基本消失，浮肿也去，正常生活。告愈。

按语： 王洪绪在《外科全生集·阴证门》中曰："阴疽之治，非麻黄不能开其腠理，非肉桂、炮姜不能解其寒凝，此三味虽酷暑不能缺一也，腠理一开，凝结一解，气血乃行，行则凝结之毒亦随之消矣。"本案患者乃脾肾阳虚，寒湿下注之证，阳虚寒盛是其本质，阳气虚衰，阴寒内盛，逼迫虚阳浮游于上，格越于外，表现为发热长久不解，但热势不高，里寒内盛，肢体失于温煦，水液不得输布、运化，故见面色㿠白，疲乏无力，纳食不香，下肢浮肿，舌淡苔白，脉细弱。如《伤寒论·辨少阴病脉证并治》中："少阴病下利清谷，里寒外热，手足厥逆，脉细欲绝，身反不恶寒，其人面色赤……通脉四逆汤主之。"当以温热药治其真寒，即热因热用，选用阳和汤加减以温肾助阳、祛湿通滞。常见疾病，如阴疽、流注、痰瘰、鹤膝风、病毒感染等，法用温通散寒，祛膜里之邪，补调气血。方选阳和汤或四逆辈等，绝不能用清热解毒之药。

（十四）塞因塞用疗鼓胀

刘某，男性，42岁，湖州人。

初诊：患肝硬化已8年，有腹水半年，经中西药治疗无效，目前面色灰暗，腹胀如鼓，青筋暴露，行走不便，纳差便少，小便不利，肢冷发绀，舌质淡红，边有齿印，脉细沉。B超提示肺弥漫性肝病，肝硬化，大量腹水。

脉证参合：病久湿从寒化，脾肾阳虚，气滞血瘀，影响气血畅行，难以奉养他脏，水液不能输布，气、血、水、虚壅结腹中而致。法当温化水湿，助阳化气，健脾温肾。方用茵陈附子合实脾饮加减。处方：附子6g、茵陈20g、太子参12g、生枳实30g、川桂枝9g、茯苓皮30g、猪苓30g、生白术12g、白芥子9g、泽泻30g、大腹皮15g、炮姜6g、葶苈子12g、广木香12g、车前草30g。7剂。

二诊：腹水未增，腹自觉转松，小便增多，手肢仍冷，纳差，排大便2次。舌质淡红，边齿印，苔白，脉细沉。继原方7剂。

三诊：小便已开始增多，每天约200ml，肢冷改善，纳较前增加，大便已调，腹大缩小，B超提示腹水少量。舌质淡红，边齿印，苔白，脉细滑。处方：附子6g、茵陈15g、西党参12g、生枳实30g、川桂枝12g、茯苓皮30g、猪苓30g、生白术12g、白芥子9g、泽泻30g、炮姜6g、葶苈子12g、广木香12g、淫羊藿30g。15剂。

四诊：病情初稳，腹水外观已消，B超提示少量腹水。纳便自觉正常，能入睡，精神好转，能自理生活，舌质红，苔薄白，边齿印，脉细滑。处方：附子6g、茵陈12g、西党参12g、生枳实30g、川桂枝12g、茯苓12g、猪苓30g、生白术12g、白芥子9g、川芎15g、炮姜6g、王不留行12g、广木香12g、淫羊藿30g。30剂。

五诊：病情稳定，B超提示未测及腹水。纳便正常，自理生活，寐安，

浙江中医临床名家·徐志瑛

舌质淡红苔薄白，脉细滑。处方：生熟地各 12g、怀山药 30g、泽泻 12g、白茯苓 12g、粉丹皮 15g、淡附子 9g、车前草 15g、淫羊藿 30g、王不留行 12g、广郁金 12g、紫丹参 15g、生黄芪 15g、防己 9g、巴戟天 12g。30 剂，巩固调理，经半年后正值冬令给予膏方服 1 个疗程。后连服 3 年病情一直稳定。

按语： 鼓胀一病，多为肝病日久，肝、脾、肾功能失调，由气滞、血瘀、水停腹中所致。遵《素问·阴阳应象大论》中"中满者，泻之于内"的原则，但应以行气利水之法为主。但此案本为一派闭塞不通之象，却以大量温补之品治之，塞因塞用，缘由何为？因此乃湿从寒化，日久脾肾阳虚，气血凝滞，脉道壅塞，瘀结水留更甚。脾肾阳虚，本虚为主。对于此类病因体质虚弱，脏腑精气功能减退而出现闭塞症状的真虚假实证，可用补益药物来治疗，即以补开塞，塞因塞用。如因肾阳虚导致尿少癃闭，脾虚导致的纳呆、脘腹胀满，妇科中血枯、冲任亏损的闭经者等，均可采用此法。常用的方剂有肾气丸、理中汤、四物汤，六味地黄丸等。故方用附子、桂枝、炮姜、淫羊藿、党参、白术等温补脾肾，茯苓、泽泻、猪苓、大腹皮、茵陈、车前草、葶苈子等利水渗湿，广木香、枳实、王不留行、川芎、郁金、丹参行气化瘀，后期阳损及阴，则加生地、熟地、山药、丹皮、黄芪、巴戟天之类。疗效显著，予以膏方加强巩固。

（十五）三脏同调治肺胀

孙某，女性，70 岁，退休。

初诊：2008 年 2 月 22 日。患者反复咳嗽史已 30 余年，近 4 年来加剧，吸烟史 50 年，目前咳嗽不多，痰咯之不出，咽痒，胸闷气急明显，动则明显。甚至不能平卧，面色晦暗，端坐呼吸，口干纳差，大便正常，两肺底可闻及湿啰音。既往史：2005 年、2007 年 2 次肠梗阻手术史。咯血史。胸片：两肺慢性炎性变化，伴肺气肿。两下肺感染。舌质紫红，苔光少，脉弦滑。即给予清肺养阴、祛痰利咽、宽胸降气，佐以活血之法。并检查肺功能。处方：山海螺 30g、鸭跖草 30g、野荞麦根 30g、炒黄芩 20g、佛耳草 30g、白桔梗 9g、桑白皮 12g、地骨皮 12g、浙贝母 20g、炒米仁 30g、苏梗木各 12g、降香（后下）9g、炒白芍 15g、川芎 15g、鲜芦根 30g、人中白 15g、寒水石 12g。7 剂。嘱：服药后可能大便变稀，饭后服药。

二诊：2008 年 2 月 27 日。咳嗽未增多，痰不多，咽已不痒，纳增，口干好转，面色仍然晦暗，色素沉着，动则气急，喘坐呼吸减轻，夜间已能高枕卧，大便已调。舌质紫红，苔光边白，脉弦细骨。肺功能：中度阻塞性通气功能障碍，弥散功能重度减退。两下肺仍可闻及细小湿啰音。上药阴津仍然难复，继以原法。处方：山海螺30g、鸭跖草30g、野荞麦根30g、炒黄芩20g、佛耳草30g、白桔梗12g、桑白皮12g、地骨皮12g、浙贝母20g、生米仁30g、苏梗木各12g、莪术12g、炒白芍15g、川芎15g、皂角刺9g、人中白15g、寒水石12g。另鲜铁皮石斛12g。煎水代茶，嚼出浆吞下，吐渣。7剂。

三诊：2008年3月12日。咳嗽不多，痰量减少，气急仍然动则明显，面部色素较前改善，纳便正常，尿出现淋漓，两肺底可闻及细小湿啰音。舌质紫红，苔已起薄白，脉细缓。处方：炒苍术12g、防风9g、野荞麦根30g、炒黄芩20g、桑白皮12g、白桔梗12g、浙贝母20g、生炒米仁各12g、苏梗木各12g、莪术12g、草果仁9g、炒白芍15g、川芎15g、桑椹30g、淫羊藿20g。另鲜铁皮石斛12g。煎水代茶，嚼出浆吞下，吐渣。7剂。

四诊：2008年3月19日。咳嗽不多，痰少，气急好转，上梯明显，夜间能平卧，尿淋沥好转，面部色素明显好转，纳便正常，自觉精神好转。两肺下湿啰音减少。舌质红淡紫，苔薄少津，脉细缓。处方：南沙参20g、生白术12g、防风9g、野荞麦根30g、炒黄芩20g、桑白皮12g、白桔梗12g、浙贝母20g、炒米仁30g、苏梗木各12g、莪术12g、佛手片12g、桑椹30g、淫羊藿30g、菟丝子12g。另鲜铁皮石斛12g，煎水代茶，嚼出浆吞下，吐渣。7剂。

五诊：2008年3月26日。咳嗽已除，痰咯转松，气急存，无胸闷，能平卧，精神明显好转，纳便正常，面色明显改善，舌质红淡紫，苔白，脉细滑。处方：南沙参20g、生白术12g、防风9g、野荞麦根30g、炒黄芩20g、桑白皮12g、白桔梗12g、浙贝母20g、炒米仁30g、苏梗木各12g、莪术12g、金樱子30g、桑椹30g、淫羊藿30g、菟丝子12g，另鲜铁皮石斛12g，煎水代茶，嚼出浆吞下，吐渣。7剂。

六诊：2008年4月2日。痰少能咯出，色白稠，胸闷气急改善，纳便正常，舌质紫已消失，红苔稍厚，偏干，脉细弦滑。处方：制黄精30g、生白术12g、防风9g、野荞麦根30g、炒黄芩20g、白桔梗12g、桑白皮12g、浙贝母20g、炒米仁30g、草果仁9g、天竺黄12g、苏梗木各12g、淫羊藿30g、桃仁12g、菟丝子12g、金樱子30g。另鲜铁皮石斛12g，煎水代茶，嚼出浆吞下，吐渣。7剂。

七诊：2008年4月9日。无咳嗽，痰也无，因饮食不顺大便稀，腹胀，胃胀，稍有恶心，胸闷气急存，口干，舌质红，苔白，脉弦滑。处方：炒苍术 12g、防风 9g、姜半夏 12g、白茯苓 12g、炒黄芩 20g、佛手片 12g、生枳壳 12g、马齿苋 30g、炒白芍 15g、苏梗木各 12g、蒲公英 30g、绿梅花 12g、焦山楂 15g、焦神曲 15g、炒米仁 30g、化橘红 12g、淫羊藿 30g。7 剂。

八诊：2008 年 4 月 23 日。咳嗽已少，痰白不多，近日来胃胀，尿解不畅，舌质红苔薄白，脉细弦。处方：人参叶 20g、生白术 12g、防风 9g、野荞麦根 30g、炒黄芩 20g、桑白皮 12g、浙贝母 20g、草果仁 9g、炒米仁 30g、桃仁 12g、淫羊藿 30g、桑椹 30g、金樱子 30g、绿梅花 12g、地锦草 30g。7 剂。

九诊：2008 年 4 月 30 日。咳嗽气急好转，面色从黑转为淡黄，近来胃痛，矢气后欲便，尿淋漓，纳可，舌质紫红，苔白，脉弦滑。处方：人参叶 20g、生白术 12g、防风 9g、野荞麦根 30g、炒黄芩 20g、白桔梗 12g、桑白皮 12g、浙贝母 20g、草果仁 9g、生炒米仁各 15g、草果仁 9g、佛手片 12g、苏梗木各 12g、淫羊藿 30g、延胡索 9g、八月札 12g。7 剂。

同时开出调治膏方缓调。处方：制黄精 30g、生白术 12g、防风 9g、南沙参 30g、麦冬 12g、乌玄参 9g、五味子 9g、羊乳参 30g、鸭跖草 30g、野荞麦根 30g、炒黄芩 20g、佛耳草 20g、白桔梗 9g、桑白皮 12g、地骨皮 15g、粉丹皮 20g、浙贝母 20g、天竺黄 12g、寒水石 12g、皂角刺 9g、生米仁 30g、藤梨根 30g、百合 15g、苏梗木各 12g、莪术 15g、生晒参 4g、炒白芍 15g、川芎 15g、黛蛤散（包）15g、人中白 15g、生熟地各 12g、怀山药 30g、白茯苓 12g、泽泻 12g、山萸肉 12g、佛手片 12g、绿梅花 12g、砂蔻仁各 9g、淫羊藿 30g、桑椹 30g、金樱子 30g、桑螵蛸 20g、菟丝子 12g、桃仁 12g、灵芝草 12g、石斛 12g、草果仁 10g、巴戟肉 12g、枸杞子 30g、潼白蒺藜各 12g、女贞子 20g、墨旱莲 15g、化橘红 12g。7 剂。水煎浓缩加入龟板胶 500g、百令孢子粉 100g、冰糖 500g，收膏入瓶备用，早晚各一匙，开水冲服。天热时放入速冻室内。少量放入冷藏室。

外感或腹泻时停服。即来医师处另开方药，经待调整后再服，若天气热或膏滋出现霉变时，用纱布抹去霉点，盖上盖隔水蒸，等药沸后取出冷后再盖，备服。

按语：患者古稀之年，肺病迁延不愈，阴伤气耗，脏气虚弱，加之长期吸烟，辛温炙煿，气阴更伤。肺气不足，失于宣达，通调失职，津液失于布散，聚而为痰；脾气亏虚，运化失司，酿生痰湿。痰湿郁久化热，气阴更损，气道干燥，痰排不畅，留于肺络。病及于肾，肺虚不能主气，肾虚不能纳气，故气急。肺气虚弱，无力行血，气虚血瘀；痰阻气滞，气行不畅，气滞血瘀。痰瘀互为因果，病久难愈。初起给予清肺养阴、祛痰利咽、宽胸降气，兼以活血之法。鸭跖草、野荞麦根、炒黄芩、佛耳草、桑白皮、地骨皮、寒水石清肺热，白桔梗、浙贝母、炒米仁、苏梗、苏木、人中白行气祛痰利咽，降香、炒白芍、川芎活血化瘀，山海螺、鲜芦根养阴生津。连服数剂，痰湿已化，病情缓解，则加用益气健脾、活血养阴、补肾敛肺之法。

（十六）散风通窍祛鼻渊

赵某，女性，62岁，家务。

初诊：2007年9月6日。患者从去年10月份开始咳嗽至今未解，咽喉发痒，痰黄绿色黏稠不畅，胸闷气急，胃脘胀满，嗳气反酸，大便干燥，舌质淡紫红，苔白，脉弦细。左肺呼吸音粗，胸片：两肺纹理增粗紊乱。

脉证参合：风寒常缠咽鼻之间，肺卫失固，邪先犯肺，日久及脾，脾运失职，聚液成湿，灼炼成痰，阻于气道，失于清肃，脾胃失和，肺金乘而侮脾，脾阳不振，加重水液内停，郁而化热，互为因果。先当清肺祛痰、散风通窍之法。处方：野荞麦根30g、炒黄芩20g、老鹳草15g、佛耳草15g、白桔梗12g、桑白皮12g、浙贝母20g、天竺黄12g、生炒米仁各15g、寒水石12g、皂角刺9g、苏梗木各12g、海蛤壳12g、地肤子12g、苍耳子12g、鱼脑石12g、香白芷12g。7剂。嘱药后有鼻涕、咳嗽、痰增可能，腹泻，饭后30分钟服药。检查肺功能。

二诊：2007年9月12日。咳嗽稍减，痰仍呈黄绿色，量少，胸闷气急，咽痒，胃中发胀，大便已调，舌质红，苔薄白，脉细滑。处方：人参叶15g、野荞麦根30g、炒黄芩20g、云雾草15g、白桔梗12g、桑白皮12g、浙贝母20g、天竺黄12g、生炒米仁各15g、寒水石12g、香白芷12g、苏梗木各12g、鱼脑石12g、地肤子12g、天花粉12g、白鲜皮12g。7剂。

三诊：2007年9月19日。天气转变又复感，晨起痰增色（黄绿色已除），咽喉发痒，胸闷背痛，气急稍促，鼻涕仍倒流，舌质红，苔白，脉细滑。处方：野荞麦根30g、炒黄芩30g、云雾草15g、鹅不食草4g、苍耳子12g、香白芷12g、白桔梗12g、桑白皮12g、浙贝母20g、生炒米仁各15g、天竺黄12g、寒水石12g、皂角刺9g、人中白15g、地肤子12g、苏梗木各12g。7剂。

四诊：2007年9月24日。近日来咳嗽又增，痰黄色，量多不畅，鼻涕倒流，胸闷背痛，脘胀嗳气，纳可，舌质红，苔白，脉细滑。体温37.8℃，遇风寒之邪。

处方：苏叶9g、野荞麦根30g、炒黄芩30g、人参叶12g、银花30g、淡竹叶9g、前胡9g、白桔梗12g、桑白皮12g、浙贝母30g、大豆黄卷12g、鹅不食草4g、天竺黄12g、苏梗木各12g、干芦根30g、薄荷（后下）9g。7剂。

五诊：2007年10月10日。第二天热退，咳嗽存在，痰多，黄白色兼量多，咽痒鼻涕仍然倒流，咳嗽时背痛，胸闷，纳便正常，舌质红，苔白，脉细滑。处方：肺形草30g、野荞麦根30g、炒黄芩20g、老鹳草15g、白桔梗12g、桑白皮12g、生炒米仁各15g、天竺黄12g、海浮石12g、浙贝母20g、寒水石12g、苏梗木各12g、人中白15g、地肤子12g、皂角刺9g、海蛤壳12g。7剂。

六诊：2007年10月17日。近日来咳嗽又增，痰黄色量多，鼻涕倒流并带血丝，咽痒咳剧，胸闷背痛，脘胀嗳气，纳可，舌质红苔薄腻，脉细滑。处方：肺形草30g、野荞麦根30g、炒黄芩20g、鹅不食草4g、苍耳子12g、辛夷12g、香白芷12g、桑白皮12g、粉丹皮15g、白及15g、天竺黄12g、地骨皮12g、浙贝母20g、寒水石12g、苏梗木各12g、皂角刺9g、地肤子12g、白茅根30g、黛蛤散（包）15g。7剂。

七诊：2007年10月23日。咳嗽明显减少，痰转白稠厚，量少，背痛，胸闷除，气急改善，纳可便调，鼻涕倒流，舌质红苔白，脉细缓。肺热势已下，气道得宣，风热仍缠睛鼻。处方：生白术12g、防风9g、肺形草30g、炒黄芩20g、鹅不食草4g、苍耳子12、辛夷12g、香白芷12g、白桔梗12g、桑白皮12g、浙贝母20g、生炒米仁各12g、鱼脑石12g、寒水石12g、苏梗木各12g、海蛤壳12g、佛手片12g、天竺黄12g。7剂。

八诊：2007年11月7日。咳嗽明显减少，痰色转白，量少稠厚，鼻涕仍倒流，胸闷已除，背痛存在，纳可，舌质红，苔白，脉细滑。处方：生白术12g、防风9g、肺形草30g、炒黄芩20g、鹅不食草4g、苍耳子12g、香白芷12g、白桔梗12g、桑白皮12g、浙贝母20g、生炒米仁各12g、鱼脑石12g、寒水石12g、苏梗木各12g、海蛤壳12g、佛手片12g、天竺黄12g。7剂。行肺功能检查和过敏试验。

九诊：2007年11月14日。咳嗽一天中数次，痰色白稠黏于咽喉，背痛减轻，鼻涕仍倒流，胃胀嗳气，纳可便干，舌质红，苔薄白，脉细滑。处方：太子参12g、生白术12g、防风9g、肺形草30g、炒黄芩20g、鹅不食草4g、苍耳子12g、辛夷12g、香白芷12g、白桔梗12g、桑白皮12g、浙贝母20g、生炒米仁各12g、鱼脑石12g、寒水石12g、苏梗木各12g、海蛤壳12g、佛手片 12g、淫羊藿 20g。7 剂。

十诊：2007 年 11 月 21 日。咳嗽基本消除，痰白量少，鼻涕倒流，纳便正常，舌质红，苔薄白，脉细缓。处方：太子参 12g、生白术 12g、防风 9g、肺形草 30g、炒黄芩 20g、鹅不食草 4g、苍耳子 12g、辛夷 12g、香白芷 12g、白桔梗 12g、桑白皮 12g、浙贝母 20g、生炒米仁各 12g、鱼脑石 12g、寒水石 12g、苏梗木各 12g、佛手片 12g、淫羊藿 20g。7 剂。肺功能轻度混合性通气功能障碍，弥散功能正常。IgE（＋）。

十一诊：2007 年 11 月 28 日。咳嗽已除，鼻涕存在，纳便正常，舌质红，苔薄，脉细缓。处方：太子参 12g、生白术 12g、防风 9g、肺形草 30g、炒黄芩 20g、鹅不食草 4g、苍耳子 12g、辛夷 12g、香白芷 12g、白桔梗 12g、桑白皮 12g、浙贝母 20g、生炒米仁各 12g、鱼脑石 12g、苏梗木各 12g、佛手片 12g、桑椹 30g、淫羊藿 20g。7 剂。

按语：肺开窍于鼻，咽喉为肺之门户，患者感邪未尽，余邪留缠咽喉肺系，肺失清肃，通调失职，津液失于布散，聚而为痰；咳嗽持续不解、咽痒，痰邪交阻气道，气机不利，胸阳不展，而胸闷气急，痰湿郁久化热，困阻中焦，肺金乘而侮脾，胃表受之，而出现胃脘胀满，嗳气反酸。故用清肺祛痰，散风通窍，佐以和胃降逆之法，用野荞麦根、炒黄芩、桑白皮、老鹳草、佛耳草等清泻肺热；桔梗、浙贝母、米仁、天竺黄、皂角刺、蛤壳等清热化痰；苏梗、苏木、佛手理气宽胸；太子参、生白术、防风、白鲜皮、地肤子益气祛风；苍耳子、辛夷、白芷取苍耳子散之意，辛夷辛温，入肺胃两经气分，通九窍而散上焦风热；苍耳子甘苦性温，善通顶脑疗头风鼻渊；白芷性温而气芳香，入手足阳明气分，能通窍散风，退热止痛，排脓生肌，凡鼻渊、齿痛、眉棱骨痛、头痛颊痛等症，皆可施治。合鹅不食草、鱼脑石疏风通窍。与大量清热药配伍，清中兼温，降中寓升，而有相反相成之妙。

（十七）上提下摄疗气陷

石某，男性，65 岁，萧山人。

初诊：素体较虚弱，曾患有菌痢，因未及时治疗，而转成休息痢，时发时伏，纳食不香，以致面色萎黄，形体消瘦，精神软弱，语言无力，食后脘胀，休息后减轻，大便一日 3 次，肛门脱坠，常用手托起而收，下肢轻度浮肿，B 超提示胃下垂。舌质淡红，苔薄白，脉细迟少力。

久病损伤脾胃，脾气虚弱，影响肾阳，中气下陷，脾运失司。法当上提下摄，健脾温肾。以补中益气汤加味。处方：清炙黄芪 12g、炒白术 12g、西党参 12g、软柴胡 9g、升麻 5g、炒当归 12g、生甘草 6g、生枳壳 30g、陈皮 9g、骨碎补 12g、菟丝子 12g。7 剂。

二诊：大便已成形，每日 1 次。肛脱改善，精神感有好转，食后脘胀减轻，舌质淡红，苔白，脉细缓弱。

处方：清炙黄芪 20g、炒白术 12g、西党参 15g、软柴胡 9g、升麻 5g、炒当归 12g、生甘草 6g、生枳壳 30g、陈皮 9g、巴戟天 12g、菟丝子 12g。30 剂。

三诊：面色已转润，体重增 4kg，纳食正常，说话正常，大便成形，一日一次。脱肛未出现，舌质红苔白，脉细缓。再原方加淫羊藿 30g、怀山药 30g，改清炙黄芪 30g。30 剂。嘱冬天服用膏滋。1 年后病情基本缓解，生活正常。

按语： 此案患者痢疾迁延，邪恋正衰，脾气更虚，损及子脏，脾肾阳气俱虚，健运失职，中气下陷，失于固摄。当以温补脾肾，补气升阳。方用补中益气汤加味。吴崑有云："劳倦伤脾，中气不足，懒于言语，恶食溏泄，日渐瘦弱者，此方主之。脾主四肢，故四肢勤动不息，又遇饥馁，无谷气以养，则伤脾，伤脾故令中气不足，懒于言语；脾气不足以胜谷气，故恶食；脾弱不足以克制中宫之湿，故溏泄；脾主肌肉，故瘦弱。五味入口，甘先入脾。是方也，参、芪、归、术、甘草，皆甘物也，故可以入脾而补中气。中气者，脾胃之气。人生与天地相似，天地之气一升，则万物皆升，天地之气一降，则万物皆死。故用升麻、柴胡为佐，以升清阳之气。所以法象乎天地之升生也。用陈皮者，一能疏通脾胃，一能行甘温之滞也。"此方东垣原治内伤气虚发热，但因其有补中益气、升阳举陷之功效，现广泛用于气虚下陷所致的各种病症，如久痢、久泄、久疟、脱肛、子宫脱垂、胃下垂、便血、崩漏等。有的医者常加用生枳壳、升麻配伍加强提升作用。主要使中气健旺，下陷上提，则下脱自摄矣。以本方为基础加减治疗，均能获良效。

（十八）酸甘化阴治肺痿

张某，男性，78 岁，杭州人，干部。

初诊：因慢性支气管炎伴间质性肺炎入院，咳嗽不解，痰白黏而不出，胸闷气急，甚则不能平卧，心烦焦虑，口干欲饮，饮而仍干，纳食不香，大便干结，舌质红光干而少津，脉弦滑。

此乃痰浊内蕴化热伤及肺胃之阴，与气不能依附，阴阳失于平衡，津液难以滋润肺脏，气道干燥。故急于滋阴生津，同时清肺祛痰，佐以活血化

瘀之法。加沙参麦冬汤，清热宣肺、酸甘化阴，生津祛痰。处方：南沙参
15g、麦冬12g、玄参12g、肺形草30g、野荞麦根30g、炒黄芩15g、白桔梗
12g、桑白皮12g、浙贝母15g、生米仁30g、鲜石斛30g、羊乳参30g、鲜芦
根30g、冬瓜仁30g、桃仁15g、黑乌梅9g、天竺黄12g、寒水石12g、苏梗
木各12g、佛手片12g、绿梅花9g、人中白15g、地肤子12g。共诊3次。21剂。
痰量增多，黄白相兼，胸闷气急，动则加剧，纳食不香，大便下而干，舌质红，
苔薄起仍少。脉弦滑。继续改方，但法不变，诸症缓解出院。目前以膏滋和
胶丸中药交替治疗，已缓解6年。

按语：古有云"肺气嗽经久将成肺痿"。本案患者久嗽劳热熏肺，肺
阴大伤，热壅上焦，消灼肺津，变生浊唾，肺燥阴竭，肺失濡养，日渐枯萎。
正如《医门法律·肺痈肺痿门》云："其寒热不止一端，总由胃中津液不能
输于肺，肺失所养，转枯转燥。"故当滋阴清热，润肺生津，清化痰热。徐
灵胎指出："肺金全恃胃阴以生。"吴鞠通提出"复胃阴者，莫若甘寒，复
酸味者，酸甘化阴"。方用南沙参、麦冬、玄参、鲜石斛、羊乳参、鲜芦根、
黑乌梅清养肺胃、生津解渴，肺形草、野荞麦根、炒黄芩、寒水石、人中白、
地肤子清泻肺热，白桔梗、桑白皮、浙贝母、生米仁、冬瓜仁、天竺黄清热祛痰。
桃仁、苏梗、苏木、佛手片、绿梅花行气活血。以酸甘化阴为主，清热祛痰
为辅，少佐行气之品，不仅疏通气机，亦能防止大量滋阴药引起呆滞之弊。

（十九）汤膏并用疗心悸

张某，女，13岁，学生。

初诊：2009年5月6日。患者自觉反复心慌于2009年1月在当地医院
检查发现心律失常，动态心电图提示：心动过缓，频发性房性期前收缩达
10 670次，偶发Ⅱ度房室传导阻滞。在当地治疗后目前无胸闷心慌现象，平
时常外感咽痛伴发热，扁桃体左侧明显增大、充血，在外感时加剧，并伴有
心慌，纳便正常，月经后期5～6天，量中，伴有腰酸和腹痛，7天净。舌质红，
苔薄，脉细滑结代。

脉证参合：此乃风邪常缠咽喉，时而化热，形成乳蛾红肿疼痛，寒热互
结，邪正相搏，热毒直中心脏，心包代受，影响气血失和，心阴阳失于平衡，
气滞血瘀阻于心脉之络。无力鼓动脉律。当先拟益气滋阴，通阳宁心，佐以
清解之法。处方：西党参15g、麦冬12g、五味子6g、川桂枝6g、炒赤白芍
各12g、苦参9g、桃仁12g、淡竹叶9g、炙甘草12g、苏梗木各12g、柏子仁

12g、制玉竹 15g、野荞麦根 30g、射干 9g、大青叶 30g、冬凌草 15g。7 剂。

二诊：2009 年 5 月 13 日。又复感，即发热 37.7℃。鼻塞咽痛，未出现胸闷心慌，纳可便调，舌质红，苔白，脉滑数结代。即改清热解表，祛风利窍，佐以宁心之法。处方：人参叶 15g、苏叶 9g、野荞麦根 20g、射干 9g、大青叶 20g、白桔梗 9g、桑白皮 12g、浙贝母 15g、重楼 12g、生米仁 30g、柏子仁 12g、制玉竹 15g、苦参 12g、鹅不食草 4g、香白芷 12g、辛夷 12g、神曲 15g。7 剂。

三诊：2009 年 5 月 20 日。体温已正常，鼻塞已解，咽不痛，时有喷嚏，月经正值（5 月 17 日）后一天，量中，行时腹痛，腰酸，舌质红，苔白，脉细滑偶结代。处方：人参叶 15g、苦参 9g、南沙参 15g、麦冬 12g、柏子仁 12g、白茯苓 12g、鹅不食草 4g、香白芷 12g、辛夷 12g、淡竹叶 9g、益母草 12g、制香附 12g、独活 12g、延胡索 12g、失笑散（包）9g。7 剂。

四诊：2009 年 5 月 28 日。一般情况稳定，无心慌胸闷，本次外感即能缓解，喷嚏减少，纳便正常，舌质红，苔薄白，脉细滑偶结代。处方：太子参 12g、苦参 9g、白茯苓 12g、麦冬 12g、柏子仁 12g、生白术 12g、防风 9g、香白芷 12g、制香附 12g、五味子 9g、制玉竹 15g、辛夷 12g、桑椹 30g、生米仁 30g、冬凌草 15g、淡竹叶 9g。7 剂。为提高抗邪能力，病情缓解时给予素膏巩固治疗，同时开出方药。

"邪之所凑，其气必虚"；风邪常缠咽喉鼻腔之中，久而直中心脏，使心气受损，阳损及阴，故心阴心阳同虚，心脉受损，气滞血瘀，心失于主宰功能。故常见心悸心慌，平时咽痛，遇感加剧，反复低热，鼻塞喷嚏，月经后期，量中，行时腹痛，舌质红，苔白，脉偶有结代。按"急则治标，缓则治本"的原则治疗，现病情已得稳定，给予益气固表、祛风利咽、通阳宁心、活血调经之法，制成素膏，缓图之。处方：制黄精 300g、生白术 120g、防风 90g、防己 90g、野荞麦根 300g、炒黄芩 200g、重楼 150g、冬凌草 150g、白桔梗 120g、桑白皮 120g、浙贝母 200g、生米仁 300g、木蝴蝶 90g、蝉衣 90g、西党参 200g、麦冬 120g、五味子 90g、柏子仁 120g、制玉竹 150g、炒当归 120g、炒白芍 120g、川芎 120g、生熟地各 120g、独活 120g、延胡索 120g、川桂枝 90g、炙甘草 120g、淡竹叶 90g、槐角 120g、苦参 90g、益智仁 120g、蔓荆子 120g、紫丹参 200g、参三七 100g、生枳壳 150g、潼白蒺藜各 120g、青陈皮各 90g、灵芝草 120g。1 剂。水煎浓缩加入枣泥 500g、莲泥 500g、百令孢子粉 100g、冰糖 500g，收膏入瓶备用，早晚各一匙开水冲服。

外感或腹泻时停服，即来医师处另开方药，经待调整后再服，天气热放入冰箱内保存，若发现霉点用纱布抹去，盖上盖隔水蒸，等药沸后取出，冷后再盖，可一部分放入缩冻处，备服。

五诊：2009年9月4日。经调治后在服用素膏时仅一次外感，近日来咽部仍有痰，无胸闷气短心悸等现象，舌质红，苔白，脉细滑。处方：太子参15g、麦冬12g、五味子9g、野荞麦根30g、射干9g、桑白皮12g、浙贝母20g、制玉竹15g、柏子仁12g、川桂枝6g、炒当归12g、炒赤白芍各12g、桃仁12g、淡竹叶9g、冬凌草15g、天竺黄12g、化橘红12g。14剂。同时再开出素膏。处方：生黄芪300g、生白术120g、防风90g、防己120g、野荞麦根300g、炒黄芩200g、重楼150g、冬凌草150g、白桔梗120g、桑白皮120g、浙贝母200g、生米仁300g、红景天120g、百合120g、西党参200g、麦冬120g、五味子90g、柏子仁120g、制玉竹150g、炒当归120g、炒白芍120g、川芎120g、生熟地各120g、独活120g、延胡索120g、川桂枝120g、炙甘草120g、淡竹叶100g、槐角120g、苦参90g、益智仁120g、蔓荆子120g、紫丹参200g、参三七100g、生枳壳150g、潼白蒺藜各120g、青陈皮各90g、灵芝草120g。1剂。水煎浓缩加入枣泥500g、莲泥500g、百令孢子粉100g、冰糖500g，收膏入瓶备用，早晚各一匙开水冲服。

外感或腹泻时停服。即来医师处另开方药，经待调整后再服，天气热放入冰箱内保存，若发现霉点用纱布抹去，盖上盖隔水蒸，等药沸后取出，冷后再盖，可一部分放入缩冻处，备服。后电话随访，经半年治疗和调治，现病情已得稳定。

按语：患儿肺脏娇嫩，卫外不固，外感风热邪毒多从鼻咽而入，先犯肺卫，由表入里，留而不去，内舍于心，导致心脉痹阻，心血运行不畅，久则灼伤营阴，心之气阴亏虚，心神失养，而发为本病。初诊时邪毒未尽，气阴两伤，法以益气养阴，通阳宁心，佐以清热解毒。方用生脉散加玉竹益气养阴，桂枝甘草合为桂枝甘草汤，辛甘化阳，补心气，温心阳，阳复而阴济，《伤寒论·辨太阳病脉证并治》中其主治"发汗过多，其人叉手自冒心，心下悸，欲得按者"。赤白二芍养血敛阴，与甘草相伍酸甘化阴，缓急止痛。柏子仁养心安神，淡竹叶清心除烦，桃仁、苏梗、苏木行气活血，苦参、野荞麦根、射干、大青叶、冬凌草清热解毒。二诊患者出现外感，改用苏叶、神曲、鹅不食草、白芷、辛夷祛风解表通窍，野荞麦根、白桔梗、桑白皮、浙贝母、米仁清热化痰，射干、大青叶、重楼、苦参清热解毒，人参叶、制玉竹、柏子仁益气养阴宁心。

"邪之所凑，其气必虚"，患者反复外感，说明患者正气亏虚，故四诊时患者外邪已除，病情稳定，为提高抗邪能力，利用病情缓解时给予素膏巩固治疗，予以益气固表、祛风利咽、通阳宁心、活血调经为法。

（二十）汤清膏补治慢支

李某，女性，22岁。

初诊：2007年8月17日。患者咳嗽反复已历3年半。3年前曾患肺炎，经治疗后好转。以后每遇外感即发生咳嗽，3年半来不能缓解，每晨起有痰，痰色白稠不畅，胸闷乏力，纳便正常，舌质红，苔白厚，脉弦滑。胸片提示慢性支气管病变。CT：无殊。肺功能：通气功能稍减弱，弥散功能正常。

脉证参合：肺炎后肺失清肃，痰贮气道，卫外能力下降，影响脾运，湿聚膈下，脾阳难以温化水液。先拟清肺祛痰、化湿利咽之法。处方：野荞麦根30g、炒黄芩20g、炒莱菔子12g、鱼腥草30g、白桔梗12g、桑白皮12g、浙贝母20g、生炒米仁各12g、天竺黄12g、寒水石12g、海浮石12g、川朴12g、木蝴蝶9g、皂角刺9g、海蛤壳12g、苏梗木各12g。7剂。嘱药后可能痰量增多，咳嗽加重，或出大便稀，饭后服药。

二诊：2007年8月25日。咳嗽基本消失，因痰而咳，痰白色，纳可便调，舌质红，苔白，脉细弦。处方：炒苍术12g、防风9g、野荞麦根30g、炒黄芩20g、炒莱菔子12g、白桔梗12g、桑白皮12g、浙贝母20g、生炒米仁各12g、天竺黄12g、海浮石12g、草果仁9g、木蝴蝶9g、皂角刺9g、海蛤壳12g、苏梗木各12g。7剂。

三诊：2007年8月31日。又复感，咳嗽增加，痰增色黄白相兼，咽不痒，纳可，舌质红，苔白，脉细弦。处方：野荞麦根30g、炒黄芩20g、老鹳草15g、鱼腥草30g、白桔梗12g、桑白皮12g、浙贝母20g、生炒米仁各12g、天竺黄12g、寒水石12g、木蝴蝶9g、皂角刺9g、海蛤壳12g、苏梗木各12g、地肤子12g。7剂。

四诊：2007年9月14日。咳嗽又解，痰仍黄白相兼，咽不痒，纳可，舌质红，苔白，脉细弦。处方：野荞麦根30g、炒黄芩20g、射干9g、重楼12g、鱼腥草30g、猫人参30g、白桔梗12g、桑白皮12g、浙贝母20g、炒米仁30g、天竺黄12g、寒水石12g、木蝴蝶9g、皂角刺9g、海蛤壳12g、香白芷12g、人中白15g、地肤子12g、紫背浮萍12g。7剂。

五诊：2007年9月21日。上周又复感，伴发热，自服酚麻美敏片后热即退，咳嗽未增，痰先黄后白，纳可，舌质红，苔白，脉细滑。处方：野荞麦根 30g、炒黄芩 20g、射干 9g、白桔梗 12g、桑白皮 12g、浙贝母 20g、木蝴蝶 9g、生炒米仁各 12g、草果仁 9g、寒水石 12g、天竺黄 12g、黛蛤散（包）15g、人中白 15g、苏叶 9g、神曲 15g。7 剂。

六诊：2007 年 9 月 27 日。咳嗽已解，鼻塞除，痰转白量减少，纳可便调，舌质红，苔白稍厚，脉细缓。处方：炒苍术 12g、防风 9g、野荞麦根 30g、炒黄芩 20g、炒莱菔子 12g、重楼 12g、白桔梗 12g、桑白皮 12g、浙贝母 20g、生炒米仁各 12g、天竺黄 12g、皂角刺 9g、海蛤壳 12g、地肤子 12g、草果仁 9g、川朴花 9g。7 剂。

七诊：2007 年 10 月 5 日。咳嗽消失，痰仍存色白量少，咽部痰黏，纳可，舌质红，苔白，脉细缓。处方：炒苍术 12g、防风 9g、野荞麦根 30g、炒黄芩 20g、炒莱菔子 12g、重楼 12g、白桔梗 12g、桑白皮 12g、浙贝母 20g、生炒米仁各 12g、木蝴蝶 9g、皂角刺 9g、射干 9g、地肤子 12g、草果仁 9g、人中白 15g。14 剂。

八诊：2007 年 11 月 9 日。晨起有痰，先黄后白，量少，舌质红苔白，脉细缓。处方：炒苍术 12g、防风 9g、野荞麦根 30g、炒黄芩 20g、炒莱菔子 12g、重楼 12g、白桔梗 12g、桑白皮 12g、浙贝母 20g、生炒米仁各 12g、木蝴蝶 9g、皂角刺 9g、射干 9g、地肤子 12g、草果仁 9g、人中白 15g、桑椹 30g。14 剂。

九诊：2007 年 12 月 7 日。不咳嗽，晨起痰黄后转白，纳可，舌质红，苔白边锯，脉细缓。处方：太子参 15g、生白术 12g、防风 9g、野荞麦根 30g、炒黄芩 15g、白桔梗 12g、桑白皮 12g、浙贝母 20g、生炒米仁各 12g、皂角刺 9g、炙紫菀 15g、人中白 15g、桑椹 30g、淫羊藿 20g。7 剂。

十诊：2007 年 12 月 26 日。无咳嗽，晨起痰存色黄，纳可，精神明显好转，舌质红，苔薄，脉细缓。处方：南沙参 12g、生白术 12g、防风 9g、野荞麦根 30g、炒黄芩 15g、云雾草 15g、白桔梗 12g、桑白皮 12g、浙贝母 20g、生炒米仁各 12g、皂角刺 9g、天竺黄 12g、海浮石 12g、海蛤壳 12g、藤梨根 30g、桑椹 30g。14 剂。同时开出膏方。处方：生黄芪 200g、野荞麦根 300g、炒黄芩 150g、鹅不食草 40g、炒当归 120g、苍耳子 100g、香白芷 120g、白桔梗 120g、桑白皮 120g、浙贝母 200g、生炒米仁各 150g、木蝴蝶 90g、生白术 120g、防风 90g、枸杞子 300g、生熟地各 120g、白茯苓 120g、怀山药 300g、粉丹皮 150g、泽泻 100g、苏梗木各 120g、炒杜仲 120g、川续断 120g、淫羊藿 300g、石斛 120g、地肤子 120g、紫背浮萍 120g、制首乌 300g、皂角刺 90g、天竺黄 120g、海浮石 120g、生枳壳 200g、覆盆子 150g、灵芝草 120g、菟丝子 120g、潼白蒺藜各 120g、女贞子 100g、绿梅花 90g、紫河车 100g、山慈菇 150g、制玉竹 150g、川芎 150g、陈皮 90g。1 剂。水煎浓缩加入龟板胶 400g、阿胶 100g、冰糖 500g、黄酒半斤收膏入瓶储藏备用，早晚各一匙开水冲服。

遇感冒、腹泻停服，即来另开方药，待调整后再服。若天气热或膏滋出现霉变时，用纱布抹去霉点，盖上盖隔水蒸，等药沸后取出，冷后再盖，备服。

十一诊：2008 年 3 月 21 日。膏滋已服完，咳嗽未出现，痰亦消除，咽部仍有时干痛，纳便正常，舌质红，苔薄白，脉细缓。

处方：生黄芪 12g、炒苍术 12g、防风 9g、野荞麦根 30g、射干 9g、炒黄芩 15g、白桔梗 12g、桑白皮 12g、浙贝母 20g、木蝴蝶 9g、炒米仁 30g、皂角刺 9g、草果仁 9g、人中白 15g、细辛 3g、淫羊藿 20g。7 剂。为继续巩固治疗改为胶囊缓调治。处方：生黄芪 300g、野荞麦根 300g、炒黄芩 150g、鹅不食草 40g、炒当归 120g、苍耳子 100g、香白芷 120g、白桔梗 120g、桑白皮 120g、浙贝母 200g、生炒米仁各 150g、木蝴蝶 90g、生白术 120g、防风 90g、枸杞子 300g、生熟地各 120g、白茯苓 120g、怀山药 300g、粉丹皮 150g、泽泻 100g、苏梗木各 120g、炒杜仲 120g、川续断 120g、淫羊藿 300g、石斛 120g、地肤子 120g、紫背浮萍 120g、制首乌 300g、皂角刺 90g、天竺黄 120g、海浮石 120g、生枳壳 200g、覆盆子 150g、灵芝草 120g、菟丝子 120g、潼白蒺藜各 120g、女贞子 100g、绿梅花 90g、紫河车 100g、山慈菇 150g、制玉竹 150g、川芎 150g、陈皮 90g。1 剂，浸膏。石斛 120g、川贝粉 120g、桑椹 200g、生晒参 60g、紫河车粉 60g、西洋参 120g、蛤蚧 2 对、冬虫夏草 40g（百令孢子粉 200g）。1 剂，研粉。以上方经打粉与浸膏制成胶囊，每日 3 次，每次 6 粒，从 3 粒开始，一日 3 次，服 3 天，无不良反应，改为 4 粒增至 6 粒，即可。

外感或腹泻时停服。即来医师处另开方药，经待调整后再服。

十二诊：2009 年 9 月 21 日。经 1 年调治体质明显增强，在国外仅 2 次感冒即能缓解，因回国参加考试太疲劳，咽部有痰，乏力、纳可、便调，舌质红，苔白，脉细滑。先拟清湿利咽、理气和胃之法。再制成胶囊长期调治。

处方：炒苍术 12g、白茯苓 12g、姜半夏 12g、生枳壳 15g、生米仁 30g、野荞麦根 30g、炒黄芩 12g、白桔梗 12g、桑白皮 12g、浙贝母 20g、制香附 12g、冬凌草 15g、绿梅花 12g、草果仁 12g、广郁金 12g、车前草 15g。7 剂。

处方：生黄芪 300g、野荞麦根 300g、炒黄芩 150g、鹅不食草 40g、炒当归 120g、苍耳子 100g、香白芷 120g、白桔梗 120g、桑白皮 120g、浙贝母 200g、生炒米仁各 150g、木蝴蝶 90g、生白术 120g、防风 90g、枸杞子 300g、生熟地各 120g、白茯苓 120g、怀山药 300g、粉丹皮 150g、泽泻 100g、苏梗木各 120g、炒杜仲 120g、川续断 120g、淫羊藿 300g、槐角 150g、地肤子 120g、紫背浮萍 120g、制首乌 300g、皂角刺 90g、天竺黄 120g、海浮石 120g、生枳壳 200g、覆盆子 150g、灵芝草 120g、菟丝子 120g、潼白蒺藜各 120g、女贞子 100g、绿梅花 90g、草果仁 120g、山慈菇 150g、制玉竹 150g、川芎 150g、陈皮 90g。1 剂，浸膏。

处方：石斛 120g、川贝粉 120g、桑椹 200g、生晒参 60g、紫河车粉 60g、西洋参 120g、蛤蚧 2 对、冬虫夏草 40g（百令孢子粉 200g）。1 剂，研粉。

以上方经打粉与浸膏制成胶囊，每日 3 次，从每次 3 粒开始，服 3 天，无不良反应，改为 4 粒增至 6 粒，即可。

外感或腹泻时停服，即来医师处另开方药，经待调整后再服。

按语："邪之所凑，其气必虚"。年当壮盛，血气满盈，但不能"天人相应"，外受风寒之邪，首犯于肺，肺失清肃，肺气上逆，发为咳嗽，邪伤肺气，卫外不强，反复感邪引发或加重，而致咳嗽屡作，肺脏益伤，逐渐转为内伤咳嗽。病久子病及母，影响脾运，水谷精微不能上输以养肺，聚生痰浊，痰阻气道，郁而化热，上干于肺，久则肺脾气虚，气不化津，痰浊更易滋生，此即"脾为生痰之源，肺为贮痰之器"。病初当以清肺祛痰、化湿利咽为法。野荞麦根、炒黄芩、鱼腥草、桑白皮、寒水石等清泻肺热，炒莱菔子、浙贝母、米仁、天竺黄、皂角刺等清热化痰，白桔梗、木蝴蝶利咽，海浮石、海蛤壳、川朴、苏梗苏木行气祛痰。病程中又复外感，适当加以苏叶、神曲解表散寒，十诊之后，肺热已清，痰浊已化，病情缓解，则当益气健脾，清肺化痰，以除凤根。适值冬令，根据"春夏养阳、秋冬养阴"的原则，予膏滋缓调治，以益气固表、清肺祛痰、利咽通鼻、理气养血、健脾化湿，兼以补肾为法。经 1 年调治后，体质增强，感邪后能立即祛邪外出，正所谓"正气存内，邪不可干"。

浙江中医临床名家·徐志瑛

（二十一）通阳利水化悬饮

吕某，男性，41岁，干部。

初诊：2008年3月17日。患者曾于2006年诊断为肺结核；2007年12月开始咳嗽未作治疗，因感胸闷经摄片确诊为胸腔积液而住浙江某医院，并用泼尼松，2片/日。2个月来仍然胸腔积液不解，故来服中药治疗。现症见胸腔积液已2个月余不解，伴胸闷气急，咳嗽不多，无痰，背痛胸痛，舌质红紫，苔白，脉细滑小弦。CT：右下胸腔积液。

脉证参合：肺痨之病，肺气已虚，难以卫外，风寒之邪常缠皮毛，又因治疗不及时，邪犯肺络，气化受阻，水液停聚，积于胸中，致成悬饮。长期痰湿蕴结，当予以清热宣肺、逐水利饮之法。处方：野荞麦根30g、肺形草30g、炒黄芩30g、葶苈子12g、炒莱菔子12g、白芥子12g、生米仁30g、藤梨根30g、白桔梗12g、桑白皮12g、浙贝母20g、寒水石12g、海蛤壳12g、生枳壳30g、生白术9g、皂角刺9g、猪茯苓各30g、泽泻30g、橘络12g、红花12g、丝瓜络9g。7剂。

二诊：2008年3月21日。胸闷好转，动后仍气急，咽痒而咳嗽，痰白量少，纳可便烂，舌质红，苔白稍厚，脉细滑。处方：野荞麦根30g、肺形草30g、炒黄芩30g、白桔梗12g、桑白皮12g、浙贝母20g、生炒米仁各15g、生枳壳30g、草果仁12g、葶苈子12g、猪茯苓各30g、白芥子12g、红花12g、丝瓜络9g、人中白15g、橘络12g。7剂。CT复查：胸腔积液明显吸收。

三诊：2008年4月11日。咳嗽不多，咽痒痰少，胸闷改善，动则仍气急，纳可便烂，舌质红淡紫，苔薄白，脉细弦。处方：炒苍术12g、防风9g、野荞麦根30g、炒黄芩20g、肺形草30g、白桔梗12g、桑白皮12g、浙贝母20g、生米仁30g、生枳壳30g、葶苈子12g、白芥子9g、猪茯苓各30g、王不留行12g、藤梨根30g、橘络12g。14剂。

四诊：2008年4月25日。经B超复查：胸腔积液未见。近日来又复感冒，或有胸闷，皮肤过敏瘙痒，纳可便调，舌质淡紫，苔白，脉细滑。处方：炒苍术12g、防风9g、炒黄芩15g、炒莱菔子12g、野荞麦根30g、浙贝母20g、生炒米仁各12g、苏梗木各12g、生枳壳20g、白芥子9g、草果仁12g、藤梨根30g、王不留行12g、橘络12g。7剂。

按语：《金匮要略·痰饮咳嗽病脉证并治》中曰："饮后水流在胁下，咳唾引痛，谓之悬饮。"患者症见胸腔积液，胸闷气急，背痛胸痛，当属悬饮的范围。素有肺痨之疾，未及时而治，致气阴两虚，卫外难固，复感外邪，肺气不利，气滞水停，而成悬饮。《丹溪心法·痰》言："善治痰者，不治痰而治气，气顺则一身津液亦随气而顺矣。"故以野荞麦根、肺形草、炒黄芩、寒水石、藤梨根清泻肺热，葶苈子、炒莱菔子、白芥子降气泻肺、利水平喘，生米仁、白桔梗、桑白皮、浙贝母、海蛤壳清化痰热，生枳壳、生白术、猪苓、茯苓、泽泻行气利水，"血不利则为水"，故佐以皂角刺、橘络、红花、丝瓜络活血通络。数诊随症加减，水饮渐消，痰热渐化，肺气得利，疗效显著。

（二十二）通因通用除脓痢

陈某，女性，58岁，富阳人。

初诊：反复腹泻已历1年余，中西药治疗时好时坏，肠镜检查提示溃疡性结肠炎，目前仍然腹痛腹泻，泻时一天数十次，不泻时一周不行。解时腹痛如绞，解后痛除，伴里急后重，有黄色黏液。严重时有发热现象，但体温不高，37.8～38.5℃。面色萎黄，性情急躁，纳食不香，夜寐不安，舌质红，苔厚腻薄黄，脉弦滑。

脉证参合：湿浊长期蕴结大肠，促使脾运失司，郁而化热，腐溃肠道，成脓下痢，日久及肾，故下痢不止，方用白头翁汤合连理汤加减。处方：白头翁12g、炒黄芩12g、炒黄柏12g、炒黄连6g、秦皮6g、粉丹皮15g、赤白芍各12g、太子参12g、炒苍白术各12g、炮姜6g、广木香12g、槟榔12g、生枳壳15g、叶下珠30g、地锦草30g、煨葛根15g、车前草15g。7剂。嘱服药后可能大便次数增多，第1～2天有黏液增多，均不要紧。

二诊：一周内大便和黏液均增多，第一天腹痛明显，第二天开始缓解，腹泻，4～6次/日。无发热，纳食尚可，仍有焦虑，舌质红，苔白厚，脉弦滑。再进原方7剂。

三诊：腹泻明显好转，大便无黏液出现，腹痛解除，纳食已可，认为大便不解天数太多，感到腹胀，舌质红，苔白，脉弦滑。考虑热结已解。处方：炒黄芩12g、炒黄柏12g、炒黄连6g、粉丹皮15g、赤白芍各12g、太子参12g、炒苍白术各12g、炮姜6g、生炒米仁各15g、佛手片12g、广木香12g、槟榔12g、生枳壳15g、叶下珠30g、地锦草30g、煨葛根15g、车前草15g。15剂。

四诊：病情比较稳定，未出现腹泻腹痛现象，纳食正常，但自觉二天一次大便最好，因为有时一天二次，有时三天一次。舌质红，苔白，脉细缓。处方：

浙江中医临床名家·徐志瑛

西党参 12g、炒苍白术各 12g、白茯苓 12g、怀山药 20g、佛手片 12g、川朴花 9g、绿梅花 9g、地锦草 30g、荠菜花 30g、生枳壳 15g、煨葛根 15g、生炒米仁各 15g、扁豆花 12g、淫羊藿 20g。15 剂。

后反复以健脾化湿、活血养血、温肾益气之法和清热利湿、健脾理气之法交替施治半年余。经 1 年后又来门诊时，告病情一直稳定。

按语： 本案患者为湿热内郁不清，日久及肾，导致脾肾俱虚，下痢不止。患者初诊时仍见腹痛腹泻，时泻时止，里急后重，黏液便，时有发热、舌质红，苔厚腻薄黄，脉弦滑，可见湿热仍盛，此时断不可过早补涩，仍当以热痢清之、实痢通之。以通因通用之法为要，清热利湿，凉血止痢，兼以温中健脾之法。初用白头翁以清热解毒、凉血止痢，黄芩、黄连、黄柏、秦皮、叶下珠、车前草清热解毒，燥湿止痢，丹皮、赤芍、地锦草清热凉血，木香、槟榔、枳壳行气导滞，太子参、苍术、白术、炮姜温中健脾，葛根升阳止泻。再以健脾化湿、活血养血、温肾益气之法巩固疗效，预防复发。正如刘完素所说："调气则后重自除，行血则便脓自愈。"

（二十三）温化蠲饮愈痰咳

朱某，男性，72 岁，杭州人。

慢性支气管炎 40 余年，每遇感而发，经西药治疗后能缓解，自 3 年前开始，咳吐痰涎，稀白如泡沫，每日数百毫升，自感疲乏，行走不稳，手脚发冷，CT 和胸片检查：肺纹理增多，慢性支气管炎。来诊时患者带着一小的尼龙袋已有 200ml 的白色泡沫痰液，稍有胸闷，行走小步，纳便正常，舌质淡红，苔白，脉弦滑，重按无力。

此人已入耄耋之年，原已肺气不足，随着年龄增长，五脏六腑易失协调，肺气更虚，及脾涉肾，脾肾阳衰，无法温煦和运化水液，聚而成痰，未从热化，反成寒化而致。宜予以温化蠲饮，清肺豁痰之法。苓桂术甘汤加减。处方：西党参 12g、麦冬 12g、五味子 9g、野荞麦根 30g、鱼腥草 30g、白桔梗 9g、桑白皮 12g、浙贝母 12g、生米仁 30g、白茯苓 30g、桂枝 9g、生白术 12g、生甘草 9g、五倍子 3g、巴戟天 12g、菟丝子 12g、淫羊藿 30g。共服 30 剂。痰量明显减少，生活质量提高，后改健脾益气，温补肾阳，活血化瘀之方。告缓解。

按语： 患者久病体虚，脏腑功能失调，复加外感，使三焦气化失调，肺脾肾通调、转输、蒸化无权，津液停聚而成痰成饮，故有咳吐痰涎，量多稀白如泡沫。肢冷，神疲，苔白，脉沉无力均是阳虚之象。尤怡曰："饮停于中则满，逆于上则气冲而头眩，入于经则振振而动摇。"痰饮射肺停胸入经，气机不利，故见咳嗽，胸闷，行走不稳。遵仲景在《金匮要略·痰饮咳嗽病脉证并治》中提出的"病痰饮者，当以温药和之"法以温化蠲饮、清肺豁痰，以苓桂术甘汤温阳化饮、健脾利湿。其中茯苓健脾利水，桂枝温阳化饮，白术健脾燥湿，甘草调和诸药、益气和中，药仅四味，温而不热，利而不峻，诚为治痰饮之和剂。又用巴戟天、菟丝子、淫羊藿温肾助阳，野荞麦根、鱼腥草、桑白皮、白桔梗、浙贝母、生米仁清肺化痰，五味子、五倍子温敛肺气，以防辛散太过，西党参、麦冬合五味子取生脉散益气养阴之意，防渗利太过伤津，也可制约大量温药之燥性。诸药配伍，温清合用，利敛兼施，疗效卓著。

（二十四）辛开苦降调呃逆

盛某，男性，29 岁，职员。

初诊：2009 年 5 月 11 日。患者因上腹部疼痛 2 年再发 10 天，胃镜提示胃小弯垂直部多发性溃疡、胃癌。病理提示：胃角少量炎性坏死肉芽组织，并见个别印戒样细胞，Hp（-）。入院，体温、脉搏、呼吸正常范围，血压 112/70mmHg。于 2009 年 3 月 25 日行胃癌根治术（毕 II 式）。病理提示胃体小弯浅表糜烂型高分化黏膜内腺癌。淋巴结转移情况：0/9。第 3 天出现肠梗阻，经治疗好转。并行化疗，于 4 月 16 日出现恶心呕吐，3 日大便未解，继后用胃管减压，症状不能缓解，于 5 月 6 日在胃镜下放置空肠营养管。恶心明显增加，呕吐物为胆汁样淡黄绿色液体，胃肠造影：胃癌术后改变，胃肠吻合口处通畅，未见明显狭窄征象。考虑胃瘫，故要求服中药。此时血常规：白细胞计数 $7.0×10^9$/L，中性粒细胞比 0.772，淋巴细胞比 0.145，红细胞计数 $4.62×10^{12}$/L，血红蛋白 138.0g/L，血小板计数 $165.0×10^9$/L；生化全套：葡萄糖 3.55mmol/L，尿酸 123.0μmol/L，肌酐 46.00μmol/L，谷丙转氨酶 71U/L，谷氨酰胺转移酶 141U/L。电解质：正常范围。目前恶心呕吐不解，胸闷胃胀，引流管内为黄绿色胆汁样胃容物，夜寐不安，大便软，2～3 天一次，舌质淡紫，苔白稍厚，脉滑数小弦。

脉证参合：患者术后气血大伤，脾胃失和，肝失疏泄，横逆犯胃，胃气上逆，浊气不降，气机不利。故先给予辛开苦降、疏肝利胆、和胃安神之法。以左金丸、半夏秫米汤合平胃散加减。处方：川黄连 6g、吴茱萸 2g、姜半夏 12g、姜竹茹 9g、生白术 12g、生枳壳 15g、蒲公英 30g、软柴胡 9g、佛手片

12g、藿苏梗各 12g、白茯苓 12g、生米仁 30g、砂蔻仁各 9g、绿梅花 12g、北秫米 30g、金钱草 30g、草果仁 9g、车前草 15g。4 剂。

二诊：2009 年 5 月 15 日。昨晚仍呕吐黄绿水，量较前减少，胸闷已解，大便未下，舌质淡红，苔薄白，脉弦滑。处方：川黄连 6g、吴茱萸 2g、姜半夏 12g、姜竹茹 9g、生甘草 12g、软柴胡 12g、生枳壳 15g、蒲公英 30g、藿香 12g、苏梗 12g、白茯苓 12g、生米仁 30g、砂蔻仁各 9g、佛手片 12g、绿梅花 12g、北秫米 30g、金钱草 30g、广郁金 12g、沉香曲 12g。4 剂。

三诊：2009 年 5 月 18 日。呕吐明显减少，胃脘不胀，大便下而不畅，引流黄绿水减少，夜寐久安，舌质淡红苔薄白，脉细滑。处方：川黄连 6g、吴茱萸 2g、姜半夏 12g、姜竹茹 9g、生白术 12g、生枳壳 30g、炒白芍 30g、蒲公英 30g、软柴胡 9g、佛手片 12g、白茯苓 12g、生米仁 30g、砂蔻仁各 9g、绿梅花 12g、北秫米 30g、金钱草 30g、首乌藤 30g、草果仁 9g、车前草 15g。4 剂。

四诊：2009 年 5 月 20 日。偶有恶心呕吐，能入寐，大便 2 天一行，舌质淡红，苔薄白，脉细滑。胃气已开始下降。处方：川黄连 6g、吴茱萸 2g、姜半夏 12g、姜竹茹 9g、软柴胡 12g、生枳壳 15g、蒲公英 30g、白茯苓 12g、生米仁 30g、佛手片 12g、绿梅花 12g、北秫米 30g、金钱草 30g、广郁金 12g、沉香曲 12g。4 剂。

五诊：2009 年 5 月 24 日。恶心呕吐未出现，无其他症状，大便偏干，舌质淡红，苔薄，脉细缓。处方：人参叶 15g、川黄连 6g、吴茱萸 2g、姜半夏 12g、姜竹茹 9g、软柴胡 12g、生枳壳 15g、蒲公英 30g、白茯苓 12g、炒白芍 15g、生米仁 30g、佛手片 12g、绿梅花 12g、北秫米 30g、金钱草 30g、广郁金 12g、沉香曲 12g。4 剂。

六诊：2009 年 5 月 26 日。昨日饮食不顺，突然恶心一次，无食物出现，大便干，舌质红，苔白，脉滑数。处方：川黄连 6g、吴茱萸 2g、姜半夏 12g、姜竹茹 9g、生枳壳 20g、生白术 12g、百合 15g、生米仁 30g、藤梨根 30g、广郁金 12g、绿梅花 12g、金钱草 30g、炒赤白芍各 15g。4 剂。

七诊：2009 年 5 月 29 日。仍有恶心未吐，大便未解，舌质红，苔白，脉弦滑。处方：川黄连 6g、吴茱萸 2g、姜半夏 12g、姜竹茹 9g、生枳壳 30g、生白术 12g、公丁香 9g、无花果 12g、淮小麦 30g、杏仁 12g、瓜蒌仁 15g、生米仁 30g、藤梨根 30g、广郁金 12g、绿梅花 12g、金钱草 30g、炒赤白芍各 15g。4 剂。

八诊：2009 年 6 月 1 日。4 天内出现 1 次恶心，呕吐少量黄水，可能昨日吃冬瓜排骨汤太过油腻。舌质红，苔白，脉细滑。处方：川黄连 6g、吴茱萸 2g、姜半夏 12g、姜竹茹 9g、生枳壳 30g、生白术 12g、公丁香 9g、川朴花 12g、淮小麦 30g、八月札 12g、生米仁 30g、藤梨根 30g、佛手片 12g、绿梅花 12g、金钱草 30g、炒白芍 15g。4 剂。

九诊：2009 年 6 月 4 日。未出现呕吐，大便已下，每日一次，纳已正常，舌质红，苔薄白，脉细滑（考虑神经性）。处方：川黄连 6g、吴茱萸 2g、姜半夏 12g、姜竹茹 9g、生枳壳 30g、生白术 12g、藤梨根 30g、佛手片 12g、绿梅花 12g、生米仁 30g、八月札 12g、玫瑰花 12g、淮小麦 30g、大枣 30g。7 剂。

十诊：2009 年 6 月 15 日。病情开始稳定，未出现呕吐，大便解量少，舌质淡红，苔薄白，脉细滑。处方：川黄连 6g、吴茱萸 2g、姜半夏 12g、姜竹茹 9g、生枳壳 30g、生白术 12g、藤梨根 30g、佛手片 12g、绿梅花 12g、生米仁 30g、八月札 12g、淮小麦 30g、大枣 30g。4 剂。

十一诊：2009 年 6 月 18 日。未见呕吐，胃管已撤，纳久香，大便未下。舌质淡红，苔薄，脉细滑。处方：川黄连 6g、吴茱萸 2g、姜半夏 12g、姜竹茹 9g、生枳壳 30g、生白术 12g、藤梨根 30g、佛手片 12g、绿梅花 12g、生米仁 30g、八月札 12g、玫瑰花 12g。4 剂。

十二诊：2009 年 6 月 22 日。病情一直稳定，纳可，便调，舌质淡红，苔薄，脉细滑。处方：川黄连 6g、吴茱萸 2g、姜半夏 12g、姜竹茹 9g、淮小麦 30g、大枣 30g、佛手片 12g、绿梅花 12g、生枳壳 30g、生白术 12g、藤梨根 30g、生米仁 30g、八月札 12g、玫瑰花 12g。4 剂。

十三诊：2009 年 6 月 26 日。病情一直稳定，偶有胃胀，纳可，便调，舌质淡红，苔薄，脉细滑。处方：川黄连 6g、吴茱萸 2g、姜半夏 12g、姜竹茹 9g、沉香曲 15g、无花果 12g、佛手片 12g、绿梅花 12g、生枳壳 30g、生白术 12g、藤梨根 30g、生米仁 30g、八月札 12g、玫瑰花 12g。7 剂。

十四诊：2009 年 7 月 3 日。病已经缓解，起床活动，纳便正常，舌质红，苔薄，脉细缓。处方：川黄连 6g、吴茱萸 2g、姜半夏 12g、姜竹茹 9g、淮小麦 30g、大枣 30g、佛手片 12g、绿梅花 12g、生枳壳 30g、生白术 12g、藤梨根 30g、生米仁 30g、八月札 12g、玫瑰花 12g。7 剂。

十五诊：2009 年 7 月 10 日。胃瘫基本痊愈。纳便正常，舌质淡红，苔薄，脉细缓。处方：川黄连 6g、吴茱萸 2g、姜半夏 12g、姜竹茹 9g、淮小麦

浙江中医临床名家·徐志瑛

30g、大枣 30g、佛手片 12g、绿梅花 12g、生枳壳 30g、生白术 12g、藤梨根 30g、生米仁 30g、八月札 12g、玫瑰花 12g。7 剂。

十六诊：2009 年 7 月 14 日。无特殊症状，纳便正常，舌质淡红，苔薄，脉细缓。处方：太子参 12g、白茯苓 12g、川黄连 6g、吴茱萸 2g、姜半夏 12g、姜竹茹 9g、淮小麦 30g、大枣 30g、佛手片 12g、绿梅花 12g、生枳壳 30g、生白术 12g、藤梨根 30g、生米仁 30g、八月札 12g、玫瑰花 12g。7 剂。出院带回。随访。

按语： 本案患者胃癌术后，气血大伤，脾胃虚弱，肝气横逆犯胃，胃气上逆致恶心呕吐，治当以疏肝和胃，降逆止呕，治标控制病情。《临证指南医案·呕吐》曰："以泄肝安胃为纲领，用药以苦辛为主，以酸佐之。"即采用辛开苦降之法，方中以左金丸清肝泻火、降逆止呕；黄连苦寒，清肝泻胃，吴茱萸开肝郁，降胃逆，两药相合，则肝火得清，胃气得降；姜半夏、姜竹茹降逆止呕，佛手、绿梅花助吴茱萸疏肝解郁。脾胃大伤，湿聚中州，还当燥湿运脾，以平胃散为加减，生白术、白茯苓、米仁健脾利湿，砂仁、蔻仁、草果仁、藿梗、苏梗、枳壳行气化湿，金钱草、车前草清热利湿。黄连、吴茱萸、半夏、柴胡、砂仁、枳壳等均是辛开苦降的常见配伍。《素问·逆调论》云："胃不和则卧不安。"患者夜寐不安也是由肝胃不和所致。姜半夏、秫米组成半夏秫米汤，此为《黄帝内经》仅有十方之一，专为不寐而设。半夏甘温通阳，降逆通泄；秫米甘凉养阴，通利大肠。数十剂之后，病情缓解，终以益气健脾和胃，治本而愈。

（二十五）抑木培土疗泄泻

沈某，女性，32 岁，海盐人。

初诊：反复腹痛腹泻 2 年余，曾用理中汤、五苓四神汤、参苓白术汤等，有一定疗效，今发作半月余不能缓解，面色稍萎，性情急躁，食后胃胀，嗳气反酸，即有肠鸣，腹痛即泻，解而不畅，或有里急后重，或有白色黏液，解后痛除，夜寐不安，舌质红，苔白腻，脉弦滑。

此乃脾气已虚，肝气郁结，横逆犯脾，运化失职，致成脾虚肝旺之证。法当疏肝健脾、行气化湿，采用木香导滞汤合痛泻要方加减。处方：炒苍白术各 12g、炒黄芩 15g、煨葛根 15g、白茯苓 12g、炒白芍 12g、枳实 12g、防风 9g、广木香 12g、花槟榔 12g、地锦草 30g、陈皮 9g、沉香曲 12g、川楝子 9g。7 剂。嘱药后第一天可能腹泻增多。

二诊：第一天服药后腹痛，大便伴有黏液，较多，第二天即腹痛已解，大便一日一次，黏液解除，稍烂，纳食正常，舌质红，苔白，脉细滑。原方去槟榔，川楝子。加太子参 9g、炮姜 6g，7 剂。

三诊：病情已解，纳便正常，精神好转，夜寐得安，舌质红，苔薄白，脉细缓。采用参苓白术散加减 14 剂。再用膏滋巩固，3 年未再复发。

按语： 此患者久泻脾虚，土虚木乘，脾土更虚，运化失职，水反为湿，谷反为滞，发为泄泻。患者以腹胀，纳呆，痞闷嗳气，腹痛腹泻，痛则即泻，泻后痛减，性情急躁，脉弦滑为主症。吴鹤皋在《医方考·泄泻门》中云："泻责之脾，痛责之肝，肝责之实，脾责之虚，脾虚肝实，故令痛泻。"故治以抑木培土之法。患者湿邪较重，兼以行气化湿。方用木香导滞汤合痛泻要方加减。白术、白茯苓健脾助运，白芍平肝泻木，苍术、防风、葛根散肝舒脾、升阳胜湿，陈皮理气燥湿、醒脾和胃，炒黄芩、地锦草清热燥湿，枳实、花槟榔行气导滞，广木香、沉香曲、川楝子行气止痛。诸药相伍，泻肝木而补脾土，调气机而腹泻自解矣。方中注重"风药"的运用，风药轻扬升散，同气相召，脾气上升，肝气升发条达，疏泄畅达，运化自健，泄泻可止，风药燥湿，湿见风则干，如防风、葛根、柴胡、升麻、羌活、苍术等之品，运用得当，疗效显著。

（二十六）引火归元助平衡

钟某，男性，56 岁，经理。杭州人。

初诊：2010 年 11 月 19 日，流涎清水，面色潮热，目赤，已历 1 年余，经中西药治疗均未好转，目前症状如前，并出现头胀乏力，心情终感不适，或有耳鸣，腰酸背痛，纳可，夜寐欠安，时有心烦，便调，夜尿 1 次，舌质紫红胖，苔薄白，脉弦滑。

此乃劳心伤脾，营血亏虚，肝肾失衡，水亏火旺，上扰于首，精血充养不足而致。故先予以滋肾平肝、引火归元之法。处方：女贞子 15g、墨旱莲 12g、炒当归 12g、炒白芍 12g、黄连 6g、肉桂 3g、广郁金 12g、石菖蒲 12g、首乌藤 30g、炒枣仁 30g、合欢花 30g、制黄精 30g、防己 15g、炙白薇 12g、紫丹参 30g、潼白蒺藜各 12g、丹皮 15g、桑寄生 12g。7 剂。

二诊：流涎改善，面仍潮红，目赤减，寐尚可，纳可，腰酸背痛好转，舌质红紫，苔薄，脉细缓。再原法加活血养血之品。处方：女贞子 15g、墨旱莲 12g、炒当归 12g、炒白芍 12g、黄连 6g、肉桂 3g、广郁金 12g、首乌

浙江中医临床名家 · 徐志瑛

藤 30g、制黄精 30g、防己 15g、紫丹参 30g、丹皮 15g、三七（煎入）6g、潼白蒺藜各 12g、骨碎补 12g、钩藤 20g、怀牛膝 9g。7 剂。

三诊：流涎已解，面红明显好转，目赤除，纳可，便调，寐安，舌质红，苔薄白，脉细弦。再原法加减。处方：女贞子 15g、墨旱莲 12g、炒当归 12g、炒白芍 12g、川芎 15g、广郁金 12g、首乌藤 30g、制黄精 30g、防己 15g、紫丹参 30g、粉丹皮 15g、三七（煎入）6g、怀牛膝 12g、枸杞子 30g、钩藤 30g、潼白蒺藜各 12g、泽泻 12g、制首乌 30g、槐角 15g、红景天 15g。14 剂。后改成膏滋服 3 个月余病告愈。

按语：本案证属气阴两虚，阴虚为主，心脾肝肾俱虚，肝肾为本，属"虚劳"的范畴。患者思虑过度，伤及心脾，营血亏虚，肝无所藏，久则及肾。肝肾阴虚，虚火上扰，心神不安，上扰清窍，则夜寐欠安、心烦、面色潮热、头胀目赤；肝肾阴虚，清窍、腰膝失养，则耳鸣、腰膝背痛，脾虚失于固摄，则流涎清水；舌紫红、胖大，脉弦滑则提示阴虚火旺，同时夹湿夹瘀。根据"虚者补之""损者益之"的原则，案中以女贞子、墨旱莲、黄精、枸杞子、桑寄生、骨碎补等滋养肝肾，广郁金、石菖蒲、首乌藤、炒枣仁、合欢花等养心安神，炒当归、炒白芍、三七、川芎、丹参等活血养血，丹皮、泽泻、钩藤、潼白蒺藜清泄肝肾，以防滋腻太过。上炎之虚火，则引火归元，本案用黄连、肉桂二味，组成交泰丸，交通心肾，一清一温，清心降火，寒而不遏，同时肉桂是反佐温肾，起到引火归元的作用。正如《本草新编·商集》所说："黄连、肉桂寒热实相反，似乎不可并用，而实有并用而成功者，盖黄连入心，肉桂入肾也……黄连与肉桂同用，则心肾交于顷刻，又何梦之不安乎？"同时牛膝既能补肝肾，性善下行，又能加强引火归元之功。故徐志瑛教授治疗本案善用滋肾平肝、养血活血之法，尤其重视引火归元。

（二十七）增液行舟治燥结

陈某，女性，82 岁，家务。

初诊：2000 年 9 月 11 日。患者因阑尾炎穿孔不愿意手术作保守治疗，虽然已用抗生素 1 周，体温仍然 38.5℃，恶心、呕吐清水、脘腹胀痛，大便不下已 4 天。以求中草药治疗。查体：体温 38.5℃，呼吸 28 次/分，心率 115 次/分，血压 146/90mmHg，痛苦面容，呻吟不止，呼吸急促，不能平卧，两肺呼吸音粗糙，心率 115 次/分、律齐；腹膨胀，肝脾触及不满意、右下腹压痛明显并可摸及 5.5cm×7.5cm 的肿块。舌质绛红，苔光无津，脉弦滑数。辅助检查：白细胞计数 $12×10^9$/L、中性粒细胞比 0.82。此乃湿热内盛，气阴受损，津液沽涸，无力推动传化。法拟清热解毒、增液行舟，佐以祛瘀软坚。处方：败酱草30g、紫花地丁30g、生米仁30g、大血藤30g、生地15g、麦冬20g、玄参12g、生枳壳20g、制大黄15g、石斛12g、皂刺12g、川朴12g、川芎15g、茯苓15g、炒黄芩30g。3剂，水煎服。

二诊：2000年9月14日。大便已下，热势亦降，恶心呕吐已除，腹胀明显减轻，能吃流质，已能入睡，按之腹软肿块缩小一半，舌质转红，苔光有津，脉滑弦。热毒初解，余邪未清，液增舟行。再拟清热养阴、涤饮软坚法，佐以祛瘀。处方：败酱草30g、紫花地丁30g、生米仁30g、大血藤30g、生地15g、麦冬20g、玄参12g、石斛12g、皂刺12g、川芎15g、生枳壳20g、生白术9g、炙炮甲（代）12g、白芥子12g。7剂。水煎服。

三诊：2000年9月21日。患者已能起床活动，纳食正常，大便一日一次，腹软右下腹压痛消失，肿块基本触及不到，舌质淡红，苔薄白，脉缓。阴液已复，湿浊未尽，气血久充，再拟清热化浊软坚、益气养血之法，巩固治疗。处方：败酱草30g、紫花地丁30g、生米仁30g、大血藤30g、石斛12g、皂角刺12g、川芎15g、炙炮甲12g、太子参20g、炒白术12g、怀山药30g、佛手片12g、绿梅花9g。15剂，水煎服。随访2年未见复发。至今健在。

按语： 本案患者年老体弱，纳运无力，饮食停滞，酿生湿热，蕴蓄胃肠，气阴受损，津液沽涸，肠失濡润，传化无力，燥屎热结，气机阻滞，血行不畅。最终形成湿热夹瘀，阻滞肠腑，热盛肉腐，津伤液耗。故以清热解毒、增液行舟、祛瘀软坚为主要治法。方用紫花地丁、大血藤、败酱草以清热解毒凉血，生米仁、皂角刺、炙炮甲（代）、白芥子消痈散结排脓，黄芩清热燥湿，川芎行气活血。又因患者热盛阴伤，无水舟停，如《温病条辨·中焦》所谓"水不足以行舟，而结粪不下者"，当增水行舟，又以生地、麦冬、玄参合为增液汤以增液润燥，石斛滋阴生津，枳壳、川朴、制大黄合为小承气汤以通腑除滞泻热，使得肠燥得润，热结得下。三诊热毒大解，阴液已复，但余邪未尽，气血未充，加太子参、炒白术、茯苓、山药益气健脾、化生气血，佛手片、绿梅花行气散结，巩固治疗以防病情反复。

（二十八）壮水制火除低热

马某，男性，24岁，农民。

初诊：1980年6月15日。1年多来发现形体消瘦，失眠多梦，未作注意

浙江中医临床名家·徐志瑛

也未治疗,继后梦遗滑精,五心烦热,午后低热,体温37.5℃,在当地治疗无效。故来此门诊。现在上述症状外还伴有太阳穴处头胀,时有耳鸣,腰膝酸痛,口渴咽干,有时夜间盗汗,舌质红,苔光,脉细数。

脉证参合:肾阴亏虚,相火妄动。法以滋补肾水,佐以泻泄相火。方用知柏地黄丸加减。处方:生熟地各12g、怀山药15g、白茯苓12g、泽泻12g、粉丹皮15g、山萸肉9g、肥知母12g、炒黄柏12g、制首乌30g、炒枣仁30g、桑椹30g、川石斛30g、煅牡蛎12g。14剂。

二诊:体温正常,五心烦热改善,咽干口渴减轻,其他存在,舌质红,苔光,脉细滑。相火始伏,肾阴未复,继续原方加减。处方:生熟地各12g、怀山药15g、白茯苓12g、泽泻12g、粉丹皮15g、山萸肉9g、肥知母12g、炒黄柏12g、制首乌30g、炒枣仁30g、桑椹30g、鲜石斛30g、碧桃干12g、骨碎补12g。14剂。

三诊:五心烦热,口渴咽干,头胀耳鸣均解除,2周来未出现梦遗滑精现象,腰膝酸软改善,盗汗未见,舌质红,苔薄少(苔比前起),脉细滑。肾水已复,相火内伏,病情好转。处方:生熟地各12g、怀山药15g、白茯苓12g、泽泻12g、粉丹皮15g、山萸肉9g、制首乌30g、桑椹30g、金樱子30g、鲜石斛30g、炒杜仲12g、骨碎补12g、桑寄生12g、川续断12g。30剂。

四诊:病情基本稳定,体质增强,精神好转,纳便正常,舌质红,苔薄白,脉细缓。处方:生熟地各12g、怀山药15g、白茯苓12g、泽泻12g、粉丹皮15g、山萸肉9g、制首乌30g、桑椹30g、金樱子30g、鲜石斛30g、炒杜仲12g、枸杞子15g、金狗脊12g、川续断12g。30剂。随访痊愈。

按语: 本案属肾阴亏虚、相火偏盛之证,肾阴亏虚,阴不制阳,虚火内生,故见形体消瘦,潮热盗汗,五心烦热,口渴咽干,肾水亏虚,不能上承于心,水火失济,则心火偏亢,见失眠多梦,肾阴不足,腰膝、脑、骨、耳窍失养,故腰膝酸软,头胀耳鸣,肾阴不足,相火妄动,精室被扰则遗精,舌质红,苔光,脉细数为阴虚内热之象。治以滋阴降火。《医方考·虚损劳瘵门》论知柏地黄丸:"熟地、山萸,味厚者也,味厚者为阴中之阴,以补肾间之阴血,山药、茯苓,甘淡者也,甘能制湿,淡能渗湿,以去肾虚之阴湿,泽泻、丹皮,咸寒者也,咸能润下,寒能胜热,以去肾间之湿热。黄柏、知母,苦润者也,润能滋阴,苦能济火,以服龙雷之相火。"又加用桑椹、金樱子、枸杞子、石斛、首乌等补阴敛阴之品,杜仲、骨碎补、桑寄生、川续断、金狗脊等补肾强骨,炒枣仁、牡蛎宁心安神。全方去其灼阴之火,滋其济火之水,则肾间之精血日生矣。王冰曰："壮水之主，以制阳光。此之谓也。"

（二十九）滋肾通关除湿热

劳某，女性，65岁，杭州人。

初诊：半年前发热后引起尿路感染，一直不能缓解，1个月中发生2～3次，尿频尿急尿痛，小腹胀痛，稍有咳嗽，舌质红，苔白，脉细滑。尿检长期存在蛋白（±）、白细胞（++）。

先予以清肺泻热、疏肝利水之法，1个月余，咳嗽咽喉不适解除，改用知柏六味加减。处方：肥知母12g、炒黄柏12g、生地12g、粉丹皮12g、土茯苓30g、泽泻12g、怀山药30g、凤尾草30g、重楼12g、瞿麦15g、椿白皮12g、桑寄生12g、骨碎补12g、小茴香12g、车前子9g。以此方为主方反复加减服用1个月余，尿检和症状均改善后改用祛风利咽、益肾壮腰之法，佐以活血之法。处方：肥知母12g、炒黄柏12g、生熟地各12g、粉丹皮12g、白茯苓30g、泽泻12g、怀山药30g、凤尾草30g、重楼12g、炒杜仲12g、川续断12g、补骨脂12g、金狗脊12g、台乌药12g、菟丝子12g、潼白蒺藜各12g、佛手片12g。加减服用2个月后检查均正常，正值冬令服用膏滋一剂，次年身体健康未发生本病。

按语：此例患者以尿频尿急尿痛，小腹胀痛为主症，当属"淋证"的范畴。巢元方在《诸病源候论·诸淋候》中对淋证概括为"肾虚而小便数，膀胱热则水下涩""淋者，由肾虚而膀胱热故也"。本案患者年已花甲，加之久病，肾气亏虚，反复感邪，无力抗邪，湿热之邪留恋，致病情缠绵难愈。肾虚为本，膀胱湿热为标。治以滋肾通关，清利湿热，方用知母、黄柏苦寒以泻膀胱湿热。以防湿伤肾，湿热去则肾水旺，以达"滋肾"之功，用熟地、杜仲、续断、补骨脂、菟丝子、桑寄生等温肾之品来温补肾阳，化气利水，并有防知柏苦寒而伤及肾阳，平衡水火之意，同时又用丹皮、土茯苓、泽泻、瞿麦等清热利湿通淋。全方攻补兼施，温清并用，助命门之火，增强膀胱的气化作用，使热清湿去，气化得司，小便之关自通矣，疗效较佳。

（三十）滋阴祛风抗过敏

柴某，男性，65岁，农民。

初诊：2008年8月11日。患者自幼咳嗽病史，近4～5年来反复加重，晨起为主，痰黄白相兼，量少不畅，并痰中带血，在当地治疗效果不佳，而来门诊，形体消瘦，面色晦暗，精神软弱，行动气急，纳便尚可，舌质淡紫红，苔光边白，脉弦细数。胸片：右下肺有一团状阴影。CT：右下肺有一团状占位，考虑结核。经结核菌素试验，抗结核抗体（-）、癌胚抗原（-）。两肺呼吸音减弱。

脉证参合：宿有痰饮，伏于膈下，受邪上溃于肺，痰蕴化火，伤及肺络，迫血妄行，痰、瘀、热、阴虚互结，久病不愈，互为因果。治以清肺化痰、滋阴凉血。处方：野荞麦根30g、炒黄芩30g、肺形草30g、鱼腥草30g、白桔梗9g、桑白皮12g、浙贝母20g、冬瓜子30g、羊乳参30g、乌元参9g、天竺黄12g、寒水石12g、鲜芦根40g、皂角刺9g、鲜石斛30g。7剂。

二诊：2008年8月18日。咳嗽未增，痰仍黄白相兼，咯血未见，纳食欠香，大便已调，舌质红淡紫，苔边白中光，脉细滑。过敏试验：IgE（+++），对榆、艾叶、杨柳、豚、葎草、梧、黑烟、油霉、大豆、腰果、小麦等均过敏。两肺呼吸音减低。处方：炒黄芩30g、肺形草30g、云雾草15g、鱼腥草30g、白桔梗9g、桑白皮12g、浙贝母20g、冬瓜子30g、苏梗木各12g、莪术12g、十大功劳12g、羊乳参30g、鲜石斛30g、寒水石12g、炒二芽各15g、天竺黄12g。7剂。

三诊：2008年8月25日。咳嗽已不多，痰先黄后转白，或有胸闷气急，近日痰中带血丝，纳可便调，舌质红淡紫，苔中光边白，脉弦滑。处方：炒黄芩30g、肺形草30g、云雾草15g、鱼腥草30g、桑白皮12g、浙贝母20g、冬瓜子30g、生米仁30g、羊乳参30g、天竺黄12g、寒水石12g、十大功劳12g、鲜石斛30g、粉丹皮15g、仙鹤草30g、苏梗木各12g、莪术12g。7剂。

四诊：2008年9月1日。咳嗽不多，痰仍黄白相兼，饭后出现气急，晨起痰中带血丝，纳便正常，舌质淡紫红，苔根白前光，脉弦滑。处方：羊乳参30g、肺形草30g、炒黄芩30g、鱼腥草30g、桑白皮12g、浙贝母20g、冬瓜子30g、生米仁30g、寒水石12g、十大功劳12g、苏梗木各12g、草果仁9g、鲜芦根40g、桃仁12g、粉丹皮15g、莪术12g。14剂。

五诊：2008年9月15日。咳嗽减少，血已止，痰色转白，胸闷咳嗽时存在，气急近日加剧，面暗减淡，唇绀指紫，纳便正常，舌质淡紫红，苔根白、中光小裂，脉细滑。处方：南沙参20g、生白术12g、防风9g、肺形草30g、炒黄芩30g、鱼腥草30g、桑白皮12g、浙贝母20g、生米仁30g、冬瓜子30g、桃仁12g、苏梗木各12g、寒水石12g、粉丹皮15g、石斛12g、皂角刺9g、草果仁9g。7剂。

六诊：2008年9月22日。咳嗽痰不多，血未见，胸闷气急存在，唇绀指紫，近日晨起便烂，稍有腹痛，舌质淡紫红，苔边白中光，脉细缓。处方：南沙参20g、生白术12g、防风9g、肺形草30g、炒黄芩30g、鱼腥草30g、桑白皮12g、浙贝母20g、生米仁30g、冬瓜子30g、桃仁12g、十大功劳15g、鲜芦根30g、川朴12g、生枳壳12g、马齿苋30g、皂角刺9g。7剂。

七诊：2008年9月29日。咳嗽不多，痰白血未见，胸闷气急咳嗽时和活动时存在，唇绀指青，舌质紫开始改善，变红，苔边白中少，脉细缓。处方：南沙参20g、天麦冬各12g、生白术12g、防风9g、肺形草30g、炒黄芩30g、鱼腥草30g、白桔梗6g、桑白皮12g、浙贝母20g、冬瓜仁30g、十大功劳15g、桃仁12g、生米仁30g、鲜芦根30g、川朴12g、鲜铁皮石斛12g。7剂。

八诊：2008年10月6日。咳嗽基本消失，痰量减少，咳剧时气急，或有胸闷，纳可便调，舌质红，苔前少根白，脉细滑。处方：南沙参20g、生白术12g、防风9g、肺形草30g、炒黄芩30g、鱼腥草30g、白桔梗9g、桑白皮12g、浙贝母20g、冬瓜子30g、十大功劳15g、桃仁12g、生米仁30g、鲜芦根30g、苏梗木各12g、川石斛30g、淫羊藿20g。14剂。

九诊：2008年10月20日。咳嗽基本无，咽部时痒，胸闷气急存，纳便正常，舌质红，苔右白前少，脉细滑。处方：南沙参20g、天麦冬各12g、肺形草30g、炒黄芩30g、鱼腥草30g、白桔梗9g、桑白皮12g、浙贝母20g、冬瓜子30g、桃仁12g、苏梗木各12g、黄荆子12g、川石斛30g、草果仁9g、淫羊藿30g。14剂。

按语：此乃患者自幼素体不强，肺、脾、肾三脏早虚，肺失卫外，脾失健运，肾失气化，聚液成湿，灼炼成痰，郁久化热，阴伤火旺，虚火灼络，破血妄行。故治以清肺化痰、滋阴凉血。野荞麦根、炒黄芩、肺形草、鱼腥草、桑白皮等清泻肺热，白桔梗、浙贝母、天竺黄、冬瓜仁、皂角刺等清肺化痰，南沙参、羊乳参、乌元参、鲜芦根、鲜石斛等滋阴生津，川朴、枳壳、苏梗、苏木、莪术、桃仁等行气活血，十大功劳、丹皮、仙鹤草、马齿苋等清热凉血、止血。患者过敏原试验阳性，中医认为过敏主要与风邪有关，风性善行而数变，同时肺主皮毛，风邪易袭阳位，故方中用生白术、防风补气祛风。《雷公炮制药性解·草部》中言："防风辛走肺，为升阳之剂，故通疗诸风。乃风药之润剂也，能泻上焦。"《本草汇言》中说："用防风辛温轻散，润泽不燥，能发邪从毛窍出。与白术治脾风。"故防风、白术二味，祛风而不伤阴。

第五章

学 术 思 想

第一节　学术思想有创新

一、临床辨证体悟

（一）辨证的整体观

辨证，是在中医学理论的指导下，通过四诊（望、闻、问、切）收集患者各种临床资料进行综合分析，从而对疾病当前的病位与病性等本质作出判断，并概括为完整的证名的思维过程。其中通过诊法收集患者临床资料，对病情进行综合分析的过程——辨证过程，体现了整体观。人体是一个有机的整体，这个整体中的任何一个组织器官、部位都是不可分割的，在功能上相互协调、相互影响。它既强调人体内部之间，各脏腑之间的完整性及协调性，同时又强调人体与外界环境间的协调性。一旦人体局部发病，动其全身，可引起全身病变，机体适应、抵御外界环境的能力减弱。

整体观念，是唯物观、辩证思想在中医学中的体现，始终贯穿于中医生理、病理、诊疗等方方面面。早在《黄帝内经》中就提出相关观点，即从天、地、人这一角度来定义"人"："夫人生于地，悬命于天，天气合气，命之曰人"（《素问·宝命全形论》）。人并非独立于外界存在，而是置身于自然环境和社会环境中，因此不可避免地会受到影响。在诊断和治疗的过程中，必然要立足于自然、社会全方面因素下，而不是单从局部变化着眼。

人与自然环境相协调：中医将人与自然相协调的关系称为"天人相应"。"天人相应"最重要的体现在于"气"。如《素问·六微旨大论》提出："言天者求之本，言地者求之位，言人者求之气交。曰：何谓气交？曰：上下之位，气交之中，人之居也。"言明天、地、人均是一气分布到不同区域的结果，人虽有自己独特的运行方式，但周流循环，和天地万物是相通的。人也必须和天地相适应，即与自然气候、地域环境等相适应，才能生存下去。不仅如此，人，不仅生理上而且病理上，也受到自然环境或是地域环境的影响。在临床进行一系列的诊疗中，必须将人放置于自然环境下，全方面地考虑疾病。如对于支气管哮喘的辨证，虽多以寒、热两端而分论，但其临证时，多以喘息气急、咳嗽咳痰、痰黄稠、咯出不畅等热性证候为主。结合南方多湿热的气候外界因素，即使患者初为寒哮，就诊时多已入里化热，故应重视清热法的运用，如野荞麦根、黄芩、鱼腥草、七叶一枝花、银花等，用量均在30g以上。

人与社会环境相协调：人的本质，在现实上是一切社会关系的总和，其意识和行为均带有一定的社会属性。人从婴幼儿到成人逐步成长的过程，都不可避免地置身于社会中，其身心健康和疾病的发生都和这个环境紧密联系，不可分割。在现代商品经济社会，人们的精神压力较大，久之易患肝郁气滞、气机不畅之证，故临床上很多疾病都与肝郁有关，特别是现代医学所称的内分泌疾病，如功能性不孕不育、月经不调、更年期综合征、糖尿病、甲状腺疾病乃至垂体病变、慢性胃炎、肝胆系统疾病、乳房小叶增生。故治疗此类疾病，常用柴胡、川楝子、香附、青皮等疏肝；焦山栀、牡丹皮柔肝；白芍、乌梅等清肝；山萸肉、地黄、枸杞子、何首乌等养肝。

人体整个生命过程相协调，《素问·上古天真论》指出"女子七岁，肾气盛，齿更发长。二七而天癸至，任脉通，太冲脉盛，月事以时下，故有子。三七，肾气平均，故真牙生而长极。四七，筋骨坚，发长极，身体盛壮。五七，阳明脉衰，面始焦，发始堕。六七，三阳脉衰于上，面皆焦，发始白。七七，任脉虚，太冲脉衰少，天癸竭，地道不通，故形坏而无子也"；"丈夫八岁，肾气实，发长齿更。二八，肾气盛，天癸至，精气溢泻，阴阳和，故能有子。三八，肾气平均，筋骨劲强，故真牙生而长极。四八，筋骨隆盛，肌肉满壮。五八，肾气衰，发堕齿槁。六八，阳气衰竭于上，面焦，发鬓斑白。七八，肝气衰，筋不能动，天癸竭，精少，肾藏衰，形体皆极。八八，则齿发去"。此描述的是男、女正常的生、长、壮、老的生理变化，这一演变过程是有序统一且不可避免的。随着年龄的增长，各脏腑也随之开始衰减，加上病毒、细菌的侵犯使人提前走向衰老和死亡。本条中提到"天癸"与"肾气盛"是人体在生长发育的过程中产生的，这与现代医学上所指的促性腺激素、性腺激素、丘脑下部的神经激素共同对生殖生理功能起着控制、调节的作用的观点，可以说是相类似的。故徐志瑛教授认为在养生的调治中可按男女不同阶段补充气血、平衡阴阳，更强调在养生、抗衰老的调治中补充肾气和肾精。

（二）衡动观下的辨证

《黄帝内经》认为，整个自然界包括人在内的一切生物都是无休止地永恒运动着的，其根在于阴阳二气的运动。如《素问·阴阳应象大论》云："清阳上天，浊阴归地，是故天地之动静，神明为之纲纪，故能以生长收藏，终而复始。"清阳之气上升于天，浊阴之气下归于地，是为天地的动静之变，是以阴阳变化为纲纪，故而有四时生长收藏的变化，往来复始。而自然界中最明显的变化莫过于天地云雨的变化。"地气上为云，云出天气"，"天气下为雨，雨出地气"（《素问·阴阳应象大论》），即地上的水可以蒸发，上升而化为云，而天上的云成为雨之后下降而落到地上。此为天地阴阳之气的升降。因此，自然界中的各种现象，不管是生命活动、健康也好，还是疾病等也好，都是物质运动的表现形式。看待这些事物的变化，应摒弃静止的、万年不变的观点。在中医诊治过程中，其衡动观可从以下两个方面论述。

首先，人体也是一个不断运动着的生命体，其呼吸、饮食等各种生命活动都是升降出入运动的结果。如《素问·阴阳应象大论》将此概括为："清阳出上窍，浊阴出下窍；清阳发腠理，浊阴走五脏；清阳实四肢，浊阴归六腑。"人体生命不休亦根源于升降出入的变化不休。气化功能的正常，保障了生物的外形存在，使其生生不息，否则出入功能废止，生命便也终止。如《素问·六微旨大论》指出："出入废则神机化灭，升降息则气立孤危。故非出入则无以生长壮老已，非升降则无以生长化收藏。是以升降出入，无器不有。"

其次，在疾病发展的过程中，也有其"动"的一面。由于正气与邪气不断地进行抗争，疾病也是不断发展的。通常情况下，疾病具有两面：疾病始终有其稳定的病理基础，这是它的根，也是它"静"的一面；由于疾病不断发生发展，在疾病的不同阶段，其证候有其变化的一面，如支气管炎和哮喘等呼吸系统疾病在诊治的不同阶段，证也是出现动态的变化，急性期以痰热为主，迁延期以痰热伤阴为主，慢性期以肺气虚或肺脾肾俱虚为主，故在治疗上，在不同的阶段，采用不同的治法。徐志瑛教授强调治病的过程中，应立足于疾病的发生、发展和演变的规律，针对病因病机从根本上治疗疾病，从而贯彻治病求本的治疗原则。

（三）治病必当求本

治病求本，是要在错综复杂的临床表现中，要探求疾病发生的根本原因，根据疾病发生的根本原因确定治本的正确方法，此始见于《素问·阴阳应象大论》。治病求本体现了中医学辨证论治的精髓。"夫自古通天者，生之本，本于阴阳……阴平阳秘，精神乃治，阴阳离决，精气乃绝"（《素问·生气通天论》）。人体正常的生命活动是人体阴阳对立统一的结果，倘若失其相对平衡，则导致疾病的发生。故徐志瑛教授认为，治病求本就是通过审因求证，辨明疾病的阴阳寒热虚实，即"证"。"证"是疾病发生发展过程的客观反映，是中医辨证论治的主要临床依据，"治"则是针对"证"的表现特性采取改变疾病发展过程的相应方法，临床疗效的好坏与辨证有着最为密切的联系。每一种疾病都具有其特有的临床表现特点，治疗要点亦异，只有抓住疾病的本质，方能达到事半功倍的效果。但是如何求本，徐志瑛教授强调，疾病发生与进展是一个正邪相争的过程，其病理变化极为复杂，所表现的证候也是多种多样，再加上时间、缓解等差异，也会对疾病产生不同的影响。但是我们要善于从错综复杂的证候中，抓住疾病的本质，分清疾病的主次矛盾，解决矛盾的主要方面。

根据证候的不同表现，徐志瑛教授提出了不同的治法。《素问·至真要大论》提出："逆者正治，从者反治，从少从多，观其事也。"①正治法又称逆治法，是根据"微者逆之"的原则制订的。所以又称"逆者正治"，是常用方法，如"寒者热之""热者寒之""虚者补之""实者泻之"（《素问·至真要大论》），都属此范围之内。②反治法又称从治法，是根据"甚者从之"（《素问·至真要大论》）而制订的，所以说："从者反治。"从者反治是一种变法，"热因寒用"等都属于此条范围。③"从少从多，观其事也"（《素问·至真要大论》），告诉我们临床上的疾病不是纯热纯寒，而是错综复杂、寒热交错、虚实相兼的，故在治疗中往往寒热并用，攻补兼施。正治和反治是两种方法，是必须要掌握的，对二者的具体运用，还须根据临床所出现的实际情况而定，这就是"从少从多，观其事也"的实际意义。

但在临床诊治中往往会出现真象假象交纵错杂、虚象实象夹杂存在的现象，给正确制订治疗方案带来困难。徐志瑛教授在50余年的临床实践中积累了丰富的临证经验，面对复杂的症候群，通过现象看到本质，抓住辨证的纲领和关键的证候，准确地辨别病症的属性，制订相应的治疗方案，取得了很好的临床疗效。在呼吸系统疾病的治疗中，徐志瑛教授十分重视"痰"辨证的重要性。不少初入临床的中医师光以痰色辨寒热，痰黄固然有热，但白痰未必有寒，还应该结合痰质、易咯程度、全身症状、舌脉来辨证。白痰、黄痰皆因热而成，只是程度不同，痰白质黏稠，亦为内热热邪蒸熬而成。治盗汗时，常认为"阴虚则盗汗，阳虚则自汗"，临床常一见盗汗，便以养阴敛汗之大法，时不能见效。徐志瑛教授认为盗汗不仅阴虚可致，血虚、气虚、湿热郁蒸、肝经郁热、外感余邪未尽、瘀血等原因均可引起盗汗，如妇女更年期，常有盗汗，且出汗后仍自觉潮热、心烦，不可认为是阴虚，而是肝经郁热，用丹栀逍遥散治疗可取得较好疗效。

（四）引西为用，辨证与辨病相结合

中医辨证是从整体出发，通过望、闻、问、切四诊方法得到各种资料，结合八纲六经辨证，再不断吸收历代各学科的经验进而做出辨证施治。在中医学理论初构的时期，证的概念并未从病中分出，当时就是以"病"作为辨别的目标并以其治疗。但是由于中医对于疾病的认识仅仅停留在宏观水平上，所获得的临床资料是通过望、闻、闻、切四诊所获取，缺乏微观机制的研究，也没有细胞分子水平数据的支持，因此中医辨病思维受到了巨大冲击，而面临逐渐被淘汰的危险。而辨证思维以其独特的优势，迅猛发展，逐渐成为如今中医诊治的主流思维。现如今的辨病论治是采集有关病变资料后，以相关物理、生化等方面的检查，综合分析及做出诊断的过程。辨病论治是对疾病的本质和特异性的认识，有利于掌握疾病发展的内在规律。而辨证论治因受历史条件的限制，这种手段有其局限性，对于一些早期疾病缺乏证据，需要现代医学技术加以补充，例如，一些疾病的早期，如无症状的高血压、高血脂、高血糖、镜下血尿、蛋白尿，尽管处于疾病早期，多无明显症状，但利用现代技术，能更加具体、深入、微观地来补充和认识疾病。

徐志瑛教授强调微观辨证的重要性，认为微观辨证就是在宏观辨证的基础上，对疾病具体反应认识上的进一步深化和发展，揭示了肉眼看不见的微观变化。尤其对局部的病变部位有着更直接精细、甚或超微结构的深层次观察与分析，是对中医四诊的补充，使传统辨证更趋完整、准确并得以发展。这就为中医对某些疾病的早期诊断和治疗提供了可能，能够采取"治未病"

和"既病防变"的预见性措施，充分发挥中医的优势。

高血压的重要发病机制是水钠潴留；因细胞外容量增加，通过全身血流自身调节机制导致总外周阻力增高而引起血压升高；高血压常伴有高脂血症，它促进高血压的发病，心脑血管并发症的发生。中医学认为此类患者平素嗜好膏粱厚味，脾虚失运，津液失调，停留成饮，凝聚成痰，痰浊内聚，酿为脂膏，注入血脉，从而形成高脂血症；痰阻血脉，气血不畅，瘀血内阻，从而形成高黏血症。痰瘀互结，沉积血府，痹阻脉道，从而形成一系列的心脑血管并发症，如冠心病、脑血管意外等。因此，徐志瑛教授治疗高血压不仅用中医传统的平肝潜阳之法，而且更重视健脾化浊、活血利水之法。用药如绞股蓝、泽泻、茯苓、米仁、车前子（草）、川芎、丹参、葛根、当归等。其中决明子、当归、芦荟、绞股蓝、泽泻组方有明显的降脂作用。

治疗肺源性心脏病时，对于右心功能不全，传统中医往往采用温阳利水之法，如真武汤之类。但右心衰竭的发生，常在肺部感染加重后出现，此时从中医辨证来看，往往是痰热蕴肺或痰热伤阴，若用温热药，恐犯虚虚实实之戒，而现代医学认为此病是体循环系统淤血，心脏负荷过大所致，利尿是治疗的第一要点，故中医治疗此病可以用活血利水之法。活血药如赤芍、桃仁、丹参、川芎、王不留行、三棱、莪术、水蛭、虎杖、泽兰；利水药如车前草、葶苈子、泽泻、茯苓、猪苓、川椒目、茶树根、生姜皮。

（五）创立阴阳转化理论，尤重肺阴治疗

历代医家对于肺阴亏虚均有各自阐述，归结而来不外乎以下五个方面：①先天禀赋不足。"人之生也，有刚有柔，有弱有强，有短有长，有阴有阳……"（《灵枢·寿夭刚柔》），说明人体的先天禀赋充足与否取决于父母的精气盛衰，如果先天不足的父母，其子女常有疾患。②六淫、七情等损伤。《临证指南医案》中指出："（肺）为娇脏，不耐邪侵，凡六淫之气，一有所著，即能致病，其性恶寒、恶热、恶燥、恶湿，最畏火、风。"说明六淫皆伤肺；《素问·痿论》云："肺者，脏之长也，为心之盖，有所失亡，所求不得，则发肺鸣，肺鸣则肺热叶焦。"情志是人的喜、怒、忧、思、恐、悲、惊的表情，太过均能伤及肺。③五脏相传，如心挟相火烁金。喻昌《医门法律·咳嗽门》曰："以心与肺同居膈上。心火本易于克制肺金，然君火无为而治，恒不制动，有时劳其心而致咳，息其心咳亦自止，尚不为剥肤之灾。惟相火从下而上，挟君火之威而刑其肺，上下合邪，为患最烈。"表明心、肾之病可涉及肺阴亏虚。④气虚及阴。《医贯·砭阴阳论》指出："阴阳又各互为其根……无阳则阴无以生，无阴则阳无以化。"就肺而言，肺之阳气是化生阴液的动力。若因久病咳喘，使肺之阳气日耗，久之也必涉及阴液。⑤天癸竭，阴津枯。朱丹溪于《格致余论·阳有余阴不足论》曰："人受天地之气以生。天之阳气为气，地之阴气为血。故气常有余，血常不足……"《素问·阴阳应象大论》曰："年至四十，阴气自半而起居衰矣。"可见人身随着年龄的增长，阴液日渐亏损。在这之中，徐志瑛教授尤其强调阴阳转化理论，特别是对慢性阻塞性肺疾病的治疗。

慢性阻塞性肺疾病的形成，是从慢性单纯性支气管炎，发展为阻塞性肺气肿，最终形成肺源性心脏病、呼吸衰竭。这一过程需要几年甚至几十年的缓慢的过程，在这一过程中，由于慢性支气管、胸廓、肺或肺动脉血管慢性病变所致的肺循环阻力增加，肺动脉高压，进而使右心室肥厚、扩大，伴或不伴有右心衰竭。这是个"感邪伤正，正伤受邪，恶性循环"的过程，要打断这个循环，就要扶正祛邪，在其急性期以祛邪为主，不忘扶正，在缓解期以扶正为主，切记不忘祛邪。在急性期与缓解期中，正虚有不同的表现，存在"阴阳转化"的现象。

慢性阻塞性肺疾病急性发作期，正气不足，易受外邪侵袭，引动伏饮，内外相合而发病，郁而化热，则出现咳逆喘息气粗，烦躁，胸满，痰黄或白、黏稠难咯，溲黄便干，舌质红苔黄腻，脉滑数等，故痰热蕴肺是急性发作期最常见的病理变化；缓解期以正虚为主，此时已存在着肺、脾、肾三脏气（阳）虚，其证为易感，自汗，胸闷气短、动则尤甚，纳呆，乏力肢软，便溏，背寒肢冷等。肺、脾、肾三脏，调节全身水液代谢循环，脏腑功能失调，则聚湿成痰，痰伏体内。患者急性发作时，痰热耗阴液，津液大量损失，加之治疗时用利尿药、苦寒伤阴的抗生素等，从而造成肺阴虚证；缓解期气虚不能化津，聚津为痰为饮，伤及阴津，即所谓"阳损及阴"。诸因导致咳嗽，痰少黏稠，咯吐不利，口干咽燥，舌红苔少或光，少津等症。徐志瑛教授认为慢性阻塞性肺疾病由缓解期至急性发作期，出现阴阳虚实的动态改变，即为"阴阳转化"。因此，缓解期针对阳虚，可以采取"病痰饮者，当以温药和之"，急性期针对阴虚痰热，采取清热养阴。同时，肺阴虚，容易引起肝阴同耗，虚风内动，气机逆乱，从而发生喘厥（肺性脑病），通过养阴清肺的治疗能够减少肺性脑病的发生率，体现了中医"治未病，既病防变"的思想。

（六）外感辨证重六经内伤杂病重六腑

《黄帝内经》中构建了以五脏系统为中心的脏腑经络理论，是中医学认识人体生理病理的基础，五脏是人体功能活动的中心，脏腑与脏腑之间，脏腑与全身各部分之间，通过经络相互联系，构成了一个有机的整体。根据其所创立的脏腑辨证，就是根据脏腑的生理功能和病理特点，以此辨别病位及脏腑气血、阴阳、寒热等变化，为临床提供了治疗疾病的方法。而六经辨证，始见于《伤寒论》，是结合伤寒病证的传变规律特点所创立的一种论治外感病的辨证方法。它以太阳经、阳明经、少阳经、太阴经、少阴经、厥阴经这六经为纲，将外感病演变过程中所表现的各种证候，归纳为三阳病（即太阳病、阳明病、少阳病）和三阴病（即太阴病、少阴病、厥阴病）。从邪正盛衰，病变部位，病势进退及其相互传变等方面阐述外感病各阶段的病变特点。认为凡是抗病能力强、病势亢盛的，归属于三阳病证；抗病力衰减，病势虚弱的，归属于三阴病证。

外感病迁延不当，可延误病情或转为他症。徐志瑛教授认为外感病时，在体质、地域等不同的因素影响下，存在着气虚、阳虚、湿热等不同的变化，常合并其他并发症，在治疗原发病时，应该防止疾病的发生发展而形成慢性疾病，辨证当着重在六经辨证时参考卫气营血和三焦辨证，在治疗中要以宣、透、转的方法，使邪去病安。在内伤杂病，应从脏腑辨证着手，强调脏腑间的联系性。如治疗咳嗽时，非单治肺，切记"五脏六腑皆令人咳,非独肺也"（《素问·咳论》），把握其他脏腑与肺的联系进行治疗，颇有效果；治疗胃病时，不仅单纯辨胃的寒热虚实，还须调畅气机等，虽用药简单，但恰到好处。

（七）倡导冬病夏治与冬令调治

冬病夏治、冬令调治，是用于慢性呼吸系统疾病缓解期治疗的两种相关的治法，是利用慢性呼吸系统疾病发作期与缓解期的时间差，使该病的发生发展能得到缓解。呼吸系统疾病，急性发作后虽经治疗后缓解，进入缓解期，但仍存在"痰""瘀""热"及气血阴阳失调，它是呼吸系统疾病急性发作的根源。并且在夏季虽然伏暑高温，或严冬虽然三九寒冷，由于此时的气温极度稳定，故呼吸系统疾病不太会急性发作。所以，抓住夏、冬两季的治疗和调摄是具有治疗意义的。

春天是阳气生发之始，万物生长，生机勃勃，人体阳气亦合自然，生而发之，腠理开泄，开始出汗。至夏季，腠理更是大开，人体为了适应缓解外界环境的变化，以汗液来调节人体气血阴阳平衡。"阳气者卫外为固也"（《素问·生气通天论》），尤呼吸系统疾病的患者，本有肺虚，脾、肾三脏的阳气俱虚，秋冬已收藏无力，夏、春阳气更是随汗大出，阳气更虚。故此阶段，应"天人合一"，采取"春夏养阳"的方法补足卫外之阳气，使得秋冬季节能正气充足抵御外邪，减少疾病的发生，在长夏三伏天至秋分时期补足卫外之阳。在"春夏养阳"之后，尽管体内的阳气得到一定的补充，但是阴阳未必平衡，故秋冬养阴十分有必要。气与血的关系十分微妙，"气行则血行，气滞则血滞"，如果冬季不能将气血调理好，一到春季阴血随阳气大出，而阻于脉中，而成血瘀。

徐志瑛教授在冬病夏治与冬令夏调的过程中，始终秉承着无论是急性期还是缓解期都存在着"痰、热、瘀"病理因素的理念，提倡医者需遵循以下原则：①补中不忘祛痰。痰既是呼吸系统疾病中一个重要的病理产物，又影响疾病的进程。患者常因体虚无力咯痰而出，气道不洁，肺宣肃失调，而发为病，虚实互转，成为错综复杂的证候。其证常见舌苔厚腻、黄厚等症状。故徐志瑛教授采用攻补兼施之法，辨其虚实夹杂如何，采用益气、健脾、温肾之法，同时始终不忘加用祛痰之药，才能邪去病自愈。②益气必参活血。肺主气，司呼吸，朝百脉。呼吸系统疾病常有肺气受损的表现，气虚日久必影响血行，而致瘀。因呼吸系统中，常因虚致瘀，病情复杂。治疗采用补气化瘀法，用参、芪合用川芎、丹参；或温肾活血，在附桂六味中合莪术、血蝎等。对实热者，可用活血攻下法，如桃仁承气汤，使瘀血散，血行，气复，肺、脾、肾三脏气血平衡。③养阴须清热。"肺为贮痰之器""脾为生痰之源"（《医宗必读·痰饮》），痰浊伏在肺内，郁而化热，灼伤肺津，甚可伤及心阴、胃阴。虽为阴虚，但痰热始终缠绵难除，故徐志瑛教授常在养阴方中酌情加入清肺药。肺阴不足者，在沙参麦冬汤中加入银花、黄芩、野荞麦根之类；肾阴不足，在知柏地黄丸的基础上还可以加用鲜石斛、鲜芦根之类，此类药养阴而不滋腻，生津而不碍湿。

（八）博览群书，用药轻灵

药物之所以能针对病情，因其本身具有若干特性和作用，将药物与疗效有关的性质和性能称为药性，包括药物发挥疗效的物质基础和治疗过程中体现出来的作用，此是药物性质和功能的高度概括。研究其药性的形成及运用规律的理论称为药性理论，包括四气五味、升降浮沉、归经等。徐志瑛教授非常熟悉中药的性能，在多年临证中，积累了非常多的难能可贵的经验，擅长根据中药的四气五味、升降浮沉理论及归经合理用药，使药物在合理的配伍后可以对较复杂的病症予以全面的治疗，获得安全而理想的疗效。

在治疗支气管哮喘时，徐志瑛教授不用广地龙、僵蚕等动物性药物（认为支气管哮喘患者本身就存在对动物蛋白的过敏可能），而是用地肤子、浮萍之类植物药，以行祛风、抗过敏之用。徐志瑛教授在长期的临床实践中，观察到肺系疾病患者常有皮肤过敏的反应，在方药中加入地肤子、浮萍，取其祛风止痒之功，同时二者具有清热利水之功，不但皮肤病有好转，而且肺系疾病的疗效有显著提高。肺主通调水道，它是肺宣发和肃降功能的体现，反之水道通调，有助于肺气的宣肃，二者相辅相成。临床上常用的"提壶揭盖"之法，通过开宣肺气之法，开上以通下，治疗小便不利，同样通过利水之法，可以使肺气宣通。综上所述，徐志瑛教授认为地肤子、浮萍与地龙、蝉衣、僵蚕相比，不但具有祛风、抗过敏作用，而且通过其利水作用而实现其宣肃肺气的作用。

治疗湿阻病时，徐志瑛教授有其独特的见解。肺为水之上源，通调水道；脾主运化，统摄津液；肾主水，助脾阳温煦，才能完成运化水液的功能。肺、脾、肾三脏共同完成体内水液代谢。但脾为枢纽，湿阻为病常以中焦脾胃症状居多。故在治疗上以健脾化湿为主，同时配合通降肺气，以导水湿下行，常用药物有杏仁、桔梗。临床上，徐志瑛教授常将其分为湿困脾胃、湿热阻于中焦、脾虚湿滞等证型，常用治法为芳香化湿、健脾化湿、淡渗利湿、清热化湿等。其中利湿是治疗湿阻的通法，故用滑石、薏苡仁、车前子、淡竹叶之类以利湿；湿浊病久而不化者，多由脾气不升，脾阳不振而致，所以应动用脾气来升阳化湿，故常加升麻、葛根以升阳益胃。对湿困不化，苔腻以舌中舌根为主，有时虽为黄苔，但亦是脾阳不振所致，是因为湿浊停滞，阳气不能蒸化，胃气遏滞，加入附子、干姜、淫羊藿之类，以温脾肾之阳而蒸腾水湿，犹如加热烧锅，久之锅中水自干；气能行津，气机阻滞可导致水液停留而成湿阻，反之湿浊阻滞也可导致气机不畅，成为恶性循环。故在治疗湿病时须注意行气化湿，常用药物有陈皮、厚朴；要时刻注意外界的气候、季节变化，梅雨季节治病常加藿香、佩兰、苍术等芳香祛湿之品，防止外湿再次侵入。

二、研读经典，开拓创新

中国中医学教育属于传统医学教学，它的道、理、术植根于中国传统文化。徐志瑛教授十分强调对前人经验的学习和总结。只有在很好地继承的基础上，才能取其精华，弃其糟粕，而将其光大发扬，否则学术只会停滞不前。继承和发扬相辅相成，要在继承的基础上发扬，同样，也应在发扬过程中继承，两者方能相互促进。徐志瑛教授在数年的临床中体会到要学好中医学，就应该脚踏实地学习经典文化。现将徐志瑛教授几点体会阐述如下。

（一）不拘于古，古今结合

《黄帝内经》阐述了阴阳五行、脏腑、经络、病因、病机等重要理论。体现中国文化在医学理论上的升华，是中医中的哲学。以朴素的、由浅入深的对人体的研究，将人体与大宇宙相结合，来论述其理论，尽管受到年代的限制，无法与现代医学等同，但其立足于天、地、人相结合的理论，分析了人体的微妙变化，对影响五脏六腑生理和病理机制进行阐述，危及人的生命的原因进行了总结。

通过 50 年的临床，徐志瑛教授慢慢地从临床和前人经验中看到了阴和阳理论在辨证中的重要性。但随着疾病谱的改变，以及重、难、疑、危病的接触，每当徐志瑛教授感到有"难关"要攻克时，便重新翻出《黄帝内经》，总能在书中得到启发，特别是脉、证、传变和预后生死的转折点，通过临床辨证找到了更多审证求因的依据，才敢真正对中医理论说一声入门。

徐志瑛教授强调，要把《黄帝内经》与临床联系起来，能为临床医师指明道路。虽然大众认为中医的书籍越古越好，但是市面上大部分古籍参考资料，都是直释或古人的注解，初登上临床的医师一时不知道怎样去应用和结合《黄帝内经》《金匮要略》《伤寒论》《温病条辨》等经典著作，即便临床医师能悟出一些道理，也可能已入暮年。徐志瑛教授坚持在临床上不能越古越好，要的是现实，要把患者的痛苦立即解除，把病痛达到临床痊愈，甚至要把病治好。

（二）八纲、六经合而为用

《伤寒论》原名《伤寒杂病论》，是一部理、法、方、药具备的指导临床的医学经典。当初伤寒分为广义伤寒和狭义伤寒。广义伤寒是一切外感病的统称，狭义伤寒是指感受寒邪而发生的病变。"伤寒有五：有中风、有伤寒、有湿温、有热病、有温病"（《难经·五十八难》），伤寒论主要内容是六经证治。所谓六经，就是太阳、阳明、少阳、太阴、少阴、厥阴。《素问·热论》说六经分证是纲领，而《伤寒论》所述的六经，是辨证的纲领，是论治的准则。

六经辨证是将外感病演变过程中所表现的各种症状，根据人体抗病能力的强弱，以及病势的进展、转归等，进行了综合，找出其一定的演变规律，归纳类型作为治疗依据。凡抗病力盛，病势亢奋的为三阳证，治疗当以祛邪为主；抗病能力低弱，病势虚衰者，为三阴证，治疗当以扶正为主。

六经分证是经络脏腑的病理变化的反映，人体的经络脏腑更是人体不可分割的整体，它的传变可以从一经传到另一经，此脏腑可传及彼脏腑，所以六经传变，阳证多从太阳开始，再入阳明或少阳；而正气不足者亦可直传三阴；阴证从太阴开始，再入少阴、厥阴，但也可直中少阴，故有并证和合病的论述。总之，病邪的传变大多由表入里，由实而虚，这是一般的规律，然在正复邪衰的情况下亦可由里达表，由虚转实，如少阴转太阳。这都属于传变的类型。所以说传变没有固定形式，但也离不开六经，故必须认识六经分证的界限，才能知道传变形式。

六经分证是辨证论治的总纲，它的具体运用贯穿了"阴、阳、表、里、寒、热、虚、实"八纲辨证论治的原则。所以在懂得六经分证的前提下，必须认识八纲辨证论治的原则，两者相互结合运用，才能辨证精确，论治恰当。六经讲的三阳病为表，属阳证、热证、实证；三阴病为里，属阴证、寒证、虚证。六经辨证与八纲辨证是相当密切的，是不分割的整体。

（三）临床施法，尤重脉法

脉本义指血脉，脉搏。《史记·扁鹊仓公列传》言："至今天下言脉者，由扁鹊也。"可见扁鹊重视脉诊，将脉学研究到至精至微的程度。中医诊脉就是用手指在患者手腕的脉搏处，感知患者脉象的方法。三部是指寸、关、尺三个部位，九候是指医者手指的轻、中、重力量，这样三三得九而称"三部九候"。相传公元五世纪名医扁鹊就开始采用脉诊的方法来诊察疾病；古老的《黄帝内经》就记载了 21 种脉象，中医脉学经历代的不断发展，已记载30 余种。历代医家都十分重视脉诊，把它作为临床诊病、辨证不可缺少的客观依据之一，故常用来识病因、析病机、定病位、辨病性、测病势之进退预后等，尤其是在辨证候的真假、寒热、虚实之时，更有重要的诊断价值。

脉诊是一种技艺，《难经·六十一难》云："望而知之谓之神，闻而知之为之圣，问而知之谓之工，切而知之谓之巧。"《素问·疏五过论》谓："善为脉者，必以比类奇恒，从容知之。"然而，《脉经·序》曰："脉理精微，其体难辨，弦紧浮芤，展转相类，在心易了，指下难明。""即欲知脉病，必先识常脉，以常衡变，以变识病，初学之时常含混不清。"徐灵胎曾说："微茫指下最难知，各绪寻来悟治丝。"说的是脉诊和治丝差不多，必得其头绪方能有条不紊。

脉为血府，贯通周身，五脏六腑的气血皆要通过血脉周流全身，当机体受到内外因素刺激时，必然影响到气血的周流，随之脉搏发生变化，医者可以通过脉位的深浅，脉搏的快慢、强弱（有力无力）、节律、脉的形态（大小）及血流的流利度等不同表现，而测知脏腑、气血的盛衰和邪正消长的情况，以及疾病的表里、虚实、寒热。如病变在肌表时呈现浮脉；病变在脏腑时呈现沉脉；阴证病候时阳气不足，血行缓慢，呈现迟脉；阳证病候时血流加快，呈现数脉等。

健康人的脉象称为正常脉象，一般是不浮不沉，不大不小，不强不弱，不快不慢，均匀和缓，节律整齐的，又称为平脉或缓脉。平脉至数清楚，一息（即一呼一吸）之间4～5次，相当于每分钟72～80次，节律、强弱一致。脉象受体内外因素的影响而发生生理的或暂时的变化，也属正常。如年龄越小，脉跳越快，婴儿脉急数，每分钟120～140次；五六岁儿童常为一息六至，相当于每分钟90～140次；青壮年体强，脉多有力；年老人体弱，脉来较弱；成年女性较成年男性脉象细弱而略；瘦人脉较浮，胖人脉多沉；重体力劳动，剧烈运动长途步行，饮酒饱餐，情绪激动，脉多快而有力，饥饿时则脉较弱。中医脉学专著中主要记载的脉象有28种，然而根据脉位、脉率、脉力、脉形、脉流的流利度及节律等划分的脉象往往是混合构成，有些病脉是两个以上单一脉复合组成的脉，如感冒之脉见浮数（风热感冒）、浮紧（风寒感冒）、沉迟（阳虚感冒）、脉细数（阴虚感冒）。临证见细脉为诸虚，也见湿阴之候；滑脉者为妊娠之脉，也见痰饮诸候，食内停之证。

脉诊是中医辨证的一个重要依据，但在临诊中也有脉证不符的特殊情况，如阳证反见阴脉，阴证反见阳脉。同时一种脉象可见多种病证，一种病证又可以出现多种脉象。这些只有通过四诊合参才能够辨别清楚。诊脉只是一个诊查的途径，需要患者和医师相互配合，才能达到最佳治疗效果。

（四）知肝传脾，理当实脾

《金匮要略·脏腑经络先后病脉证》云："见肝之病，知肝传脾，当先实脾，四季脾旺不受邪，即勿补之。"说明肝病久后必传于脾，脾气旺盛，其运化之功正常，水、液、精、血就能在肝的疏泄条达之下，运化、输送于全身各脏腑、组织、经脉中去，达到气血和顺，阴平阳秘，精神乃治。也就是说此时肝病是能痊愈的。

肝主疏泄、藏血。疏泄即疏通、发泄、升散，与现代医学中所讲的代谢（脂肪、蛋白、糖）的调节及与脾、肾的水液输布的调节相类似。要完成这一功能就是要靠气机调畅和情志调畅，但这二者以前者为重要。肝主藏血即起到贮藏血液和调节血量的生理功能。所以《素问·五脏生成》说："故人卧血归于肝。"王冰注释说："肝藏血，心行之，人动则血运行于诸经，人静则血归于肝脏。"徐志瑛教授理解为肝脏对血液起重新分配的作用且具有重大意义。

肝脏的病理机制大致可从气机郁滞、升降失调、肝阴暗耗分而论述。①气机郁滞。肝经为病，故出现胁胀痛、走窜不定、口苦、目模糊，或头痛头胀，舌质偏红，苔薄白，脉弦。②升降失调。肝胃郁热：胃脘灼痛，泛酸嘈杂，口干且苦，舌质偏红，苔白或黄，脉弦或滑或濡；肝胆湿热：胁痛口苦，胸闷纳呆，恶心呕吐，或目赤目黄、尿黄，或身黄，舌质红，苔黄腻，脉弦滑数；血随气逆（肝火犯胃）：或牙衄，甚则吐血，色红或紫红，口苦胁痛，心烦易怒，舌质红或绛，苔白或黄，脉弦滑或弦数；气厥（湿气互结）：如肝性脑病。③肝阴暗耗。气滞血瘀（肝脾血瘀）：面色晦暗、腹大如鼓、胁肋刺痛、肝掌、唇绀、身满血痣，或有黑粪，舌质紫暗，或紫斑，苔白，脉细涩；阴亏气无所附（肝肾阴亏）：腹大如鼓，面色晦暗，唇绀指青，牙衄、鼻衄，小便短少，舌质红绛或光紫无苔，少津，脉细弦数；阴阳分离：寒化，身目俱黄，色泽晦暗，或如烟熏，腹胀如鼓，指冷身寒，大便或烂，舌质淡红或紫黑，苔或白或腻，脉细沉无力；热化：身黄、目黄、尿黄，大便干结，胁胀腹胀，口苦而干，或恶心欲吐，舌质红或绛，苔黄腻或白厚腻糙，脉弦滑或数（湿重于热、热重于湿或急黄）；阴阳离决：应在上述之症后出现阴损及阳，阳损及阴之变。

这些症状仅作参考，在临床远不如此，需要在各病例中灵活变通，明白"医必执方，医不执方""学到老，学不了"的道理。

第二节　临床辨证显特色

一、治肺病治法体会

（一）重视提壶揭盖法

此法适用于大便干结的肺病患者。大便的病位虽在大肠，但与肺密切相关。"肺与大肠相表里"。《素问·咳论》云："肺咳不已则大肠受之。"言明肺有恙可影响大肠传导功能。人体宛如一个巨大的容器，水液代谢，从上到下，上面的盖子拧住了，下面自然闭塞不通。因而以"以升为降"的方法，宣通肺气，调达水道，而利小便。从中医临床观察患肺疾病者多数出现大便干结，特别是痰热壅肺患者。探其根本，是因为肺肃降无权，痰热内壅，由表及里，由脏入腑，热毒加重，大肠传导失常。从大便秘结的轻重程度可分阳明经证和阳明腑实证两类。故治则也分如下几点。

1. 肺热移于大肠

肺热旺盛，通过脏腑之间的联系，传递给肠腑。症见大便或热结，或干燥，苔白厚或黄。重用清热宣肺之药（用量可达 30 ～ 60g）。临床治疗肺经实热证，可通过泻下通腑法，使邪热有出路，陈去而肠胃清，气血复津液复，气机逆乱得以纠正，以达阴阳平衡。

2. 肺热伤及肺阴

肺阴亏肺火更盛，火热下移，灼炼肠液，液亏不能传导粪便，可伴腹胀，舌红，苔少或光。宜施增液行舟之法，重剂养阴生津，增液汤加清肺热药，或配鲜石斛、天花粉、芦根等。目的是使热清津生肺阴复，肠液得润，粪便通畅，肺气肃降正常，咳逆缓解。

3. 肠腑热结

热毒内盛，移于大肠，与宿食交结，形成阳明腑实证，症见便结不下或热结旁流、腹痛拒按、舌红绛、苔黄燥或光干、脉弦，宜三承气汤辈，达到通里攻下、急下存阴的作用。若腑证不解，即热毒弥留气营之间，最后导致气机逆乱，若热陷营血，发生神昏谵语、循衣摸床、撮空理线、斑疹隐隐、舌红绛苔光干、脉弦细，宜清营汤加减，起到营热清、热毒泄、血分凉、清窍开、邪透气、病势减的作用。

（二）治痰求本，审因而治

痰，由外感、饮食不节、七情内伤等所致，使肺、脾、肾及三焦功能失常，水液代谢失调，聚成痰。它既是病理产物，又是致病因素。故有"百病皆由痰作祟"之称（《汤头歌诀·礞石滚痰丸》）。但临床上，不少中医师不根据其因果，常难取得很好的效果。诚如《医学心悟·咳嗽》："凡治咳嗽，贵在初起得法为善。经云：微寒微咳，属风寒者十居其九。故初治必须发散，而又不可过散，不散则邪不去，过散则肺气必虚，皆令缠绵难愈。"因此，应根据不同的病证，选择相应的化痰药。

1. 燥湿化痰

"脾为生痰之源"（《证治汇补·痰证》），脾虚则津液不归正化而聚湿成痰。症见脘痞胸胀，痰黏腻或稠厚成块，进食甘甜油腻食物加重，因痰而嗽、痰出咳平，便溏，体倦，舌苔白腻，脉弦滑。"百病中多有兼痰者，而治痰法：实脾土、燥脾湿，是治其本也"（《丹溪心法·痰》）。痰饮由脾失运化引起水液代谢失常所造成，法当以健脾为主，适当加入燥湿化痰之品。选用二陈汤辈，重用苍术、莱菔子、制胆星、厚朴、生炒薏苡仁等，以达脾气得燥而自醒，阳气充而水液得运，培脾土而生肺金的目的。

2. 豁痰止咳

古云"新咳有痰者外感，随时解散，无痰者便是火热，只宜清之。久咳有痰者燥脾化痰，无痰者，清金降火……苟不治本而浪用兜铃、粟壳涩剂，反致缠绵"（《医学入门·咳嗽》）。"肺为贮痰之器"（《证治汇补·痰证》），因痰而咳，痰去咳止，强调豁痰止咳在治疗肺系疾病中的重要性，豁痰即为将体内日久不化的顽痰排出体外。故常在各法则中加上豁痰药，如桔梗、桑白皮、浙贝母、川贝母、天竺黄、海浮石、蛤壳等，有利于气道痰液排出，气道洁净，使肺系疾病早期缓解。

3. 涤痰开窍

痰浊内壅，或痰热内扰，耗及营阴，升降失司，肝阴内耗，虚风内动，风挟痰而上，蒙蔽清窍，产生变证。症见神志恍惚，表情淡漠，谵妄，昏迷，或伴肢体抽动，咳逆喘促，咯痰不畅，苔白腻，舌质暗红或淡紫，脉细滑。法当涤痰，开窍，息风。须用凉开之法，可选复方郁金菖蒲汤配用安宫牛黄丸，或紫雪散，或至宝丹。

4. 降气消痰

本法多适用于痰浊阻肺者，症见胸闷，喘息，痰多色白黏腻、难以咯出，纳呆，呕恶，苔厚腻，脉弦滑。缘于脾阳不足，运化不利，聚津成痰，痰浊上壅于肺，肺气宣降失常，易成肺胃不和之象。徐志瑛教授常用温胆汤合三子养亲汤加减。药用半夏、竹茹、枳壳、陈皮以燥湿化痰降气；苏子、白芥子、莱菔子温肺化痰降气，酌情加入苍术、川朴、佛手片以健脾益气。

5. 温肺散寒

风寒袭肺，或肺中素有寒痰，肺气壅塞，宣通不利，气不化津，凝聚成痰。

症见咳痰或稀薄或泡沫样或喉中痰鸣，形寒肢冷，舌苔白滑，脉浮紧、弦紧。宜用小青龙汤或射干麻黄汤加减，以射干、麻黄宣肺平喘，豁痰利咽；干姜、细辛、紫菀、款冬花温阳化饮。意在痰得温而化，寒痰祛，咳喘除。

（三）风寒痰热，审别病因

1. 宣通肺气

"寒、暑、燥、湿、风、火六气，皆令人咳"（《河间六书·咳嗽论》），四时不正之气，侵袭人体，皆令人致病，风为六淫之首，其他外邪亦随风邪而致病。外邪入侵，常首先犯肺。以致肺气宣肃失常，卫外功能减退或失调，以致天气冷热时失常；或宣发无力，卫外不固。临床多分为风寒和风热。风寒者痰稀而白、量少，咽痒怕冷，发热无汗，舌苔薄白，脉浮紧；风热者痰稠或黄不畅，咽痛燥痒，发热恶风，咳而汗出，舌苔薄黄，脉浮数或滑。宜宣通肺气：风寒者荆防败毒散或麻黄汤加止嗽散，属辛温散寒宣肺。风热者桑菊饮，或银翘散加减，属辛凉解表宣肺。其目的是能恢复肺的宣发功能，疏散肺卫之邪，促使气机畅利而咳嗽自平。表虚常因表卫素虚，或误治，或缠绵难愈，肺气受损，影响腠理闭阖失司，而易受外邪侵袭诱发。症见发热汗出而不解，气短声低，神疲乏力，口干，咳嗽无力，痰多质稀色白，自汗，怕风，舌淡红苔白，脉细数或浮而无力。宜扶正祛邪和营宣肺：用加减葳蕤汤，或参苏饮加减，必要时加桂枝汤和营。其目的是正气升、邪外宣、肺气降、咳喘平。

2. 清热肃肺

肺为五脏六腑之华盖，呼之则虚，吸之则满，只受本脏之清气，因风热者，热蒸液聚而为痰，痰热壅肺，肺气不清；因风寒者，郁而化热，致肺气不畅，失于肃降，灼液成痰，气道阻塞。症见痰稠、色黄、咳吐不畅，胸闷或痛，气喘粗促，便干，舌红苔黄厚或厚腻，脉滑数。徐志瑛教授常在麻杏石甘汤、清气化痰丸的基础上加用清热解毒之品，如鱼腥草 30g、野荞麦根 30g、银花 30g、黄芩 12g、桑白皮 12g 等。更配用宣肺祛痰之药，如桔梗、木蝴蝶、蛤壳、枇杷叶等。

3. 活血化瘀

《素问·五脏生成》曰："诸血者皆属于心，诸气者皆属于肺，此四肢八溪之朝夕也。故人卧血归于肝，肝受血而能视，足受血而能步，掌受血而能握，指受血而能摄。"说明气血在人体中的重要性。肺系疾病首先就是"少气"的持续状态，气血失于和顺，就会造成五脏六腑功能衰退减弱，使生理功能紊乱，发生病理上的改变，百病丛生。所以，呼吸系统疾病的早期就出现痰瘀并见的症状，症见面色灰暗甚则黧黑，颈脉怒胀，结膜充血，舌下瘀筋，肝大，唇甲发绀等。血瘀轻加用川芎、丹参、当归、赤芍等；重者加用莪术、王不留行、血竭等。

4. 利咽通窍

肺为声音之门，与喉相连，声由气发；肺气通于鼻，肺气不利，则为鼻病。因此，肺系疾病，往往鼻喉首当其冲为病，则可见鼻塞流涕、咽痒痛、喑哑或失音，是呼吸系统疾病的主要兼症，久留不解则成为肺系疾病的夙根。故治疗肺系疾病时适当加入利咽通窍的药物。若鼻窍不通，可加入苍耳子、辛夷、杏白芷、蝉衣等通鼻窍；若咽喉不利者，可加入射干、马勃、木蝴蝶、海浮石、橄榄、人中白、桔梗、玄参等利咽喉，止咽痒。目的是加强鼻咽部的清热消炎作用，增强祛痰镇咳的效力，减少咳嗽的复发率。

（四）扶正固表以治其本

1. 益气固表

肺脏自病者，因疾病缠绵难愈，肺其气必虚，使肺不能主气，或表卫失固，腠理不实，外邪易袭，或主气功能失常，肃降无权。症见自汗，怕风，容易感冒、遇冷常诱发加重，全身之力，舌质淡，苔白，脉细弱，宜用玉屏风合桂枝汤加减。主要以黄芪配桂枝益气和营，白术健脾助气，防风祛风助黄芪实表固卫。此法应用于缓解期患者，达到补肺益气，充实腠理，调和营卫，增强体质的作用。

2. 补肺健脾

"脾为元气之本，赖谷气以生，肺为气化之源，而寄养于脾也"（《薛生白医案》）。五行中，脾属土，肺属金，脾土与肺金之间是母子关系。久病肺虚，不能主气，损及脾气，健运无力，又称"子耗母气"，是为肺脾同病，见于肺系疾病的中期和缓解期。常可见咳吐痰涎，脘胀，纳差，大便不实，气短声促，舌淡红苔白，脉缓。宜用六君子汤合玉屏风散加减，前者为健脾益气，后者为益气固表，起到"培土生金"的作用。

3. 敛肺益肾

肺为水上之源，肾为主水之脏，肺主呼吸，肾主纳气。肺、肾在生理病理关系上相互影响。肺病日久，痰热内壅，伤及肺阴，下荫于肾，精气亏乏，肺肾同病，肺不能主气，肾不能纳气。症见喘促，动则喘甚，呼多吸少，形急乏力，面青唇紫，舌淡红苔白或黑。宜用人参蛤蚧汤合补肺汤，以达肺肾双补。喘促甚者可加冬虫夏草、五味子、胡桃肉、紫石英、沉香等。起到镇摄肾气，温补肾阳的作用。

二、ICU 肺部感染的经验

ICU，即重症加强护理病房（intensive care unit），为重症或昏迷者提供隔离场所和设备，提供最佳护理，又被称为深切治疗部。肺部感染是医院获得性感染中最为常见的，也是 ICU 患者中最常见的主病和并发症，是非常棘手和错综复杂的。对中医而言，最困难的部分在于无法取得辨证的依据，仅能依靠脉象、面部色泽，或者向主管的医师或护士取得日常一些观察的体温、进出量、大小便等情况。此外，临床多是在使用大量的抗生素后，无明显取效的情况下才用中药给予治疗，因此不能按常规的治疗法则来治疗。

（一）疾病特点

ICU 患者因病情危重，自身抵抗力降低、营养不良、年老、基础病较多等状态，加上各种侵入性操作较多，极易发生肺部感染。与一般的患者相比，具有以下特点：①多数患者都已行气管插管或切开，无法用语言表达，中医师较难获得临床辨证依据；②因其疾病较重，进展较快，中医师不能及时随症治之；③患者的基础病均不一，致使其并发症各有不同；④患者多少出现了多脏器的功能不全或已衰竭；⑤此时针对患者，中医学认为，病在里、气虚、血瘀、阴亏、阳衰、水停、邪实之中。针对这些特点，中医师必当做到以下几点：①要细致阅读和反复查看病史；②通过望、问、闻、切的方法，收集符合实际的"四诊"信息；③通过主管护士或护工了解排泄的分泌物情况；④根据综合取得的资料，提出辨证论治的方法，处方治疗。

（二）辨证论治根据

1. 内风

内风是由内而生，属内因。往往由于寒饮入胃，伤及胃腑，循经而上影响肺脉，致成肺寒，与外邪合并客于肺脏，伤于肺络成咳。《素问·咳论》云："人与天地相参，故五脏各以治。"说明五脏受病均与肺有关。《素问·咳论》"五脏之久咳，乃移于六腑，脾咳不至，则胃受之；肝咳不至，则胆受之；肺咳不至，则大肠受之；心咳不至，则小肠受之；肾咳不至，则膀胱受之；久咳不已，则三焦受之。"说明咳嗽日久后各脏腑的症状都可兼有，故治疗时必分辨咳嗽与哪个脏腑有关系，而用药也不同。又如《杂病源流犀烛》说："风邪袭人，不论何处感受，必内归于肺。"也表明风邪犯肺后治疗不当可引起邪留肺络，再加上肝气有余，内风易动，同气相求，内外相应，外风与内风交杂，最后造成"久病入络""久病必瘀"。虽然 ICU 室内恒温，但在节气变化之时同样可以使风寒之邪侵犯人体，以至于外风与内风相夹加重肺部感染。

2. 痰的生成

痰是病理的产物，可分有形和无形两类，肺脏有病形成咳嗽应为有形之痰，从气道咳出，所以有"肺为贮痰之器"（《证治汇补·痰证》）之称。痰的生成与肺、脾、肾三脏有关，肺主治节，外邪袭肺，肺失宣肃，肺津可凝聚成痰。病久用脾，脾主运化在外因或内因夹杂时运化无权，水液内停聚液成湿，灼炼成痰，故有"脾为生痰之源"（《证治汇补·痰证》）的说法。故在 ICU 室内的患者可以出现沉积性肺炎或吸入性肺炎等，也可从其他脏腑传变过来。因为此时的患者多有不便，气血失和，阴阳失衡，也牵涉到肾气，上不温煦脾阳，以致使水液停滞，发生寒化与热化的传变，发生各类他症，如水肿、腹胀、脘痞等。

3. 瘀

瘀是慢性病中另一种病理产物，肺部感染时更为明显往往与痰互为因果。只会日益加重。《素问·脉经别论》曰："肺朝百脉、主治节。"肺朝百脉是指全身的血液都通过脉络而会聚于肺，通过肺的呼吸交换气体，然后再输布到全身。《素问·经脉别论》说："食气入胃，浊气归心，淫精于脉，脉气流经，经气归于肺，肺朝百脉，输精于皮毛。"这与现代医学指的肺循环是一致的。肺的"治节"出自《素问·灵兰秘典论》，"肺者，相傅之官，治节出焉"，起到了如下作用：一是呼吸；二是调节气机升降出入的运动；三是辅助心脏推动和调节血液的运动；四是宣发和肃降，治理和调节津液的输布、运行和排泄。故当气虚时就会发生血瘀。正如《医学真传·气血》所说："人之一身，皆气血之所循行，气非血不和，血非气不运。"由于气机的变化，在 ICU 室中的患者均可发生气滞、气逆、气闭，甚则气陷和气脱等现象，而产生血瘀，与现代医学中报道有肺泡壁玻璃样变、肺泡间的血管内凝血、通气和弥散功能下降等完全一致。

（三）变证

1. 肺心同病

《素问·五脏生成》说："肺其主心也。"此"主心"，指肺气郁滞，不能制约心火的变证，实际上是指制约关系。也就是相克的意思；在五行学说中表示"克中有生""制约生化"，所以称之为"主"。如《黄帝内经素问集注》说："肺属金，而制于心火，故心为肺之主。"按五行相克之意属"火克金"。而现在肺气虚衰，不能治理调节心血循环，心运过劳，心气衰弱，无力推动血脉，久而久之心阳衰弱，并波及心阴，可见胸闷心悸、唇舌指甲发绀、颈静脉怒张、全身水肿、脉结代。此期相似于现代医学的右心室功能不全或右心衰竭。

2. 痰浊内蕴——不能洁清气道的变证

肺气虚损及脾气，使痰浊与血瘀互结，痰浊在肺、脾、肾三脏，由气虚涉及阳虚后，痰浊就越潴留，喘越持续难以缓解。阳虚气遏，浊邪为害，痰随风上蒙于清窍，可发生烦躁不寐、嗜睡谵语、循衣摸床，甚则昏迷等变证，也似于肺性脑病。若痰郁化热伤及阴液，肝阴同时受伤，阴虚火旺，肝风内动，上扰清窍，症见肉瞤、肌肉震颤，甚则手足抽搐等，相似于呼吸衰竭，伴肺性脑病。

3. 阳损及阴——邪实正虚交错并见的变证

本病若反复发作，痰浊伤及脾肾之阳，郁久化热耗灼肺、肾之阴，则病从实转虚，上下干涉，三脏交错合并同病，使平时喘促，乏力不懈。每当外感或痰浊触诱，即发喘促不能卧，张口抬肩，呼多吸少，大汗淋漓等。若此时肺不能调理心血的运行，命门之火又不能上济于心，则心阳同时受累，即可发生"喘脱"之危象，相似于持续性哮喘、心源性休克、急性呼吸衰竭。

4. 气阴两虚——痰瘀互结的变证

由于久病造成气和阴的虚弱，随着病情的深入，使痰和瘀互结，阻于上下内外，也影响着津液的运行，因为津液与血同出一源。又加上气虚，使津停水聚痰壅，导致气机阻滞，出现水饮射肺，水饮凌心，水饮上扰清窍，水饮泛溢肌肤、四肢等一系列症状，最后导致气机逆乱，气滞血瘀，郁久热盛，热入营血，动及血分，症见便血、尿血、肌衄、斑疹隐隐等，相似于血管内弥漫性出血。

（四）治则

（1）清利宣肺：主要方法有宣通肺气、清热肃肺、利咽通窍、祛风脱敏、清热泻肺、温肺散寒等。

（2）祛痰降气：主要方法有化痰降气、豁痰止咳、燥湿化痰、顺气降火等。

（3）通开并用：主要方法有润肠通腑、清营凉血、涤痰开窍、通阳利水等。

（4）肺、脾、肾同治：主要方法有益气固表、温化蠲饮、补肺健脾、敛肺益肾、活血化瘀、软坚散积等。

（5）活血散血：常用药物有莪术、王不留行、红藤、三参、紫丹参、桃仁等。

（6）可以参考卫气营血辨证方法来处方。

"肺虚则少气而喘"（《证治准绳·喘》），久病肺气虚，气阴亏耗，不能下荫于肾，肾阴亏虚；抑或是劳欲伤肾，肾不能助肺纳气，气失摄纳。

三、不寐辨证论治

不寐是中医神志病中常见的一种病症，病名出自《难经·四十六难》，古籍中小有"不得寐""不得眠""目不瞑""不眠""少眠"等名称。临证常有入寐困难、时寐时醒、醒后不寐、寐而不酣为轻者；彻夜不寐为重者。人能睡眠是自然的规律，也是阴阳转换的结果。这种规律被破坏就会导致失眠。其病因、病机有虚实两个方面，实者为七情内伤，肝失条达，饮食失节，痰热上扰；虚者为心肾不交，心脾两虚，肝肾不足，劳倦失度，气血两虚等。

（一）辨证要点

由于不寐的病因有虚实二类，故辨证时要注意三点。①辨轻重：其轻重与病程长短有关，观察患者的临床表现，了解睡眠的时间长短，一次睡眠能达到多少小时（有的人是睡得早而早醒，特别是季节的不同也能早醒）。有早醒、难以入睡，睡后多梦等，此较轻；有难寐又早醒、多梦扰而醒，醒后心烦无法入睡，睡时多思多虑而难入睡、醒后感头胀，或痛，或晕，甚则伴有他症，为中等；重者多彻夜不寐，转侧心烦，次日无精打采，头胀晕昏，伴有耳鸣乏力、焦虑而烦，成年累月难安，甚则欲死等症状。②辨虚实：不寐的病症有虚实之分，虚证多属阴血不足，以致心阴亏虚，心脑失养，常表现为面色无华，神疲懒言，心悸健忘，或有头晕目花；脾虚化源不足，肝失藏血，无力上供脑脉，脑脉空虚，神不能交；肝不藏血，肾难生髓，精血不足，不能上养脑脉，以致心肾不交。实证多见肝火盛扰心、脾湿困阴阳气，致胃不和则不寐，或瘀血阻滞，临床多表现为胸闷易怒、心烦难寐、多思多虑、口苦咽干、头胀如昏、面色晦暗、眼圈发黑等。③辨脏腑：不寐的病位为心脑，但与肝、胆、脾、肾的阴阳和气血失调有密切相关。肝胆疏泄与条达失职而不藏血，《黄帝内经》曰"人卧血归于肝"，说明肝失血而难眠；肝胆互为表里，胆气郁滞，则眠时心惊而起；脾为血生化水源，脾虚则生化无源，血少而不寐；脾又主运化水液，脾虚运化失职，水液内停，聚而生湿，上蒙清窍，脑脉失养则不寐；肾主髓，如髓海不足，脑络失养，志则不宁，致心肾失交。所以气虚、血少、湿困都是失眠的病机。

（二）治疗三要点

1. 调整脏腑阴阳气血

脏腑的阴阳失衡和气血失调后产生心神不宁，而致失眠。以"补其不足，泻其有余，调其虚实"为治疗的总则，调整阴阳气血可分为补益心脾、滋阴养血、育阴降火、疏肝理气、养血柔肝、和胃化湿、祛痰理脾、养心安神、清心安神、益气镇惊、活血化瘀等。通过诸法最终达到阴阳平衡，气血和顺，髓海充养，脑脉受血而神安，不寐症得解。

2. 安神定志，祛因和脏

气血失和，阴阳失衡是不寐的根本原因，但各脏腑均能影响不寐。心阴不足，必心火偏盛，所以有泻心火、清心阴之法；心阴不足又可产生心血不足，心血不能养神，故以养血安神、和通心阳、宁心神之法；脾气虚时，内湿蕴郁，故以祛湿和胃、健脾养血加以安神之法；肝气郁滞，疏泄条达受阻时以疏肝理气、清肝解郁、滋阴养血，加以安神之品；肾气亏损时以补肾滋阴、引火归元、补肾填髓加之安神药物。根本是达到五脏六腑协调，定志髓充，睡眠必安。

3. 心理治疗，寐安神畅

情志不舒、心情郁闷、精神紧张、过度焦虑等都是导致不寐的常见因素，故在治疗的同时，做一些心理疏导也是必要的。所以作为一位医师，不仅要具备自己本专业知识，还要掌握一些心理学知识，对患者进行必要的心理疏导。这也是一种辅助治疗疾病方法，每每可取得药物不能达到的疗效。

（三）证治分类

不寐症的辨证类型有的是出现在重危患者中，症状往往比较重。有的是在生活中因上所述的病情出现，一般症状比较轻。如下一一分辨。

1. 热扰神明

证候：面红目赤，身热口渴，难以入睡，心烦意乱，头胀或痛，胸闷气粗，唇干舌燥，大便秘结，小便短赤，舌质红或绛，苔黄厚或燥，脉滑数。

治法：清热解毒，通腑宁神。

方药：白虎汤或凉膈散，或清营汤加减。

2. 肝郁气滞

证候：情志不遂，不寐多梦，甚至彻夜不寐，伴有头晕头胀，胸胁胀满不适，口干口苦，不思饮食，脉弦而数，舌质红，苔白或白厚。

治法：疏肝解郁，理气安神。

方药：柴胡疏肝散或逍遥散加减。

3. 阴虚火旺

证候：心烦不寐，甚则彻夜不寐，潮热汗出，多思多虑，午后潮热，甚至易怒，女子月经已乱或绝经，口干舌燥，大便干结，舌质红紫，苔少或光干，脉弦滑或滑数。

治法：疏肝解郁，滋阴生津，养血安神。

方药：丹栀逍遥散合增液汤，或逍遥散合酸枣仁汤加减。

4. 湿热内扰

证候：胸闷伴心烦不寐，泛恶嗳气，时伴有头重目眩，口苦醒后口干，舌质红苔厚腻或黄厚，脉滑数。

治法：清热化湿，和胃安神。

方药：温胆汤或二陈汤加减。

5. 胃气不和

证候：胸闷叹息，嗳气频频，中脘胀满，心下痞胀，心烦不寐，纳呆，大便不爽。舌质红，苔白腻，脉细滑。

治法：和胃降逆，健脾理气。

方药：半夏秫米汤加减。

6. 心气虚损

证候：心悸怔忡，胸闷气短，面色㿠白，动则自汗，头晕目眩，神倦思睡，睡而不寐，舌质淡红，苔薄白，脉细滑或细数。

治法：补益心气，宁心安神。

方药：炙甘草汤或归脾汤加减。

7. 心脾两虚

证候：头晕目眩，心悸健忘，面色少华，多梦易醒，神疲体倦，纳食不香，四肢软倦，舌质红或淡红，苔薄白，脉细缓或细沉。

治法：健脾补血，养心安神。

方药：归脾汤或十全大补汤加减。

8. 心虚胆怯

证候：心烦不寐，心悸胆怯，多有梦扰，遇事心惊，气短自汗，倦怠乏力，舌质淡红，苔薄白，脉细弦。

治法：养血定志，理气安神，佐以镇惊。

方药：酸枣仁汤加减。

9. 气血两虚

证候：入睡难，寐多梦早醒，醒后难以入眠，甚至彻夜不寐，平时常伴有头昏耳鸣，健忘乏力，面色苍白，遇事不集中，舌质淡红，苔薄白，脉细缓或细弱，或细沉。

治法：气血双补，宁心安神。

方药：归脾汤、十全大补汤加减。

10. 肝肾失调

证候：头晕耳鸣，目糊而眩，失眠健忘，腰酸背痛，脚软肢冷，舌质边红紫泛，苔薄白，脉细缓或细弦，或弦滑。

治法：补肝益肾，养血安神。

方药：六味地黄丸或杞菊地黄丸加减。

11. 心肾不交

证候：心烦而悸，面色潮红，多梦难眠，或有心悸，腰膝酸软，遗精早泄，足底寒冷，口舌生疮，舌质红，苔白，脉细沉或细小数。

治法：交通心肾，泻火安神。

方药：黄连阿胶鸡子黄汤或交泰丸加减。

12. 心阴不足

证候: 心悸怔忡, 心烦不寐, 伴头晕耳鸣, 目糊且眩, 健忘体倦, 口干舌燥, 五心潮热, 舌质红而紫泛, 苔薄少或光, 脉细缓或细数。

治法: 滋阴养血, 宁心安神。

方药: 百合地黄汤或酸枣仁汤加减。

四、顽固性皮肤病从补肾调治

顽固性皮肤病是临床皮损严重, 缠绵不愈, 反复发作, 极难调治的一类皮肤病。皮肤病种类很多, 病程很长, 久治效果不佳, 如黄褐斑、脱发、银屑病、荨麻疹、硬皮病等, 可以发生在任何年龄层面, 患病率非常高。西医学认为因吸入或食入与患者皮肤黏膜产生直接的接触, 致使机体产生过敏症状, 导致皮肤产生炎症反应。顽固性皮肤病往往难以根治, 对患者的身心造成巨大的影响, 给患者的生活造成极大的困扰。肺主一身之表, 调节卫气, 输布阳气于体表皮毛, 温煦肌肤以卫外。中医学常认为皮毛与五脏的关系中, 与肺关系尤为密切, 《黄帝内经》明确提出, "肺主皮毛" "肺合皮毛" "肺生皮毛" "肺应皮毛"。但徐志瑛教授在临床上观察发现, 对顽固皮肤病从肺论治疗效一般, 但从肾着手, 常颇有疗效。

（一）皮毛与肾的关系

皮毛与肾的关系, 历来医家多有阐述。《素问·阴阳应象大论》曰: "西方生燥, 燥生金, 金生辛, 辛生肺, 肺生皮手, 皮毛生肾。" 明代医家马莳在《黄帝内经素问注证发微》言: "肾主水, 金实生之。故皮毛生肾。" 清代张隐庵说: "皮毛生肾, 肺气主于皮毛, 因金气而生肾。" 医家高士宗言: "皮毛复而所生, 故皮毛生肾。"《黄帝内经素问反话》解释说: "肺金生肾水, 所以皮毛生肾。"《黄帝内经素问译释》释为: "皮毛润泽则又能生养于肾。" 从上说明历代医家都阐明了皮毛与肾有着密切关系。其实, 皮毛与肾的实质就是肺金与肾水的相生关系, 肺肾在经络上有直接的联系, 是少阴肾经经脉从肾上行穿过肝和膈肌, 进入肺。肺与肾都参与了水液代谢, 肺通调水道, 输于膀胱, 膀胱经肾蒸腾达到气化作用, 将有用的水液输布于全身, 当然也输散于皮肤, 将体内无用的水通过膀胱气化而排出体外。故有"肺为气之主"和"肾为气之根"的说法。除外, 还存在与其他脏腑的关系, 这就是中医理论整体观的体现。如"心脉布于表" "心主血脉" "肾主髓, 藏精" "肾为水火之宅""水中有火"等说法，所以心与肾当水火相济，心肾相交，在五脏六腑共同协调下达到阴阳、气血、水火的平衡。才能使皮毛滋润、光泽、富有弹性，所以说皮毛的病变，不但与肺有关，也与肾有着密切关系。

（二）从肾治疗皮肤病

1. 黄褐斑

黄褐斑是面部色素沉着，多对称蝶形分布于颊部，多发于女性，其病因病机多与妊娠、长期口服避孕药、月经紊乱、计算机辐射有关。祖国医学称之为"黧黑斑"，出自《外科正宗》卷四。历来诸多医家认为，本病多与阴阳、气血、脏腑、气血的失调有关。徐志瑛教授结合多年临床经验，认为肝气郁滞，失于藏血，滞而血瘀，皮肤失于血液的濡养，渐成斑块；患者年龄多数已在35岁以上，阳明脉衰于上，而始焦。同时此类患者兼有月经不调、失眠、心烦、心悸等，所以在治疗上除疏肝理气解郁外，还需要养血安神、滋阴活血，佐以清肺宣通之品，同时在调正通达后即加柔肝益肾之方，使肝能条达，肾能蓄精，精血旺盛，黄褐斑渐退。

2. 脱发

临床常见的脱发以斑秃和脂溢性脱发多见。现代社会的快速发展，生活方式的改变，生活压力的过大，以及思虑等不良情绪的刺激，导致脱发。中医对脱发病因病机的认识最早可追溯到《黄帝内经》，《素问·上古天真论》言"女子五七，阳明脉衰，面始焦，发始堕；六七，三阳脉衰于上，面皆焦，发始白"，"丈夫五八，肾气衰，发堕齿槁；六八，阳气衰竭于上，面焦，发鬓斑白……八八，则齿发去"，文中强调头发的生长有赖于肾气的充养。"肾主骨生髓，主藏精，其华在发"。"发为血之余"，也表明精血充盛时发必能光泽，色乌，若肾阴不足，阴虚火旺时会使发早白，或脱落。张景岳曰："男子四十，阴自衰半也。"所以四十岁以上的人往往头发变稀，容易产生肝肾不足，表示了藏血与储精的关系，所以补肾养血在治疗脱发方面具有重要意义。但是肝肾虚日久后可影响脾阳，因脾得肾阳上荫而温化，肾虚则加重运化失职，水液被烁，蕴成脂质，循经而上于头，致成脂溢性皮炎。故在此应在上面治疗法则上加健脾化湿、行气消脂之品，会更有效。如《素问·逆调论》曰："肾者水脏，主津液。"《灵枢·本藏》曰："肾合三焦膀胱，三焦膀胱者，腠理毫毛其应也。"从而可以看出，脱发不是单一补肾就能达到效果的，应"疏""化""补"同时施行，其"疏"为疏肝理气行气；"化"为化湿消脂祛风;"补"为养血滋阴补肾助阳等。

3. 弥漫性硬皮病

弥漫性硬皮病是一种以局限性或弥漫性皮肤病及内脏器官纤维化为特征的结缔组织病。其病因不清,病情严重,尚无特效的药物。本病属中医学皮痹范畴,皮痹之名最早出自《素问·痹论》,经曰"以秋遇此者,为皮痹""皮痹不已复感于邪,内舍于肺"。徐志瑛教授认为其发病机制分先天禀赋不足和后天风寒湿郁于肌腠。其根本是脾肾阳气虚亏,营卫失固,腠理不密,皮肌失于温煦,风、寒、湿邪乘虚阻于肌肤之间,气血无法濡养肌肤,而致皮痹。患有此病者也可发展成为与其他脏腑的相关痹病,特别是与肺脏相关的疾病,也可是指端发紫发黑、麻木且冷的疾病,临床称为雷诺病。在临床上一般都采用活血化瘀法,此病实质上是湿浊寒化而成,所以,应在活血化瘀之药中加温肾通阳补精血之方,更能收效。

4. 荨麻疹

荨麻疹是一种常见过敏病,俗称风团、风疹团、风疹块。有多种因素致使皮肤黏膜血管发生暂时性炎性充血与大量液体渗出,造成局部水肿性损害。其发生迅速,伴有剧烈剧痒,同时有腹痛、腹泻等症状。临床可分为急性荨麻疹、慢性荨麻疹、血管性荨麻疹及丘疹性荨麻疹等。《诸病源候论·风病诸候·风瘙身体瘾疹候》曰:"邪气客于皮肤,复逢风寒相折,则起风疹瘙痒。"《诸病源候论·风病诸候·风痦瘰候》曰:"夫人阳气外虚则多汗,汗出当风,风气搏于肌肉,与热气并则生瘰。"风邪侵袭化热越于肌肤,突然出现红色小点状,或红色团块状,表皮瘙痒,或突然消失,消失时可变成白色周围红线状。其实此类患者都与自身免疫功能低下有关,禀赋不耐外界时邪,本身气血不足,腠理空虚,卫气失调。所以当急性发作时宜清热祛风,凉血散血,稳定后即改益气固表、健脾化湿、凉血补肾之法巩固疗效。

(三)总结

皮肤病虽只是表皮之病变,却多因禀赋不足。祖国传统医学认为正气不足,加之风寒湿邪互袭机体,或饮食不顺等,现代医学认为原为过敏体质,后病毒、细菌、原虫等感染而致。不论如何论述,两种不同的思路的实质是一致的。徐志瑛教授认为,治疗上西医单治标,解除了症状,获得临床痊愈;中医先治标,后治本,或标本同治。故在处于疾病后期者,或久病者,根据病因病机不同进行调治。

五、银屑病防治的体会

银屑病俗称牛皮癣，是一种慢性炎症性皮肤病，病程较长，以青壮年多见，有易复发性，有的甚至终身不愈。临床表现以红斑、磷屑为主，全身均可发病。尽管银屑病病情错综复杂，但银屑病的病因可简单分基因因素、素因和诱因三部分内容。其中，基因因素即遗传因素。很多疾病的发生都有其遗传背景，但遗传背景只能决定疾病的易感性，却不能决定疾病的发生；素因是指决定种子是否发芽的土壤。素因由生活方式来决定，新医学模式强调生活方式病，强调的就是素因。离开素因，基因和诱因就不会发生关系。影响素因形成的因素有以下几个：一是起居和工作环境；二是饮食因素；三是情绪因素；四是运动习惯。这些因素组合起来决定了患者的发病情况和发病类型。诱因即诱发因素，是随机发生的，如外伤、过敏、服药等。

（一）掌握银屑病的病机核心是治疗的关键

银屑病的病机核心在"郁"和"热"。斟酌"郁"与"热"两者在发病机制中的比重，确定"郁"与"热"两者中何者为主要矛盾，是治疗开始之前必须要明确的问题。

1. 郁为本热为标、郁为因热为果

本病的发生，血热是内在因素，是发病的主要根据。朱仁康认为"血分有热"是银屑病的主要病因。血热内蕴、郁久化毒，以致血热毒邪外壅肌肤而发病。从表面上看前辈都在强调"热"，倘若去深究内"热"形成的原因，便可以发现在于"郁"。即可探知"郁为本热为标""郁为因热为果"的结论。与杨栗山讲的"里热郁结，浮越于外也，虽有表证，实无表邪"中的"里热郁结"同义，银屑病之"血分有热"中"血分"可解释为在"里"之意，"热"就其实质而言为"郁热"。"浮越于外"之"外"与温病"热入营血"之"入"，截然相反，"热入营血"到"动血"阶段要"凉血散血"，而"里热郁结，浮越于外"的"血分有热"却需要顺势外散。

2. 热为本郁为标、热为因郁为果

银屑病的病机还有一类是以"热"为主，"热为本郁为标""热为因郁为果"的情况，以治疗热病著称的刘河间在《素问病机气宜保命集》中曰："小热之气，凉以和之，大热之气，寒以取之，甚热之气，汗以发之。"此明确提到了"火郁发之"。"火郁发之"中不仅有"汗以发之"，还有"凉以和之"

和"寒以取之"所代表的寒凉直折的治疗方法，针对的就是以"热"为主，"热为本郁为标""热为因郁为果"的情况。

（二）立足于长效治疗方可长久平安

银屑病的治疗中有求速效和求长效两种大的治则并存，前者的着眼点在于皮损的有无；而后者的着眼点在于患者机体的整体恢复。如果就根治而言，前者与根治无关；而后者是以根治为目标的。李东垣《脾胃论》曰："不可以得效之故而久用之，（若久用）必致难治矣。"其中"得效"是针对症状的改善、针对近效的；"难治"则是针对人体、针对本、针对疾病的预后、针对长效的。应该立足长效求速效。如果因为求速效损害了患者长久的健康，这种速效不要也罢。

银屑病是"全身状态失衡的一种皮肤异常表现"（《银屑病患者必读》，人民卫生出版社，杨雪琴主编）。从表面上看是形成了皮损，但透过皮损我们得出皮肤状态失调的结论。"皮肤状态的失调"或者"皮肤稳态的破坏"是全身整体失调的局部表现。汗出情况便是皮肤状态的一个直观的指征，因此我们可以将治愈的目标定位于恢复和保持正常的汗出，以达"根治"及"不复发"的目标。达到这一目标，单靠医生是不可能的，重点在于患者持之以恒的自疗。这需要医生指导患者如何持之以恒，从而调节整体，恢复机体平衡，提高机体自愈能力，保持长久的稳态，以全于终生保持。那么，根治将不再是理论，而是现实。

1. 银屑病的"广汗法"

银屑病的皮肤不出汗，出汗地方不产生银屑病。基于这个结论便有了广汗法，即让不会出汗的患者出汗，恢复正常出汗状态。汗出需要符合"正汗三要素"——一时许汗、遍身、絷絷微时有汗。一时许汗是时间要求，是保障；遍身是范围要求，是核心，是目标；絷絷微时有汗是量的要求，是基础。对于银屑病患者来讲，皮损处能够得汗，皮损就会消失，"遍身"得汗银屑病就获得临床治愈，一直保持"正汗"的状态就不会再犯，即"根治"。广汗法的提出让银屑病的治疗思路变得更宽。

非药物治疗中最重要的手段是运动。运动的原则是《素问·汤液醪醴论》中所说的"微动四极"，只有温和、连续、持久的运动才是我们提倡的。其要点是"低强度、长时间运动，一滴汗、出遍全身"。其核心在于，以不断变化的运动强度将容易出汗的地方控制在"将汗"状态，让含在体内的热反

浙江中医临床名家·徐志瑛

复冲击那些不容易出汗的区域，使之不断被融解。其中"将汗"为汗解之先兆，出现并不是坏现象，它预示疾病将要"汗出而解"。在银屑病的治疗中，识别这些先兆是很重要的，认识它们，并且诉之于前，可以免除患者出现这些先兆后的疑虑。"将汗"的现象总结为五个字：红、痒、新、小、烦。治疗过程中出现"将汗"五征兆，是病情由里向外变，由缓向急变，由阴向阳变，由难治向易治变。作为医者应该尽量减少表面上看来不利的情况发生，这样做可以减轻患者的心理负担。

2. 银屑病的"心疗法"

20 世纪 40 年代始，世界范围内兴起的心身医学，是研究精神（心）和躯体（身）相互关系的一个医学科学分支。心身疾病是指心理社会因素在疾病的发生、发展、诊断、治疗、转归和预防等全过程中起主导作用的一类躯体疾病。银屑病是典型的心身疾病，患者的个性、情感、紧张、烦恼、忧虑等心理因素是加重疾病的重要因素。临床实践证明，单纯药物治疗银屑病难以收效。中医学没有"心身医学"之名，但有其理论，都昭示着"心""身"并重的事实。如"精神内守，病安从来""阴平阳秘，精神乃治""形与神俱，而尽终其天年""得神者昌，失神者亡""粗守形，上守神"，等等。此对后人留下的宝贵财富，使疑难杂症的治疗具有历史意义。

清代吴鞠通在《医医病书》中说："……盖详告以病所由，使病人知而不敢再犯；又必……婉言以开导之，庄言以震惊之，危言以悚惧之，必使之心悦诚服，而持可以奏效如神……"这是中医学的认识疗法和行为纠正疗法。"详告病人之由"在实施过程中发现有三大好处：一是搭建了心理互助治疗平台，多数患者患此恙后觉得委屈、压抑、恐惧，与患者交谈会减少其心理上的"无助感"。二是利于医患取得共识。这是银屑病治疗的核心机制，可用"温通发散"为治疗大法。三是每组中都会有一些得病时间短，身体素质好的患者先好，对其他患者而言，可在交流中增加其信心。如《灵枢·师传》云："语之以其善，导之以基所便。"就是说明肯定患者的正确习惯，同时提出他的错误，才能容易接受医疗。

（三）防重于治，以达天人合一

1. 温阳通气

"体用"是传统文化里很重要的概念。"体"是谈基础，"用"是作用、应用，没有"体"，这个"用"不可能发生，而没有"用"，则"体"为"无用之体"，失去了存在的价值。

《素问·四气调神大论》云："所以圣人春夏养阳，秋冬养阴，以从其根。"自然界春夏阳气在外，发挥其"用"，秋冬阳气收藏于内，顾护阳气之"体"。没有秋冬顾护阳气的"体"，则春夏的生机旺盛成为无本之木、无源之水；没有春夏的"发陈"（发现隐匿于体内的污垢）"使气得泄"，以尽阳气之"用"，则秋冬收藏的是垃圾而不是精华。

阳气之"体"需顾护，阳气之"用"求通达。这两点并不存在矛盾，"汗病必求其本"是看矛盾的焦点是在阳气的"体"上还是在"用"上。需要顾护阳气之"体"，此处顾护的对象是阳气，故可以换言为温养；如果焦点在"用"上，则重点在于通达阳气。

2. 若冬无夏

"若冬无夏"这句话出于《素问·生气通天论》，"凡阴阳之要，阳密乃固，两者不和，若春无秋，若冬无夏。因而和之，是谓圣度。"诚然，阳气起着重要的固外作用，在"凡阴阳之要，阳密乃固"之后，对于"两者不和"可能出现的"若春无秋，若冬无夏"，先贤提出的治疗策略是"因而和之，是为圣度"。"和之"是调和之意，使人体既有"四时之法"中秋冬的收和藏，也有春夏的生发和疏泄，才可谓"人与天地相参也"。银屑病常见冬重夏轻这个规律，此即"若冬无夏"。其治疗最关键的问题应该是在人体内多些"夏"意，即发散之意。而非固护（固护有藏而少用的意思）之意，减少"冬"意。"对于阳气不足的银屑病患者，我们长期大量使用辛温发汗之品治疗（即使达到所设想的全身微汗），那是不是有长期耗散患者阳气之嫌呢？"这问题首先要明确银屑病的病机关键是长久的、"体"层面上的"阳气不足"，还是暂时的、"用"层面上的阳气不用。实际上对慢性病来讲都是长期治疗的。何况银屑病更为长久。

3. "腠理闭"与长寿

"腠理闭"在《灵枢·刺节真邪》之"阴阳者，寒暑也。热则……人气在外，皮肤缓，腠理开，血气减，汗大泄，皮淖泽。寒则……人气在中，皮肤致，腠理闭，汗不出，血气强，肉坚涩"。这里腠理闭是指人在生活中随四时变化，收藏时季当腠理闭，与上文"若冬无夏"导致的"寒"是有明显因果关系的。银屑病患者能达到长寿，具有与他病一样的养生目标，是治未病或防病的一种方法。养生不仅是养阳气之"体"，也要养阳气之"用"。《素问·生

浙江中医临床名家 · 徐志瑛

气通天论》曰："阳气者，若天与日，失其所则折寿而不彰。"表明"阳气"之用与长寿是有重要意义的。

六、膏方治百病篇

膏方，又称"煎膏""膏滋"，是最古老的剂型之一。古人赞其"膏方者，盖煎熬药汁成脂溢而所以营养五脏六腑之枯燥虚弱者"（《膏方大全》）。膏方有滋补、强身、抗衰、延年、健体、治病之效。膏方是通过中医辨证论治，辨别个体差异而制成的。现分述徐志瑛教授经验，以馈同道。

（一）呼吸系统疾病篇

呼吸系统，是人体与外界空气进行气体交换的一系列器官的总称，包括鼻、咽、喉、气管、支气管及由大量的肺泡、血管、淋巴管、神经构成的肺及胸膜等组织。人在呼吸过程中，外环境中的有机或无机粉尘，包括各种微生物、过敏原、尘粒及有害气体等皆可吸入，引起呼吸道和肺部各类疾病。

"正气在内，邪不可干"，疾病的发生、发展是邪正交争的过程，其中正气又恰恰起到了决定性的作用。徐志瑛教授运用膏方治疗呼吸系统疾病极具其个人特点，她认为病虽在肺，但与脾、肾、肝、心等都密切相关，临床应审证求机而治。若外感治疗不当，正气亏虚，或反复发作，或迁延难愈，终成慢性疾病，倘若在此时及时治疗，可有逆转的机会。而膏方便可在其演变中发挥巨大的作用，可避免疾病的恶化，延缓疾病进展。徐志瑛教授多年致力于临床工作，观察到呼吸系统疾病常累及其他脏腑功能，终致气血阴阳失衡，病症复杂多变。在整个病程中始终存在着"痰""瘀"和"虚"的病理现象，因此，运用调摄法要恰到好处，不可猛补，否则，失于权衡，乱及规矩。其调治要点如下。

1. 扶正以复生机

"其标在肺，其本在肾，其末在脾"（《景岳全书·肿胀》），脾为后天之本，肾为先天之本，肺宣肃功能的正常，与脾肾密切相关。脾运化转输水谷与肺主呼吸功能所吸之精气相结合，而生成宗气。所以，肺与脾二脏的功能影响气的盛衰；肺主行水，为水上之源，肾主水液代谢，为水下之源。肺宣肃而行水有赖于肾阴肾阳的促进，肾蒸化水液亦须肺肃降至膀胱；肺主气而司呼吸，肾藏精而纳气，只有肾气盛，吸入之气才能肃降至肾，又有"肺为气之主，肾为气之根"（《类证治裁·喘症》）的说法。金水相生，只有肺阴充足，转至于肾，肾阴充足，肾阴充沛，输送于肺，肺阴得滋。长期的咳喘，削弱了呼吸系统抗病的能力，一旦外邪侵袭，旧病发作，此"虚"就是机体的内因。咳喘日久，肺气先伤，肺气因病而虚，因虚易病，然后累及脾肾，乃至心脏，正是由于体内"正气"虚弱，致使疾病反复发作，缠绵难愈。此阶段咳喘虽不作，但病根仍在。因此，缓解期重点要调治肺、脾、肾三脏功能，脏器功能恢复，才能达到"正气存内，邪不可干"（《素问·刺法论》），可予以玉屏风散、六君子汤、肾气丸或六味地黄丸为主加减。

2. 补中勿忘祛痰

痰是体内水津不归所形成的产物，其产生和肺、脾、肾三脏功能失调关系密切，其中与脾尤其密切。中医学素来有"脾为生痰之源，肺为贮痰之器"（《医宗必读·痰饮》）之说。脾居中焦，相当于全身的转运枢纽，若肺病及脾抑或脾脏本虚，失其健运，代谢失常，津液停积，反聚为痰，随气升降，无处不到，或阻于肺，肃降失司，痰阻气道，而终成喘、咳之证。倘若久病，亦损耗肾阳，脾失温煦，脾肾两虚，水饮泛滥，继之加重肺系疾病。徐志瑛教授认为"痰"是导致肺系疾病重要的致病产物。因外邪往往缠绵难愈，痰的病症以虚实夹杂多见。痰、湿等留于体内，从人之体质，或寒化，或热化，舌或白腻，或黄厚，痰或白，或黄，或稀，或稠。又因病体的不同又兼夹杂气虚、阴虚、阳虚、瘀滞等。故徐志瑛教授在辨证上分其脏腑虚实，攻补兼施，在补气、健脾、温阳、滋阴时不忘祛痰。

3. 益气方合活血

"气为血之帅，血为气之母"（《医学真传·气血》），气属阳、主动，血属阴、主静，气与血具有相互滋生、相互依存、相互为用的关系。《素问·调经论》云"血气不和，百病乃生"，气与血在病理上也相互影响。徐志瑛教授认为肺系疾病首先就是"少气"的持续状态，日久势必影响血的生成及运行。气虚温煦、推动、统摄、化生血的功能下降，脏腑、四肢、九窍功能失衡，血液浓缩，凝固而停滞。瘀血反过来影响气的条顺，导致气滞，周而复始，最终形成一个恶性循环。在呼吸系统中因气虚致阴及阳、瘀血停留的现象尤多，法当补之、活之，可重用参、芪、川、归以补气活血；抑或桂附六味中合莪术、血竭等以温肾活血等，这样可使瘀散、血行、气复，脏腑功能调和，阴平阳秘。

4. 养阴勿忘清热

痰亦常存于肺脏，亦常伏于脾脏，个体不同，可郁而化热，损及肺肾之阴，重则至心阴。由此可认为，在整个发展阶段中，痰热始终缠留不清。"咳嗽毋论内外寒热，凡形气病气俱实者，宜散宜清，宜降痰，宜顺气。若形气病气俱虚者，宜补宜调，或补中稍佐发散清火。"故在养阴中须加清热之药。徐志瑛教授常用沙参麦冬汤配用银花、黄芩、野荞麦根等之类；属胃阴不足者，用竹叶石膏汤合鹿含草、川连之类；属心阴不足者，用生脉散合增液汤；肾阴不足者，用知柏地黄汤加减。

5. 治肺须顾鼻咽

"鼻为肺之窍，咽为肺之门"（《素问·咳论》），肺通气于鼻，肺不和，升降失常，则可出现鼻塞流涕、嗅觉不利等症。肺与喉相连，声由气发，气发不利，声音失常。故鼻、喉发挥正常功能有赖于肺宣肃功能。临床也常发现肺脏有病，损及鼻、喉，风热之邪缠于鼻、喉，可见鼻部、咽部诸症；若鼻、喉有恙，不治鼻病、咽病，反治肺病，鼻、喉病竟不治而愈。徐志瑛教授认为，若鼻病、咽病久而不愈，会成为肺系疾病发病的祸根，应在缓解期重视鼻咽部疾病的治疗，药物选用苍耳子、辛夷、香白芷、蝉衣等以通鼻窍；射干、马勃、木蝴蝶、海浮石、橄榄、人中白、桔梗、玄参等以利咽喉、止咽痒。进而可加强鼻咽部的清热消炎、祛痰镇咳的效力，减少咳嗽的复发率。

总而言之，徐志瑛教授在调摄呼吸系统疾病时，往往严格地观察病情变化，随症加减，组方严谨，审因求证，补泻兼顾，升降相因，宣中得敛，补而不滞，滋而不腻，守而不滞，气血流畅，肺得宣肃，脾升胃降，肾气封藏，阴阳平衡。

（二）心血管系统疾病篇

心血管疾病是临床常见病和多发病，严重威胁着人类的生命健康，特别是 50 岁以上的老年人，具有高致病率、高致残率和高死亡率的特点。因此，增强人们的自我保健意识，加强心血管疾病的防治，对心血管疾病的防治有重大的影响。

《灵枢·天年》云："五十岁，肝气始衰，肝叶始薄，胆汁始灭，目始不明。六十岁，心气始衰，苦忧悲，血气懈惰，故好卧。七十岁，脾气虚，皮肤枯。八十岁，肺气衰，魄离，故言善误。九十岁，肾气焦，四脏经脉空虚。百岁，五脏皆虚，神气皆去，形骸独居而终矣。"可见从 50～90 岁，脏腑功能开始废退，即为"本虚"，即为发病的内因。外界各种刺激，脏腑功能失调，气血阴阳的"亏"与"痰""火""瘀"的标实交杂，形成虚实夹杂、标本互制的状态。因此心血管疾病多有本虚标实之证，所以临证时应仔细辨证，分清主次，攻补兼施。

徐志瑛教授认为心血管病标本虚实不外乎五虚、两脱、三实，只要详查病因，对症下药，经过调理，能达到祛病延年的结果，膏方是其比较理想的剂型，一方面可达到理想的治疗效果，另一方面方便服用。其调治要点如下。

1. 补益虚损以治本

徐志瑛教授认为心血管疾病本虚多五虚、两脱之证，五虚包括心气虚、心阳虚、心阴虚、心血虚及心神不宁，两脱是指心阳虚脱、气阴两虚。心气不足，则不能贯注血脉，血凝不利，脉道不通。徐志瑛教授认为其病往往与脾胃相关，脾病不能令胃助其行津液，四肢不能承水谷滋养，脉道终枯竭不利。治疗上法当心、脾胃同调，方可选炙甘草汤辅之人参、黄芪等补气、健脾之品，中气盛，心脉得通；心阳虚者，阴寒内盛，久之亦损肾阳，而致水湿泛滥，上扰于心，法当用温肾利水法。但是值得注意的一点是，这类患者常常虚实夹杂，外寒侵袭亦常引动。徐志瑛教授常用真武汤加减，阳虚重者加用淫羊藿、仙茅、干姜等以温补肾阳；寒重者，可加用附子、肉桂等；饮邪动甚者，佐之以活血利水之药；心阴虚常累及肝、肾。心肾阴虚者，虚火内生；心肝阴虚则筋脉失养，痿废不用。治以养心、补血、安神之法，方选天王补心丸加减。再根据临床症状，辨清肝肾阴虚之偏倚，辅之滋阴、平肝之品；"血为气之母"，心血虚，往往夹着气虚，而成气血两虚。症见心悸、面色无华、舌淡、脉虚。徐志瑛教授常选用归脾汤，但是不可过用活血行气之品，因"虚则力不足运动其气，亦觉气滞"（《罗氏会约医镜》），应略加行血，待气血旺，脉道自然通畅。除此之外，心藏神，心病则神明无所舍，治疗应以安神为要，虚者可加入茯苓、酸枣仁、远志等养心安神之品，重者佐之以重镇安神药，如龙骨、牡蛎、磁石等。当心阳虚脱时，症多见四肢逆冷、面色苍白、畏寒喜热、大汗淋漓、呼吸短促、小便清长、下利清谷、舌淡、脉沉细，用参附汤加减以回阳救逆；若病变日久则见气阴两虚，可出现眩晕、神识不清、面色㿠白、口唇发绀、胸闷气急、呼吸微弱、汗出肢冷、舌淡、脉微细欲绝，药用生脉饮加减来益气养阴。

2. 祛火化瘀，消痰治标

标实主要包括心火、瘀血、痰湿等。心火多由正气不足，外感袭肺，逆传于心所致，故心火多夹肺热，每易成正虚邪恋之证，故加炒黄芩、野荞麦根等以清肺之热毒。若肺热不除则心火难清，后期则应注意益气养阴，可用生脉饮加味。由于热邪灼炼津液又可成痰、成瘀，故可辨证加用化痰祛瘀之品；瘀血往往涉及多种疾病，瘀血内阻，血脉不利，可加重疾病发展，应当重视瘀血的治疗。徐志瑛教授善于根据血瘀轻重的不同，酌情活用各种活血药物。如血虚致瘀，当配伍当归、鸡血藤、丹参等养血活瘀之品；如气滞血瘀，当配伍川芎、红花等活血化瘀之品，瘀重者可选三棱、莪术、穿山甲、王不留行等破血逐瘀之品。痰是多种疾病的病理产物，亦可致百病丛生。痰湿同源，痰湿阻滞脉道，阻遏心阳，心阳不展，致心不能主血脉而出现胸痛，方可选瓜蒌薤白半夏汤；痰湿上扰，蒙闭清窍而见神昏、痴呆，可选用涤痰汤；痰湿郁久化火，出现痰火扰心，可选用黄连温胆汤，热甚可用牛黄清心丸。徐志瑛教授认为化湿行气健脾，寒者多有阳虚，每与瘀血水饮相兼，只需要对证予以温阳利水、活血化瘀之法即可。

3. 调和五脏平衡

"五脏之气无不相渗，故五脏中皆有神气，皆有肺气，皆有胃气，皆有肝气，皆有肾气……各有互相倚伏之妙"（《景岳全书》），人体是以五脏为中心，合之六腑，在经络系统的协调下而形成的有机整体。治疗心系疾病时，不仅应关注局部，更应关注与其他脏腑的联系，通过"补其不足祛其有余"的方法，调节整体以恢复局部功能，达到五脏气血阴阳的平衡。

（三）消化系统疾病篇

消化系统疾病从病位而言，主要在脾胃、大小肠及肝胆诸脏腑。病因主要与感受邪气、情志失调、饮食不节、脾胃素虚、药物损害等有关。其发病除累及相关脏腑出现气血阴阳失调外，常使机体气机升降失常，湿浊痰饮内阻，病久可累及血分或其他脏腑，甚至出现癥积、出血等变证。

脾为太阴湿土之脏，喜温燥而恶寒湿，得阳气则运化健旺；胃为阳明燥土之腑，喜润恶燥，得阴液润养，则腐熟通降皆宜。《素问·阴阳应象大论》云："谷气通于脾，六经为川，肠胃为海，九窍为水注之气。九窍者，五脏主之，五脏皆得胃气，乃得通利。"《金匮要略·脏腑经络先后病脉证》则认为"四季脾旺不受邪"。因此膏方中必须注重健脾和胃，助运化精的养摄，才能达到脾旺不受邪的道理。膏方以冬令服用为主，按"秋冬养阴"原则，功在调整人体阴阳气血，以达腠理密、邪不可干的目的。凡是脾胃不足，元气不充而反复感邪发病，或病后伤及脾胃，邪去正虚者均可服用调理膏滋。其调治要点如下。

1. 补虚消实同用

李东垣在《脾胃论·脾胃虚实传变论》中指出："脾胃之气既伤，而元气亦不能充而诸病之所由生也。"内虚是脾胃疾病反复发作，缠绵难愈，难以痊愈的内因。因此用膏滋可调理机体，稳定病情，恢复体质，使得"正气在内，邪不可干"。但脾胃虚弱，运化失常，不能过用黏腻碍胃的滋补药，以免加重脾胃负担。徐志瑛教授习惯用四君或参苓类加减。以黄芪、党参补肺脾之气，白术健脾益气助运，薏苡仁、茯苓等淡渗利水之品，除湿化痰。在辨证的基础上加用健脾祛湿、清胃化痰之药，如湿胜者加苍术、砂仁、川朴，也可佐以利水渗湿、升阳温阳之品，如薏苡仁、制胆星、姜半夏、葛根、陈皮等；气虚卫弱者予以玉屏风散，加生白术、防风，以避黄芪之壅气滞湿之误。

2. 调畅脾升胃降

脾胃居中焦，为气机升降之枢纽。《名医杂病著》曰："胃司受纳，脾司运化，一纳一运，化生精气，津液上升，糟粕下降。斯无病矣。"若脾胃升降失常，则可使气血逆乱，阴阳失衡，以致为病。所以徐志瑛教授在临床中十分注重对气机的调理。喜用黄芪、党参、升麻、柴胡、白术等健运脾胃，升发清阳。其中升麻一味，过辛过散，只要调动脾气之升，湿浊随化，中病而止，不可久服。湿浊重者，可加白豆蔻、砂仁、藿香、苏梗、佩兰、木香等芳香辛散之品，以醒脾助运；食积中州者则多加鸡内金、谷芽、麦芽、山楂、六神曲等消食之品，气滞较甚加青皮，中满腹胀用厚朴，重者加枳壳或枳实。枳壳一味，她认为轻用能通中上焦之滞，重用则可推行水液，使浊阴下降清阳自升；胃中湿热嘈杂用黄连、吴茱萸辛开苦降之品。

3. 健脾疏肝并行

肝主疏泄，脾升胃降，纳运相济。脾气健旺，运化正常，生化有源，濡养肝体，刚柔相济。《血证论·脏腑病机论》云："木之性主于疏泄，食气入胃，全赖肝木之气以疏泄之，而水谷乃化。设肝之清阳不升，则不能疏泄水谷，渗泄中满之症，在所难免。"一语言明肝、脾相互资助、影响的关系。若肝木疏泄失常，横逆犯胃，则脾胃功能失常；脾胃升降失调，亦常影响肝木疏泄。

因此在治疗消化系统疾病过程中要重视肝脾之间的关系。徐志瑛教授喜用太子参、党参、白术、黄芪等补益脾气，绿梅花、玫瑰花、川朴花、扁豆花等花类药物，平和芳香，秉受少阳春升之气，既能达肝胆疏泄、脾升胃降之宜，还能祛风胜湿，驱散残留的湿浊，使各窍通畅，邪气消散。应重视调畅肝脾升发之气。临床出现湿浊难以化解时，多因脾阳不振，被湿浊郁久，难以化解，故用升清益胃汤来振奋脾阳，湿自化矣。值得注意的是，在补益脾气、祛湿化痰、调畅肝气时，应注意调和肝阴肝阳的平和。疏肝时不忘养肝阴，肝体阴而用阳，只有阴阳调和，才能共同发挥肝脏的正常功能。

4. 重视补益脾肾

《傅青主女科·妊娠》："脾为后天，肾为先天，脾非先天之气不能化，肾非后天之气不能生。"脾为后天之本，气血生化之源；肾为先天之本，主藏精，为阴阳之根本。脾运化，必须得到肾阳的温煦蒸化；肾藏精气有赖后天脾胃运化生成的水谷精微的不断补充。消化系统疾病的治疗应重视脾肾，脾得肾阳而化，肾得脾气而固。徐志瑛教授认为，虽为同治，但两脏各有侧重，在肾偏于温肾，药用淫羊藿、菟丝子、巴戟天、鹿角片、淡附子等取"得命门之火以生脾土"之意；在脾偏于补脾，药用党参、苍白术、茯苓、生炒薏苡仁、怀山药、煨葛根、枳壳等以"后天资助先天"。

（四）代谢性疾病篇

代谢性疾病是由于过食肥甘膏粱、生活起居失常、缺少合理运动、精神紧张或抑郁、先天遗传因素等原因引起的营养障碍性疾病，临床常见疾病有糖尿病、高脂血症、高尿酸血症、脂肪肝、肥胖症、代谢综合征等。随着生活水平的提高和饮食结构的变化，代谢性疾病发病率有逐年增高的趋势，也增加了心脑血管疾病的发病率和病死率，加强对代谢性疾病的防治越来越被人们重视。

中医学认为代谢性疾病是由于脏腑功能减退，阴阳失衡，祛除体内代谢产物的能力下降，引起水湿、痰浊、瘀热蕴积，郁阻血脉络道而成，属本虚标实之证。膏滋方全面考虑了人体气血阴阳及邪正关系，具有"未病先防""既病防变"的作用，通过健旺脏腑，补益虚损，以祛邪疗疾，延年益寿。膏方对代谢性疾病的防治有很好的作用，但由于患者同时可伴有多种代谢病，病机往往错综复杂。膏滋调治立法从脏腑功能减退这个根本点入手，通过调补脏腑功能，增强其祛邪能力，防止代谢产物的积聚，以达到治疗疾病，稳定病情，减少和控制各种并发症产生的作用。应注意的是膏滋调治时须把握适应证和禁忌证，并非所有代谢性疾病都适合膏滋调治，一般适用于病之初期，自觉症状少，或病情控制稳定，无严重并发症患者。其调治要点如下。

1. 调整阴阳脏腑平衡为本

代谢性疾病好发于中老年患者，"年四十而阴自半也，起居衰矣；年五十，体重，耳目不聪明矣；年六十，阴痿，气大衰，九窍不利，下虚上实，涕泣俱出矣"（《素问·阴阳应象大论》），年至四五十，人体脏腑功能衰退，气血阴阳血失调，代谢功能失衡，痰、瘀、毒蓄聚体内，终成虚实夹杂之证。膏滋调治，徐志瑛教授立足以"虚"为本，通过补益恢复脏腑功能，调整气血阴阳的失衡，清除体内痰热瘀诸邪，而达到动态平衡。即所谓"调其气血，各守其乡，以平为期"（《素问·阴阳应象大论》），"阴平阳秘，精神乃治"（《素问·生气通天论》）。但在调整阴阳平衡的过程中，切勿矫枉过正，祛邪切勿伤正，补虚莫留外邪，清热注意护阳，散寒注意不伤阴等。

2. 以重健脾益肾功能为法则

代谢性疾病的特点是"精气过剩则为内生之邪"。正如《经方小品·治渴利诸方》云："人食之后，滋味皆甜，流在膀胱。若腰肾气盛，则上蒸精气，气则下入骨髓，其次以为脂膏，其次为血肉也。"按此"下入骨髓"者当是阴精，即先天肾藏之精的物质补充。阴精、膏脂、血肉均为人体生命活动的物质基础，是为正气。脾肾虚弱，不能"散精"上行，下入"骨髓"，游溢的精气则变生为"浊气"，积聚体内，化成脂浊，凝滞脉络，又可成致病因素进一步影响气机运行及水谷代谢，化成热、毒、瘀、浊、虚而变生百病。因此代谢性疾病立法十分重视脾肾功能的调补，如糖尿病肾虚、胃热、肺燥病机中，以肾虚为本，强调以滋补肾元为要；高脂血症脂浊积聚，则以健脾化浊为先。

3. 调畅气机，兼顾心肝脾

肝主疏泄，指调畅精神意识活动，气血的运行，饮食的消化、吸收，糟粕的排泄，津液的宣发、输布等代谢过程。《古今医统大全·郁证门》："郁为七情不舒，遂成郁结，既郁之久，变病多变。"七情过极，超过机体调节之内，尤以悲忧恼怒最易，又加上现代人缺少运动，肝失条达，三焦气化失常，气血津液运行不畅，气郁为先，而后生成痰郁、湿郁、热郁等。肝脏在代谢性疾病中起了举足轻重的作用。病情进一步发展，若肝气郁滞，横逆犯脾，脾失运化，痰湿内生，易出现脾虚湿盛之症；若痰瘀内阻，脉络受阻，心主

浙江中医临床名家·徐志瑛

血脉功能失常，易出现心悸胸痹症；若肝郁化火，可致心火内亢，灼伤心阴，心失所养。因此代谢性疾病与肝、心、脾密切相关，调治时必须主次兼顾，在健脾益肾基础上兼顾心、肝、脾，以求防病于未然。

4. 寓泻于补，化瘀消滞

代谢性疾病的基本病机为胃热消浊，脾虚失运，脾肾阳虚等脏腑功能失调，体内代谢失衡，气滞、血瘀、痰浊久留于体内，为虚实夹杂之证。诸邪进一步蓄积，消渴、中风、偏枯等多种疾病丛生。正如《素问·通评虚实论》所言："凡是消瘅仆击，偏枯痿厥，气满发逆，肥贵人，则高粱之疾也。"因此膏滋立法处方应攻补兼施，在补益的同时，结合行气、利水、化瘀、解郁、活血诸法，以消除膏脂、痰浊、水湿、瘀血、郁热。通过整体调治，疏通经络，消瘀散积，稳定和改善病情。

5. 去苑陈莝，肠胃自清

代谢性疾病调治须注重"引路方"的运用。膏滋进补前预引路开通，其一以期"缓则治其本"来稳定病情；其二使机体处于最佳状态，便于吸收，以防积滞；其三"开路方"可探知进补者体质及其对药物的反应，以确保膏方疗效。若表现为精气过剩化为湿浊蕴阻，症见头昏、肢困、苔腻者，应用半夏、陈皮、枳壳、厚朴、苍术、蔻仁、神曲等开胃醒脾，理气化湿；若热灼阴津，精气耗伤较重，症见口干、五心烦热、舌红、苔少津者，可选沙参、玄参、生地黄、天冬、麦冬等养阴清热，以防膏滋久服后滋补太过，变生积滞。

第三节 医话医论彰真理

一、论中医临床的三个阶段

中医临床是建立在发病的过程中，再在病因、病机的基础上辨证和施治的一种方法。辨证施治是临床中非常重要的内容，也是临床中治病的重要体现。但由于医师本人对辨证不够精确，而造成了疗效不太理想，特别在现代医学发展比较快的今天，中西医交流时双方无法相互理解，西医常认为中医理论不够科学。只有治疗成功后，才会互相交流和沟通。中医临床的治则、治法、方剂三者在临床上是互通、互补的一种规律。这三者的关系影响整个治疗过程，徐志瑛教授通过数十年临床，在对各种病治疗的磨练中，总结出中医临床三个阶段的特点。

（一）法则为总纲

在中医学理论中一个大的通则法则，与其他的制度一样，有它的法度、准则、规律等。中医的法则也离不开这一规则。

疾病的发生有其病因、病机，由表入里，使机体发生了气血失和、阴阳失衡、脏腑损伤等的变化。所以有"邪之所凑，其气必虚"（《素问·评热病论》）"两虚相得，乃客其形"（《灵枢·百病始生》）的致病原理。皆是因虚而为病。故提出了治疗的总纲：扶正祛邪、平衡阴阳、和顺气血的三大法则。其可应用在所有的疾病中。

扶正祛邪："正气内存，邪不可干"就说明了当人生病时正气必虚，也就足"天人不能相应"，常受到六淫之邪（风、寒、暑、湿、燥、火）、戾气（病毒、细菌）、瘟疫（传染病）等的侵犯，造成了一系列的病变。正如《素问·评热病论》"邪胜于正病则进，正胜于邪病则退"，又《素问·阴阳应象大论》"邪气盛则实，精气夺则虚"。这都表明了邪与正、虚与实在疾病中的重要性，要改变这一状态必须要扶正祛邪，但是要分辨邪正、虚实各阶段的程度，才能正确施治，如白虎汤与人参白虎汤，就是病时的实虚之别。

平衡阴阳：阴和阳代表着相互对立又相互关联的事物属性，是自然界相互关联的事物和现象对立双方的概括，是世界物质的整体，也是阴阳二气对立统一的结果。《素问·阴阳应象大论》曰："阴阳者，天地之道也，万物之纲纪，变化之父母，生杀之本始。""天地者，万物之上下也；阴阳者，血气之男女也；左右者，阴阳之道路也；水火者，阴阳之征兆也；阴阳者，万物之能始也。"说明先辈按照自然的变化的理论，发展了中医理论，在人体中发现了阴阳的对立制约、阴阳的互根互用、阴阳的消长平衡、阴阳的相互转化的规律，看到了人体阴阳出现了不平衡的病理变化，并将之用于疾病的诊断。通过望、闻、问、切分别阴阳，才能在辨证中正确地区别阴阳，正确地治疗疾病。《景岳全书·传忠录》曰："凡诊病施治，必须先审阴阳，乃为医道之纲领，阴阳无谬，治焉有差？医道虽繁，而可以一言蔽之者，曰阴阳而已。故证有阴阳，脉有阴阳，药有阴阳……设能明彻阴阳，则医理虽玄，思过半矣。"总之治疗疾病，就是根据病证的阴阳偏盛偏衰的情况确定规则，纠正因疾病引起的阴阳失衡状态，从而达到治愈疾病的目的。如承气汤是以下为主，但由于阴虚的燥屎内结，宜采用增液承气汤；阳气虚而无力者宜采用宣通承气汤。古方的承气汤中共有28方，是从阴阳、虚实、瘀血等方面来进行辨证成方的。

和顺气血：气是构成人体的根本物质。《素问·生命全形论》"人以天地之气生，四时之法成""天地合气，命之曰人"，说明气是自然界的产物，也是构成人体和维持人体生命活动的最基本物质。气的活力对人体生命活动有推动和温煦等作用。中医学就是用这种气来阐释人体的。而人体的气来源于禀受父母先天之精气，饮食中的营养物质和存在于自然界的清气。五脏六腑功能的综合作用，将三者结合起来。气在人体中以推动、温煦、防御、固摄、气化等五个方面相互协调、相互为用，不可缺一。

血也是构成人体和维持人体生命的基本物质之一，具有营养和滋润功能。血行在脉中，脉称为"血府"。内至脏腑，外达皮肉筋骨。《难经·二十二难》"血主濡之"，《灵枢·平人绝谷》"血脉和利，精神乃居"，都表明血在人体中的重要性。但血中应包含着津和液（津液相当于体液和淋巴液），三者同出一源，均是水谷精微所化，仅是功能不一，循行之路不同。他们存在着相互依存、相互制约和相互为用的关系。

气和血的关系在《难经·二十二难》中有"气主煦之，血主濡之"的论述，这是他们之间的差别，又存在着"气为血之帅，血为气之母"的关系。从这可看到气血的平衡在人体中起到非常重要的作用。特别是气能生血、气能行血、气能摄血。一旦人体出现了气血不平衡就会生病，津液也就会干枯，也就是现代医学中讲的渗透压的改变。《灵枢·营卫生会》"夺血者无汗，夺汗者无血"，《伤寒论》有"衄家不可发汗"和"亡血者不可发汗"之戒，都强调和顺气血的重要性。

（二）治则为原则

治疗原则是中医治疗过程中的一个主要原则，有一定的规律性，治疗时首先要明了病与证。临床上没有无原因的证候，其病因是多种多样的，中医学早已将它归类，《黄帝内经》最早将其分为"阴阳"两类。《金匮要略·脏腑经络先后病脉证》中指出："千般疢难，不越三条，一者，经络受邪入脏腑，为内所因也；二者，四肢九窍，血脉相传，壅塞不通，为外皮肤所中也；三者，房室、金刃、虫兽所伤。以此详之，病由都尽。"至梁代陶弘景《肘后百一方·三因论》更明确指出"一为内疾、二为外发、三为它犯"。宋代陈无择提出了"三因学说"，指出了"内因、外因、不内外因"的病因归纳。古人将致病因素和发病的途径结合起来的方法，对临床辨证有着指导意义。

而临床上患者往往注重症状，故医者必须通过症状和体征的分析来推求病因，为治疗用药提供客观依据。这就是常讲的"审证求因"或"辨证求因"。

由于证的变化使机体发生了气血不和、阴阳失衡、脏腑失调的变化，将机体疾病分为外感和内伤两类，提出了相对的总体的治疗原则，简称"治则"。它是在整体观念和辨证论治精神指导下制订的，对临床的立法、处方、药物具有普遍的指导意义。但治则与治法是不同的。治则是用来指导治疗方法的总则，治法是治则的具体化。

治则应该是如《素问·阴阳应象大论》所说："治病必求其本。"按病的急慢、长短、"急则治其标，缓则治其本""标本兼治"；但在临床上必须正确地掌握"正治"与"反治"。《素问·至真要大论》提出"逆者正治，从者反治"两种方法。①正治：是辨明疾病性质的寒热虚实而采用的"寒者热之""热者寒之""虚则补之""实则泻之"等不同方法，此治则用于疾病的征象与本质一致的病证，也是临床上最常见的一种治则。②反治：是顺从疾病的假象而治疗疾病的一种方法，又称"从治"，也是以治病求本为原则的治疗方法。主要有"热因热用""寒因寒用""塞因塞用""通因通用"等。历代的医家总结出汗、吐、下、和、消、清、温、补等八法。但徐志瑛通过临床实践认为，这不仅是法，而且是目的，也就是达到"治病必求其本"的目的。但是在临床上还是按一个病，一类证来进行辨证，提出了相对的治疗原则，又称治则。

"病"与"证"是疾病中主要的辨证交点。每一个"病"的发生与发展都有它的内在和整体的规律性，这种规律也就是疾病的本质。通过这一本质，可立下治疗法则。如感冒一病，由于病因和体质的不同，除了明确的风寒、风热、暑湿治则外，还有气虚和阴虚的不同，在辨病中也是很重要的区分。

在热病中我们往往采用卫、气、营、血来辨，但它们在临床上都是混合在一起，有卫气同病，有气营两燔，也有气、营、血三燔。这是要求我们认清疾病后才能制订正确的治疗原则。

"证"是发生疾病后出现的症状，在疾病的发展中，会表现出各种不同的症状，也是临床辨证的切入点。在中医中先定病名，后有分型。以感冒来说，恶寒，发热轻，无汗肢痛，舌苔薄白而润，脉浮或浮紧为风寒；身热较著、微恶风、汗出不畅，或咳嗽、痰黄，咽干痛，口渴欲饮，舌红苔薄黄，脉浮数为风热；身热微恶寒，汗少，肢体酸重，头昏重胀，心烦口渴，但不欲饮，胸闷泛恶，小便短赤，舌红苔白或腻或薄黄，脉濡数为暑湿。但由于个人的体质不一又可出现他证，如恶寒盛，发热无汗或汗出热不退，身楚无力，有咳嗽但无力，舌质淡白，脉浮无力为气虚感冒；又身热微恶风，少汗，头昏，口干痰少，舌质红苔光，脉细数为阴虚感冒。正由于证的不同，故治则也不同，分为辛温解表、辛凉解表、清暑祛湿解表、益气解表、滋阴解表等。各病类推。

如果应用六经辨证，有三阳（太阳、阳明、少阳）的病证，也有三阴（太阴、少阴、厥阴经）的病证，各证都很明确，但也有各经并病和合病，这就是辨证的要点，在临床上由于体质的不一，也往往错综复杂，更需要辨证清楚才能立出治疗法则。

总之，病与证是判断疾病发生后一系列变化的依据和辨证要点，据此，才能正确提出最后的治疗原则。简单归纳为阴阳、表里、寒热、虚实的八纲辨证，也为下一步的治疗方法提出切入点，制订治疗方案。

（三）治法为方法

治疗方法是治疗疾病的最后阶段，也就是衡量能不能解除病痛的效果。其法分为汗、清、和、下、吐、消、温、补八法。在这八法中又有具体的方法。汗法又属解法，通过发汗，开泄腠理，逐邪外出，内有解表、透疹、祛湿、消肿等；清法又属清热法，是通过寒凉泻热的药物来消除热证，内有清气分热、清营凉血、清热解毒、清脏腑热等；和法又属和解法，是通过和解少阳来扶正达邪、协调内脏，内有和解少阳、调和肝脾、调理胃肠等；下法又属攻下法，是通过通便、下积、泻实、遂水，以消除肠内燥屎、积滞、实热及水饮等，内有寒下、温下、润下、逐水等；消法又称消导、消散法，是通过消导和散结，使阻塞和积聚之实邪消散之法，内有消食、消结石、消积聚、消瘿瘤、消水肿等；温法又属温里法，目的是祛除寒邪和补益阳气，内有温中祛寒、温经散寒、回阳救逆等；补法又属补益法，是通过补益人体的气血、阴阳的不足，或补益脏腑的虚弱使之达到平衡，有补气、补血、补阴、补阳、调补脏腑等。随着医学的进步又增加了理气法以调理气机，有行气、降气等。理血法，是调理血分治疗瘀血内阻和出血的治法，有活血祛瘀、止血、散血等；固涩法又称涩法，是通过收敛固涩来消除滑脱病证的方法，有固表敛汗、涩肠止泻、涩精止遗等；开窍法，是通过通窍开闭以苏醒神志的方法，有温开、凉开、涤痰等；镇痉法，是通过平肝息风、清热息风、镇肝息风、养血息风、祛风解痉等治疗疾病的一种方法。在临床上可单用，也可根据病情变化而相互配合使用，因为病情千变万化，用药也应根据变化而并用。

总之，在治疗疾病时一定要按照这三法来进行辨证，因为疾病的变化是千变万化的，所以治法也是千变万化的。特别是现在的疾病已经经过了西医的治疗，有的出现了很多的不良反应，出现了气滞、血瘀、湿阻、阴虚、阳衰等错综复杂的临床表现，治疗必须变化，才能达到预期的疗效。

二、无证可辨是中医发展创新的契机

现代医疗手段发现了疾病，但患者没有任何症状、体征，中医称为无证可辨。而证是现在中医界争论的焦点之一，有人统计关于证有 30 多种解释，在这里，把证理解为中医诊断治疗用药的证据不会有异议。既然是证据，应该涵括中医的望、问、闻、切四诊获取的所有诊断资料，仅指现有书本记载的症状、体征，是不全面的。可以毫不夸张地说，现在我们还不了解的诊断资料，比了解的（包括现在西医的）不知要多多少倍。

（一）四诊理论体系是逐渐发展而成的

从中医发展史可看出，四诊理论体系不是一蹴而就的，而是逐渐总结、逐步发展而形成的。就症状学而言，《伤寒论》记载的有鉴别意义的症状不足 90 个，1985 年中医研究院主编的《中医症状鉴别诊断学》中症状条目有500 个，2003 年朱文峰、何清湖主编的《现代中医临床诊断学》，总结的有辨证贡献度的临床常见症状、体征、检测指标就有 676 种。如中医舌诊，《黄帝内经》仅记载有简单的舌象表现，《伤寒论》中只有 6 个条文中讲到 4 种舌象，1341 年元代杜清碧《伤寒金镜录》第一部舌诊专书才问世，到 1920年曹炳章的专著《彩图辨舌指南》问世，完整系统的舌诊理论才逐步形成。再如，脉诊载于《黄帝内经》《伤寒论》和《金匮要略》，各篇章的标题都以"辨某病脉证并治"，说明非常重视脉诊，可到晋代王叔和《脉经》，始建立起专门脉学的系统理论，明代李时珍的《濒湖脉学》才使中医脉诊逐渐得到普及和发展。

（二）无证可辨不是绝对的

近两个世纪来，特别是近半个世纪，西医学借助现代科学而飞速发展，诊断、设备可以说是日新月异，相比之下，中医传统的诊病方法优势变小，对无证可辨产生困惑并对辨证论治质疑的言论越来越多。

事实上，没有"证"的疾病是不存在的，获取诊断资料的技术或方法的缺乏或者落后才会无证可辨。中医望、问、闻、切的眼、耳、口、手，通过显微镜、X线、CT、磁共振成像、超声波等先进诊断设备，延伸了中医四诊的手段，会使我们望得更远，闻得更清，问得更细，切得更准，这是提高了技术，增加了方法，增强了灵敏度、精确度。应抛弃张仲景在《伤寒论》中就批评过的"始终顺旧"的错误思想，把建立在西医理论基础上解读的图像、数据、指标，用中医理论进行消化、吸收、整理、总结，赋予其中医学含义，充实中医四诊理论，无证可辨自然会成为有证可辨。

如乙型病毒性肝炎(简称乙肝)、丙型病毒性肝炎(简称丙肝)都是新病种，中医、西医都没有理想的治疗方法。乙肝病毒感染的自然病程漫长，可持续30～50年，丙肝病毒感染，有55%～86%患者血清丙肝病毒持续存在，而无任何临床症状。根据中医理论，乙肝、丙肝属发病隐匿、起病缓慢、病程迁延、缠绵难愈的疾病，符合外邪中湿邪的致病特征。湿邪盘踞血络(经血传播，中医称直中血络)，更不易祛除而迁延难愈。湿邪困脾，脾虚生内湿，内外合邪，治之更难。徐志瑛教授用从湿、从血分治疗的思路，祛湿用茵陈五苓散、平胃散，因病位深在血络，用吴又可的达原饮直达病所，脾主湿，湿邪伤人必先困脾，选六君子汤。病毒性肝炎肝脏损伤是事实，根据中医肝体阴而用阳，损伤肝体即损伤肝阴，从先安未受邪之地的理论出发，先用一贯煎。通过临床实践，比按西医的思路先用抗病毒、解毒、抗炎、保肝中药的效果好，不良反应少。比出现腹胀、胁痛、黄疸、腹水等有证可辨后的湿久化热、湿困脾虚、湿阻血瘀等证候才进行治疗，不仅有更多的余地，也更能体现出中医"治未病"的主导思想。

（三）借鉴现代诊断结果不能丢掉中医思维

有证可辨也不应该排斥现代诊断手段。借鉴西医检查结果，对提高中医辨治水平，提高疗效有一定意义。如黄疸病的湿热蕴蒸阳黄证，通过超声、检验、CT等诊断方法的介入，可获得或胆囊肿大，或甲肝病毒阳性，或乙肝病毒阳性，或肝叶的缩小，或甲胎蛋白阳性或胆道异物等诊断资料，依据这些资料会提高辨证论治的水平和效果。再如同是血虚证，参照血细胞学检测结果及骨髓细胞检测结果，对养血补血、益气生血、填精补血等不同治疗方法的应用不无指导意义。

曾有一胃痛患者，西医确认为消化性溃疡，用西药三联疗法、四联疗法效果欠佳，请求中药治疗。症见：胃痛隐隐，空腹稍重，喜温喜按喜热饮，疼痛无针束感，无黑粪，舌淡苔白，脉虚弱。诊为脾胃虚寒。予黄芪建中汤合附子理中汤组方，用药6剂，效果不显。再诊时，根据胃镜报告单所示，溃疡周围暗红肿胀，颗粒状增生隆起，边缘陈旧性出血点，符合中医血瘀特征，自拟益气温胃、活血通络之方药，使瘀去新生而收效。通过对治疗消化性溃疡总结，发现胃镜、钡剂造影的诊断资料用中医思维进行辨证，比西医寻找抗酸、抗幽门螺杆菌药物治疗效果更好。

中西医具有不同的理论体系，若见到炎症就认为是热证，见到肿块就认为是血瘀，血压一高就是肝阳上亢，就失去了借鉴、创新、发展的意义。况且，西医诊断项目、指标也在不断地更新。就肝炎来讲，原来诊断的项目凡登白试验、麝香草酚浊度试验、锌浊度试验皆被淘汰，跟着西医在实验室里找抗病毒药、降酶药、退黄药，不是中医发展的方向。完全套用、全盘搬用西医指标，不利于中医的生存与发展。

总之，抓住无证可辨给中医创新和发展创造的契机，以中医基本理论为指导，以临床实践为基础，以疗效为标准，使现代诊断结果成为中医四诊的一部分，从而利于提高辨治水平，促进中医的健康发展。

三、试论治法

治法，是在辨清证候，审明病因、病机之后，采取相应的、有针对性的治疗法则。治法，是理、法、方、药的重要组成部分，只有在辨证准确的基础上，其治法才能具体和明确。徐志瑛教授从医50载，是长期的临床和教学实践者，对治法有独特的见解。

（一）论"下法"的应用

"下法"是中医临床常用八法之一，在《素问·阴阳应象大论》早已提及，依据的是"中满者，泻之于内""其实者，散而泻之""留者攻之"等的理论原则。《伤寒论》又把下法的理论和临床融为一体，共113条提及下法，其适应证53条，备方18方，有温下、寒下之分。其作用有峻、缓、和、润等之别；其目的是攻逐体内积滞，通泄大便，以攻瘀、破积、遂痰、驱虫。被后世重视和沿用，疗效可靠，也经得起实践的检验，特别对危急患者常建殊功。

1. 下法的分类和适应证

（1）苦寒泻下法：此法在《伤寒论》的阳明篇中最多，即我们常使用的三承气汤，它根据燥实里结的不同性质、程度又分成三种治法。①峻下燥实法：主要因燥实兼伤津液，具有痞、满、燥、实的四证，症见热、胀、痛、满、粪结不下，运用大承气汤，起到釜底抽薪、急下存阴的作用。②通腑和下法：为阳明里热，腑气不通，大便虽硬，尚未内结，故以痞、满为主，当用小承气汤，起到泻热通便、开痞除满的作用。③软坚缓下法：若因胃肠燥实，热郁于胃，气滞不息，仅见口渴心烦、腹微满痛、拒按不便，故以燥实而不痞满者，当用调胃承气汤，以泻下燥实，调和胃气。此方尤其在热甚伤津又须通下时为适宜。

总之三承气，因配伍不同，故有峻、缓之别，医家都常用痞、满、燥、实的程度作为鉴别使用。

"肺与大肠相表里"的理论，近年来常用在急性感染疾病上。如肺炎，在承气汤中加清热解毒之药；急性胰腺炎时加用四逆散和活血化瘀之品；如急性菌痢、败血症、尿毒症均参考此法，也能达到满意疗效。

（2）温下逐饮法：适用于寒痰凝结胸中，《金匮要略·痰饮咳嗽病脉证并治》说："腹满，口舌干燥，此肠间有水气，己椒苈黄丸主之。"是以防己、椒目导饮于前，清者从小便而出，葶苈、大黄推饮于后，浊者从大便而下。此方可用于心力衰竭之症。另有桔梗白散也是本法用于重症尿毒症，以桔梗开提肺气，贝母清热化饮，可取得提壶揭盖之效。巴豆峻猛逐下，从而肺气下膈，通调水道，以达到大、小便具下的目的。

（3）导滞通便法：本法适用于湿热郁结，又用于小儿食积，以枳术导滞丸为代表方，具有通导积滞、清洁肠腑、泻下郁热、排泄湿浊的作用。它与阳明腑实病有别，不是峻下，是起到因势利导的作用。

（4）增液润下法：适用于以津液枯竭，大便燥结，舌红无苔为特点的疾病，后世称为"增液行舟"法，亦取其滋阴润燥、寓泻于补之意。常见于热病后、肺炎后期、慢性肺源性心脏病等病。属增液承气汤为代表。

（5）攻瘀破结法：《伤寒论》指出此法用于蓄血症，表现为邪郁化热，深入下焦，与血搏结，故用桃红承气汤，或用抵当汤。与阳明脏实证所不同，本症便秘、小便自利，临床用于肠梗阻、肠粘连等症。

2. 下法的禁忌证和变证的处理

下法应随证而立，治之得法，不仅无动血致变之意，反能提高疗效，缩短病程。若不掌握原则，就会逆其所治，故有其禁忌：①未成脏实者不能用下法，特别在无形之热郁于阳明经者，不可急攻；②因阳虚时，无力推动肠中之粪时，或胃中虚寒，不能攻下，攻之必伤胃阳之气，反出现浊气上逆，而呃逆不止；③营血素虚者，邪郁伤阴者，不能用承气强攻，以防营血更虚。

总之，下法应辨清有无攻下之症，临床上往往会遇到卫分未罢，已入气分，特别气分，是病的辨证之要点，或是阳明经证时，也可类似阳明脏实证。所以，此时应辨证明了，才能达到预期疗效。若过早误下，即会引起气、血、阴、阳充斥三焦等的逆乱，而发生变症，造成生命的危险。正如叶天士所说的"透营转气"道理，应立即顺其乱，采用表里兼顾之法，清透解毒，卫气同治，清营转气，凉血散血等，以达阴阳平衡，气血通顺，邪祛正复，转危为安。

3. 下法对后世的影响

下法在临床上已取得了可靠的疗效，对后世影响很大，并有了新的发展，应用广，特别在"急下存阴"的启发下，根据不同症状，还制订了攻下兼护阴、增液、泻火、清热、祛痰、益气、化瘀等的承气汤（凉膈散、导痰承气汤、宣白承气汤、解毒承气汤等）。

总之，随着临床对下法的广泛应用，下法的概念已超出了通大便、攻热逐结等邪下行的局限范围。现已成为加速机体排出有毒物质，调节阴阳平衡，促进机体恢复的一种积极的、有效的手段。患者排便后原有的症状消失，并有排除胃肠积滞，排除毒素，使肠道的循环改善，调整平滑肌张力，改变肠内渗透压等作用。

（二）论"升清阳"法

李东垣擅长从脾胃着手治疗内伤杂病，更擅用风药升举脾胃之气，治疗各种脾胃内伤所致的气虚、气陷、气郁等证。

1. 时代背景及理论依据

此法是在重脾胃的基础上形成的。在李东垣生活的年代，战乱频发，百姓流离失所，饥饱无时，故饮食不节，劳役所伤导致的内伤脾胃病者较多，《内外伤辨惑论》曰："大抵人在围城中，饮食不节及劳役所伤……胃气亏之久矣。"此时应当顾护脾胃，但医不辨察，妄用克伐之药，致脾伤阳陷，正气愈虚，病者百无一生，为了针砭时弊，李东垣提出了"内伤脾胃，百病由生"的内伤致病说，重视顾护脾胃正气，强调升举脾胃清阳。

东垣"升清阳"理论的提出，除了特殊的社会历史背景外，亦有其重要的学术渊源及理论依据。东垣"升清阳"的思想同时受其师张元素的影响，张元素在《医学启源》中关于药物升降浮沉归经理论的精要论述，对其学术思想产生了重要的影响，"升清阳"的思想就直接受张氏所创"枳术丸"的启发。《内外伤辨惑论·辨内伤饮食用药所宜所禁篇》曰："（枳术丸）荷叶一物，中央空虚，象震卦之体。震者，动也，人感之生足少阳甲胆也。甲胆者，风也，生万物之根蒂也。"荷叶色青，霄中空，青象风木，食药入体，感之气之化则春夏令行。东垣认为，脾气的上升与肝胆春生之令的升发有着密切关系，"春气升则万化安"，肝胆行春生之令则脾能升清，故在风药的运用中，多用肝胆春生之药，以升提脾阳。

2. 升举阳气与运用风药的关系

东垣在重脾胃的基础上，发挥升举阳气的理论，在《脾胃论·脾胃虚实传变论》中，阐发《素问·六节脏象论》"凡十一脏取决于胆"的理论。古有曰："胆者，少阳春生之气。春气升则万化安。故胆气春生，则余脏从之。"脾阳之升有赖于少阳春生之气的带动，若少阳春生之气不行，则清阳不升，而致"飧泻、肠澼不一而起矣"。因此针对脾胃虚弱，清阳不升的病变，在补中的基础上，当注重升发少阳春生之令。

李东垣以风药生发人体阳气，宗法于张元素《医学启源》。张元素对风药的阐释集中于"风升生"类中，"风升生"意为风药气温，其性上行，有如春气上升，有利于生长发育。这些药物为"味之薄者，为阴中之阳"。"味薄则通"，东垣在其所创制的升阳诸方中普遍运用了防风、升麻、柴胡、羌独活等风药，以生发肝胆春升之令，进而提举清阳。

（三）风药的具体运用

东垣重视脾胃清阳，其治疗内伤杂病，常在健脾补中的基础上广泛运用风药以发挥其生发、升阳、散炎、燥湿等独特功效。

1. 升阳以散火

东垣认为脾胃虚弱则清阳不升，郁留于下，久而生热化火，提出"火与元气不两立"，此火不除久则耗伤人体正气，所谓"一胜则一负"是也。根据《黄帝内经》"劳者温之""损者益之"及"火郁发之"之旨，提出了"唯当以辛甘温之剂，补其中而升其阳，甘寒以泄其火"的治则。即后世所谓的"甘温除大热""益气升阳"之法，代表方剂有补中益气汤，升阳散火汤等。如东垣以补中益气汤治气虚发热，方以术、参、芪等益气之品，补其"脾胃气虚"，可谓治本。以当归和血养阴，以补阴火所耗之血，更用升麻、柴胡两风药升举阳气，条达气机。东垣曰："升麻引胃气上腾而复其本位，柴胡引清气行少阳之气上升。"两药合用，可助脾升举阳气，截断"阴火"产生的途径，且具有"火郁发之"之意。

火郁发之或阳郁发热，东垣治之以升阳散火汤。东垣以人参、甘草甘温益气补中焦，白芍苦寒泄热益阴血，三药合用，益气补中、酸甘化阴，且无火中热之弊。方中又以防风、升麻、葛根、羌独活、柴胡等大量风药，将中焦郁火一并发之。且升麻入胃经，防风入脾经，羌独活入肺经，柴胡入少阳经，分经而治之妙矣。

2. 升阳以除湿

湿邪困体，多因脾虚不运，水津不布，停蓄而成。风能除湿，风药气性多燥，故东垣在健脾的基础上多以风药升阳除湿。《脾胃论·肠澼下血论》中，东垣以升阳除湿防风汤治"大便闭塞，或里急后重，属至圊而能便，或少有白脓或少有血"的湿停肠腑之证。东垣认为"举其阳则浊阴自降"，治疗的关键在于升举清阳。故在术、芍益气和血的基础上，以防风之升药升下陷之阳，除滞下之湿，佐以茯苓渗湿于下。

3. 升阳以解郁

脾胃主升清降浊，是人体气机升降的枢纽。肝主疏泄，调畅人体气机。《金匮要略·脏腑经络先后病脉证》曰"见肝之病，知肝传脾"，肝失疏泄，则中土壅滞，气机不通。《脾胃论·脾胃损在调饮食适寒温》中，以散滞气汤治"因郁气结中脘，腹皮底微痛，心下痞满，不思饮食"的肝郁气滞中焦之证。方以半夏、生姜等药辛开甘降，以除中脘之痞，更以柴胡、陈皮行气导滞，柴胡兼具疏肝升清之功。如此则肝气疏，气滞行，胃脘痞胀可除。

4. 升清以助阳

脾胃虚弱，阳气陷而不升，春夏之令不行，日久正气更伤，《脾胃论·三焦元气衰旺》曰："三焦元真衰惫，皆由脾胃先虚，而气不上行之所致也。"若专于升阳益气，必壅而不行，郁而成热。东垣云："只升阳之剂以助阳，犹胜加人参。"故治疗阳气亏虚，他多用风药辅佐益气助阳之品，以达补而不滞，事半功倍之效。

其实，东垣升清阳理论及风药的运用远不只这些，尚有升阳举陷、引药上行、疏散外邪等法，其法灵活机变，对后世升阳理论及风药运用产生了深远影响，至今仍有重要的理论及临床意义。

（四）论"肃肺降逆"法

1. 立论依据

肺位于胸腔，左右各一，上连气道、咽喉，通于鼻腔，开窍于鼻。由于肺位最高，覆盖五脏六腑，故有"华盖"之称。如《灵枢·九针论》说："肺者，五脏六腑之盖也。"

肺的生理功能通过肃降和宣发来实现。《医贯·形景图说》云："喉下为肺，两叶白黄，谓之华盖，以覆诸脏，虚如蜂窝，下无透窍，故吸之则满，呼之则虚。"指出了肺组织犹如"蜂窝"孔孔相通，脉脉朝会，所以吸之则盈，呼之而亏，一呼一吸，充盈有节，亏虚成序。

肺具有主气、司呼吸、通调水道、朝会百脉等生理功能。肺的这些生理功能却主要通过其肃降及宣发两种特有的方式而完成。肃降，是向下、向内的运动，体现其通降、清肃效应；宣发，是向上、向外的运动，发挥着升宣、布散作用。肺的肃降、宣发运动，决定着其呼吸活动，宣发对应于呼，肃降对应于喉舌。呼的生理意义在于排出体内的浊气，通过宣发，一则将其浊气向上排出于口鼻，再则将浊气逼向体表，开泄而出。吸的生理意义，在于摄纳自然界之清气，通过肃降，一方面将吸入之气向下降摄，同时，把脾转输而来的水谷精微向下、向内布散于其他脏腑乃及全身。据此可见，"天气通于肺"，而司"清浊之交运，人身之橐籥"（《医贯·形景图说》）。通过肺的呼吸作用，不断地吸清，吐故纳新，实现机体与外界环境之间的气体交换。肺司呼吸，清气由肺吸入，是人体之气的主要来源，所以肺为气之主，"肺者，气之本也"（《素问·六节脏象论》）。不过，肺呼吸的生理功能却全赖于其宣降运动，实际上肺的呼吸活动乃是肺的宣降运动在其气体交换过程中的具体表现，吸即是肃降，呼即是宣发。宣降正常，散纳有度，于是呼吸调匀有序，浊气得以排出，清气得以摄入，气的生成来源充裕不衰。

人体水液的运行，与肺的宣肃活动密切相关。肺主宣发，水液每随其鼓舞之能而上行头面，外达肌腠。肺司肃降，水液恒赖其下趋之势流注肾与膀胱。

肺朝百脉，也离不开其肃降与宣发运动。首先，由其肃降活动，使全身的血液流进脉道，内聚于肺。然后通过肺的呼吸功能，进行体内外清浊之气的交换，最终由其宣发效应，把富含清气的血液灌注百脉，输送至全身。显然，肺朝百脉的生理效应，亦是肺的宣降运动在其血液循行中的鲜明体现。

2. 肺居高位，清肃顺降是其本性

由此观之，肺的主要生理功能活动都离不开宣肃互协这一运动形式。可是，肺承上焦，其位最高，下者宜升，高者当降，故肺的生理运动虽是宣发、肃降两个方面，而最终却以降为主。"金气主降"，肺的清肃顺降表现出了它特有的生理功能。众所周知，肺叶娇嫩，不容纤芥，亦即"一物不容，毫发必咳"，凡有微薄之邪侵袭，随即做出排斥反应。否则，呼吸受阻，生命必危。因而肺禀清肃之体，性主呼降，须臾不停地肃清其本身及气道的异物，维持呼吸道洁净、通畅的生理状态，从而保障了肺的呼吸不受阻碍。

再如水液的运行，随其宣发运动，虽有部分清津随口鼻呼出，或由玄府宣泄，而大部分水液却仍由下行至肾，通过膀胱排出体外。说明肺的肃降运动对水液的输布、排出有特殊作用，故有"肺气下行，通调水道"之说。

同时，肺肃降的特殊性对全身气机产生重要的调节作用。其一，肝主升发，肺司肃降，相辅相成。清肃反下行的肺气，可以制约肝木之升发太过，使其不亢不痿，保持协调与稳定；其二，胃居中焦，与肺之经脉相贯互通，求其肃降之气，始得下行为顺，故胃气的和顺有赖于肺气的肃降，而胃气的通降又有助于肺气的清肃下行；其三，肺与大肠由经脉络属而互为表里，肺气肃降有益于大肠的传导下行，大肠的通调也有助于肺气的下降。所以《医门法律·肺痈肺痿门》说："人身之气，禀命于肺，肺气清肃，则周身之气莫不服从而顺行。"

肺位居于上焦，始终以清肃下降为顺。肺的这一生理特性，在促进人体气液的输布和下行、保证气道的通畅、水道的通调，以及血液的生成、营运，脏腑气机的升降协调等方面都发挥着至关重要的作用。

如果六淫感袭，客邪犯表；饮冷啖雪，恣食寒凉，或偏嗜辛热炙煿、肥甘厚腻之物；七情违和；形神过劳；抑或痰浊内阻、瘀血停滞诸因，致金令不展，清肃失司，降下无权，每可影响肺的宣降运动，不仅可直接引起本脏的病理变化，且可造成相关脏腑的病变，发生咳逆、喘促、便秘诸候。是以临床上无论何种病证，只要反映出肺气上迫，气道怠滞这一共同的病机本质，务应力主本法，平金肃肺，使清肃当令，宣降有序，整体气机通畅和顺，进而邪气清弥，愆度自调，人身和安，复奏止咳、平喘、通秘良效。

需要指出的是，肃肺降逆法重在平金降逆，顺气去壅，故凡真元虚羸，肾不纳气，中州失运，邪水内停，气虚下陷，血不循经等酿成的喘嗽、水肿、失血诸候，则均为所忌。

127

（五）论"汗"法

经方的六经来源于八纲，在病位分为表、里、半表半里，邪气在表，当汗而解之。病位在表可以分为太阳病表阳证，少阳病表阴证，"汗法"是其治疗大法。但如何发汗，如何达到发汗却有显著不同。

汗法的主要适应证为邪气在表，正如《素问·阴阳应象大论》所述的"其有邪者，渍形以为汗，其在皮者，汗而发之""邪气在表汗而解之"的原则。但如何达到"汗之而解"却是各有不同，采取不同方法，如桂枝汤的啜饮热稀粥等，使人体达到祛邪外出的目的。邪气在表，通过发汗、解肌达到汗出而解。因此从某种程度而言，汗出是邪气祛除的标志，正胜邪而祛邪外出的标志就是"微汗出"。

仲景比较重视人体津液，处处告诫发汗要注意"不可令如水流漓，病必不除"，正如陈修园在《医学三字经》中所言："存津液是真诠。"如《金匮要略》指出："风湿相搏，一身尽疼痛，法当汗出而解，值天阴雨不止，医云：此可发汗，汗之病不愈者，何也？盖发其汗，汗大出者，但风气去湿气在，是故不愈也，若治风湿者，发其汗，但微微似出汗者，风湿俱也。"《伤寒论》第83～88条就是对需要发汗而不可发汗之告诫，即使是治疗需要发汗，也要根据情况综合考虑，而不能一味地发汗，否则很容易造成坏证，如"若重发汗，复加烧针者，四逆汤主之"即是烧针大发汗后更伤津液，陷入阴寒重证。经方大师胡希恕先生认为，感受外来邪气后，人体有自愈的功能，但因为邪气较重，正气不足以祛邪外出而表现为表证，表现为发热、恶寒、身痛等，麻黄汤证津液充盛，壅于体表，故脉浮紧，桂枝汤证可直接解表发汗达到祛邪外出，但桂枝汤证脉浮弱，津液已经损伤，故不能再大发汗，故治以调和营卫，兼以服热稀粥，温覆等佐之，使达到营卫和而汗出而愈，称之为解肌。

"少阴之为病，脉微细但欲寐也"（《伤寒论·辨少阴病脉证并治》），从六经来看，少阴病为表虚寒证，病位在表，故治疗大法不外汗法，但因虚寒，体表阳气不足，津液匮乏，故只能采取强壮解表，给予麻黄附子甘草汤之类以强壮解表、振奋阳气。若不顾阳气津液匮乏而单纯给予麻黄、桂枝解表，则无力达到祛邪外出之目的。

少阳病病位在半表半里，邪气无直接出路，不能通过汗法而解，故少阳病治以和法。《伤寒论》第230条曰："可与小柴胡汤，上焦得通，津液得

浙江中医临床名家·徐志瑛

下，胃缺因和，身濈然汗出而解。"曹颖甫认为小柴胡汤为汗剂，是因为他看到服小柴胡汤后有"汗出而解"，但其并未深究缘何服小柴胡汤汗出之理。是因为小柴胡汤证，给服小柴胡汤后，达到三焦通畅、胃气因和、里和气运，故能够身濈然汗出，诸证乃解，此处采取的是和法，使表里通和达到汗出邪解，因此表明小柴胡汤不是汗剂。因此对于小柴胡汤证，若单纯给予麻桂解表，则肯定不能够达到汗出邪除的目的。

"观其脉证知犯何逆"（《伤寒论》第 16 条），提示我们临床要根据情况选择恰当的治疗方法。如第 216 条："刺期门，随其实而泻之，濈然汗出则愈。"即使对于里实热证的阳明病，临床也多有白虎汤证，给服白虎汤后，身汗出而热退的报道，可见汗出为正胜邪的标志之一。

临床多有通过汗法达到祛邪外出而愈的目的，但如何"汗"，就需要根据情况去选择合适的方法了，绝不是简单地给予麻黄、桂枝等发汗类药。因此可知，汗为方法，而非目的。如何选择合适的汗法，是我们需要重视的问题。

四、精研《内经》，扬其精华

《黄帝内经》作为中国传统文化的经典之作，不仅仅是一部经典的中医名著，更是一部博大精深的文化巨著。它阐述了阴阳五行、脏腑、经络、病因、辨证、治则等的重要理论，从整体观上论述医学，成为中医学的基石，也是中医学理论的精髓。徐志瑛教授十分强调《黄帝内经》的重要性，在数十年的临床中，每每接触到重、难、疑、危病史，很多时候能在这本书上找到答案。现综合摘要如下。

（一）论《黄帝内经》标本理论

《黄帝内经》中有关标本的内容散见于众多篇章中，如《素问·标本病传论》《素问·至真要大论》《素问·汤液醪醴论》《素问·天元纪大论》《灵枢·卫气》《灵枢·病本》等篇均有涉及，内容包含经脉标本、六气阴阳标本、先病后病标本等。标和本是两个相对的概念，《淮南子·天文训》有"本标相应"之说，指出"标本互相对应"。草木之枝叶末梢谓之"标"，草木之根谓之"本"。标本常用以概括说明事物的本质与现象、原因与结果、先与后、主与次等关系，范围包含广泛。

1. 经脉标本

在经脉标本理论中，"标"形容经气弥散之所，经气流注之终末部位，故在头面、胸背等。"本"形容经气本源之处，经气始出生部位，故在四肢末端部位。清代张志聪《黄帝内经灵枢集注》中云："盖以经脉所起之处为本，所出之处为标。"《黄帝内经》中完整介绍针灸标本理论的是《灵枢·卫气》，其中详细记载了手足三阴三阳经脉的标本关系，并讨论了体表肢节部位与各经标本的相应关系和穴位。"本"是指经气集中的本源部位，手足三阴三阳经脉的本部都在四肢下部。"标"是指经气弥漫扩散的部位，十二经的标部主要分布于头面、胸背等上部。由此看出，标本理论讲究本经脉首尾相应，但多强调部位的作用，不强调是哪一个穴，文中可见"之中""之间""之端""所"等记述，并没有直接谈到具体的腧穴。

经脉标本理论主要用以阐明四肢与头面躯干之间经气运行升降关系，说明经气集中与扩散的关系，着重于经脉气的弥散影响，与根结理论同是《黄帝内经》成书时期的重要针灸理论。两者主要有三个不同点：标本理论出现早，根结理论出现晚；标本理论指一段经脉，根结理论具体到了穴位；标本理论包含经气布散的范围大，根结理论专指经脉之根井穴，以及经脉之结头身部某器官。结合众多《黄帝内经》中关于标本理论的论述，可见当时标本理论也是医学通用理论之一，故《灵枢·卫气》云："能知六经标本者，可以无惑于天下。"充分强调了这一理论的重要性。

标本理论强调了人体头身与四肢的密切关系，对针灸临床的诊断和治疗具有指导意义。十二经均有本部和标部，据《灵枢·卫气》载，十二经的本都在四肢部，标则在头面和躯干部，这种以四肢为本的理论，主要是突出了四肢穴位对于头身脏器疾病的远道主治作用。《素问·标本病传论》云："凡刺之方，必别阴阳，前后相应，逆从得施，标本相移，故曰有其在标而求之于标，有其在标而求之于本，故治有取标而得者，故知逆知从，正行无间。"其中，"前后相应"指胸腹与背腰相互呼应，"标本相移"指上下相互影响，是在十二经的基础上对标本理论的进一步阐述，临床疾病须辨证详察。

标本理论临床配穴可变化多端，如在标治标，在本治本，可谓近取；如在本治标，在标治本，则是远治；更多的是远近结合，即标本同治。此外，《素问·五常政大论》云："气反者，病在上，取之下；病在下，取之上；病在中，傍取之。"《灵枢·终始》云："病在上者下取之，病在下者高取之，病在头者取之足，病在腰者取之腘。"多指头身脏腑病症取用四肢肘膝以下的腧穴治疗。五输穴、原穴等重要特定穴均分布于肘膝关节以下，为经气来源，信息量大，刺激性强，分布特性亦属于向心传递，故不仅有较强的治疗作用，还有取穴方便、用穴安全的特点。

2. 六气阴阳标本

在运气学标本理论中，"标"为太阳、阳明、少阳、厥阴、少阴、太阴。"本"为六气风、热、火、湿、燥、寒；在本之下，标之上，与标互为表里之气的就是中气。《素问·天元纪大论》云："寒暑燥湿风，天之阴阳也，三阴三阳上奉之。"说明六气是气候变化的本原，三阴三阳是六气的标象。《素问·六微旨大论》曰："少阳之上，火气治之""阳明之上，燥气治之""太阳之上，寒气治之""厥阴之上，风气治之""少阴之上，热气治之""太阴之上，湿气治之"。

标本中气的从化及与疾病的相应关系是运气学说的一个重要内容，用以解释自然界六气的气候变化和人体疾病产生的相关性，说明证候产生的原因。人生存于气交之中，因天地之气上下相召，变化万千，形成了人与自然息息相关的密切联系。在一般情况下，人能适应天地四时阴阳的正常变化，故无病。若天地之气有变，故感邪而生病。标本之气，各有阴阳寒热的不同，以相对性原则为转化条件，因此其从化关系也各不相同。少阳、太阴从本，如少阳病口苦头痛，耳聋目眩等都是生于火之本气；太阴病腹胀泄泻都是生于湿气，少阴、太阳标本异气，故既可以从本化热，也可以从标化寒。如少阴、太阳伤害均分寒化证和热化证两类。阳明、厥阴从中气，阳明者，两阳合明，为阳之极，阳极则阴生，故燥从湿化，病不从标本而从中见太阴；厥阴者，两阴交尽，为阴之极，阴极则阳生，故从火化，病不从标本从中缺少阳。

3. 先病后病为本标

《素问·标本病传论》云："病有标本，刺有逆从。"王冰注："本，先病；标，后病。"张介宾曰："病之先受者为本，病之后受者为标。生于本者，言受病之原根。生于标者，言目前之多变也。"即先发之病为本，后发之病为标；原发病为本，继发病为标；病因病机为本，病因病机所引发的症状为标等。"病发而有余，本而标之，先治其本，后治其标；病发而不足，标而本之，先治标，后治其本"。表明病先发者先治，后发者后治，体现了治疗先后的原则，也是临床的常规治疗法则。本篇亦提出"间者并行，甚者独行"，其意为病势不急而标本同等者，可标本同治；病势较急重者，标急则先治标，本急则先治本。后世急则治其标，缓则治其本，标本俱急则标本兼治，是对《黄帝内经》标本治则的引申和概括。

浙江中医临床名家·徐志瑛

4.病为本，工为标

《素问·汤液醪醴论》所云："病为本，工为标；标本不得，邪气不服。"包含两方面的意义：其一，就医患关系而言。患者为疾病的主体，所以患者为本；医生治病改善患者症状，所以医生为标。其二，就疾病与治疗手段而言。疾病本身为根本，所采取的治疗方法、治疗所属的药物为标。缓解紧张的医患关系应遵循以患者为重、医生为轻的思想，这在《黄帝内经》中早有体现。此经文对当今社会医患关系的处理上具有现实指导意义。

（二）论《黄帝内经》的宗气

脏腑功能的正常，必须有一定的物质基础，宗气即为保证人体脏腑功能正常的重要物质基础。在《黄帝内经》的《灵枢·邪客》《灵枢·五味》《灵枢·海论》等篇中均有论述，被后世诸多医家所重视。

宗气的形成与人体吸入的自然界中的清气有关。《灵枢·邪客》云："五谷入于胃也，其糟粕、津液、宗气分为三隧。"《灵枢·五味》亦云："其大气之抟而不行者，积于胸中，合曰气海，出于肺，循咽喉，故呼则出，吸则入。"说明宗气是人体一身之大气，其来源于水谷，通过呼吸出入，纳入自然界的清气而成，故生成于脾肺。《灵枢·邪客》又云："宗气积于胸中，出于喉咙，以贯心肺，而行呼吸焉。"表明了宗气的分布及功能。宗气聚集于胸中，上出于喉咙，具有贯通心脉、推动气血运行、推动肺脏、助益呼吸功能的作用。此外，宗气走息道以形成声音，司呼吸以维持气血清浊交换，贯心脉以推动营血运行，故临床诊治发声病证，如声音嘶哑；呼吸病证，如咳喘、气短；血脉病证，如血脉运行迟缓、血脉滞涩等病证，多从调治宗气入手，实则泻邪以畅宗气，虚则补益脾肺之气。《灵枢·海论》运用取象比类的方法，以自然界中东、西、南、北四海为比喻，来说明胃、冲脉、膻中、脑在人体生命活动中的重要性，并称之为人之四海，其所云："膻中者，为气之海，其输上在于柱骨之上下，前在于人迎。"说明膻中为气海，其输上在哑门穴与大椎穴，前在于人迎。《灵枢·海论》同时指出人体四海作用正常，可维持人体的生命；如果四海作用反常，就容易败亡。懂得调养四海的，就有利于健康；不知道调养四海的，就有害于健康，即"得顺者生，得逆者败，知调者利，不知调者害"。而后还总结了气海有余、不足的表现：气海有余者，气满胸中，悗息面赤；气海不足，则气少不足言，与肺气不足有关。正因为四海是人体精气汇聚之处，其临床表现与相关脏腑有密切关系，则气海有余、不足与肺气虚实相关。

后世医家根据《黄帝内经》中有关"胸中大气"的论述结合自身的体会，多有进一步地发挥。喻昌所倡"大气论"认为"胸中大气"主司全身诸气，在其代表著作《医门法律·先哲格言论》中提出"其所以统摄营、卫、脏腑、经络而令充周无间，环流不息，通体节节皆灵者，全赖胸中大气为之主持"。可见"胸中大气"对人体的生理、病理具有重要的作用，并且明确提出"胸中为生死第一关"。喻氏指出"可见太虚寥廓而其气充周磅礴礴，足以包举地之积形而四虚无着，然后寒、暑、燥、湿、风、火之气，六入地中而生其化。设非大气足以苞地于无外，地之震崩坠陷，且不可言。胡以巍然中处而永生其化耶？人身亦然，五脏六腑，大经小络，昼夜循环不息，必赖胸中大气，斡旋其间。大气一衰，则出入废，升降息，神机化灭，气立孤危矣"（《医门法律·大气论》）。喻氏以天人相应整体观为指导，运用取象比类的方法，由《黄帝内经》大虚大气之论引申发挥为人体"大气论"（《医门法律·大气论》）。喻嘉言所谓的"大气"特指胸中大气，其特征无名无状，无道路无分布，即"必如太虚中，空洞溷穆，无可名象，包举地形；永莫厥中，始为大气"，并且其认为胸中大气与宗气是不同的，"或谓大气即宗气之别名，宗者尊也，主也，十二经脉，奉之为尊主也。讵知宗气与营、卫分三隧，既有隧之可言，即同六入地中之气，而非空洞无着之比矣"。即胸中大气无名无状，无道路无分布，而宗气则与大气不符。喻嘉言在《医门法律》中还列举张仲景《金匮要略》所论"胸痹心痛短气"等证，运用"胸中大气"理论来说明其治疗法则，正如"其治胸痹心痛诸方，率以薤白白酒为君，亦通阳之义也"，使得"胸中大气一转，其久病驳劣之气始散"。

而张锡纯在深研《黄帝内经》及前世诸多医家论述的基础上，提出大气即为宗气，张锡纯指出："大气积于胸中，为后天全身之桢干，《黄帝内经》所谓宗气者也。"其认为"大气者，原以元气为根本，以水谷为养料，以胸中之地为宅窟也"，即胸中大气以人体先天之气为基础，以后天脾胃吸收的水谷精微之气为补充，在胸中与肺吸入自然界的清气相结合而成。张氏之所以如此认为，在他的代表著作《医学衷中参西录》中的大气诠篇给出了解释，他认为《素问·平人气象论》所云"胃之大络，名曰虚里，贯膈络肺，出于左乳下，其动应衣，脉宗气也"，既点明了大气即为宗气的原因，又明确指出了大气的重要作用，其云："虚里之络，即胃输水谷之气于胸中，以养大气之道路。而贯膈络肺之余，又出于左乳下为动脉。是此动脉，当为大气

133

之余波，而曰宗气者，是宗气即大气，为其为生命之宗主，故又尊之曰宗气。其络所以名为虚里者，因其贯膈络肺游行于胸中空虚之处也。"意即大气统摄全身气血，维持心脉搏动，是生命活动的根本。又因"大气者，充满胸中，以司呼吸之气也"故若出现胸中大气下陷之证，则无力鼓动肺脏开合，致使呼吸顿停，心脉搏动停止，有可能出现《灵枢·五色》所云"人无病卒死"之证。张氏深感大气下陷之证被当时的医生所不识，出现误治，因此自制升陷汤一方，载于《医学衷中参西录》中。全方由生黄芪、知母、桔梗、柴胡、升麻组成。在临床实践中，还常根据兼症之不同而有所加减、化裁后引申出回阳升陷汤、理郁升陷汤等。在治法上多采用补虚敛气、培元固脱、温补回阳、解郁活血、滋阴清胃等。书中所载数则医案论治精详，其中所载一病案云：开原史姓女子，在奉天女子师范学校读书，陡然腹中作疼，呻吟不止。其脉沉而微弱。疑系气血凝滞，少投以理气之品，其疼益剧，且觉下坠，呼吸短气。恍司其腹中疼痛原系大气下陷，误理其气则下陷益甚，故中剧也。急投以升陷汤，一剂即愈。该病案疗效明确，是为运用大气论指导临床实践的明证。

（三）论《黄帝内经》中神的概念

神，是《黄帝内经》理论的重要内容，被称为人体精、气、神"三宝"之一，并且体现于《黄帝内经》有关脏象、病机、病证、诊断、治疗、预后等各种学说之中，研究神的理论及其临床意义，具有极为重要的价值。《黄帝内经》中"神"的含义是很广的，有广义和狭义之分，下面分别论述之。

1. 广义之神

《黄帝内经》中广义之神包含了神为天地之主宰，代表了自然界运动变化及其内在规律，同时也是人体及动物生命力及生命活动的表现，这部分内容与中国古代哲学相关认识一脉相承。

（1）神为天地万物之主宰：《说文解字》曰："神，天神引出万物者也。"徐灏注"天地生万物，物有主之者曰神"，即天地万物的主宰。《广雅疏证》曰："郑注《礼运》云：神者，引物而出。"《风俗通》引《传》曰："神者，申也，申亦引也，神、申、引声并相近。故神或读为引。"又云："神者，卷一云；神，引也。《尔雅》：引，陈也。神、陈、引古声亦相近。"可见，神具有申、引、陈之义，意为造就万物之主，产生万物之源，也就成为天地万物之主宰。随着人们认识水平的提高，逐渐把"神"看成是天地万物运动变化的内在规律，正如《中国大百科全书·哲学》云："神，最初指主宰自然界和人类社会变化的天神，后来经过《易传》和历代易学家、哲学家的解释，到张载和王夫之，演变为用来说明物质世界运动变化的范畴。"从神含义的演变过程看，无论是天神，还是天地万物的主宰，或是运动变化的内在规律，都没有脱离主宰之义。《黄帝内经》并不承认神造就了人身，但却认为人体的主宰是神，如《灵枢·天年》云："失神者死，得神者生。"举凡诊法、治疗、养生等，无一不以神为首位。《黄帝内经》更把神与人身之主、人身之本、君主之官等紧密结合起来，如心为君主之官而主神明。又如五脏为人身之本而均藏神，故有"五神脏"之称，进而建立了以五脏为中心的脏象系统。

（2）神代表自然界运动变化及其规律：有人从"神"字演变出发认为，神，从示申。申，电也。电，变化莫测，故称之为神，正如《易系·辞上》"阴阳不测谓之神"。神之"示"旁亦为周时所加。电字周以前无"雨"旁。人们先见电之天象，然后感悟到它有支配天地万物的作用，把它作为自己膜拜的对象，而加示为神。可见，神的一个基本含义就是指自然界的一些现象及其产生的原因，即自然界运动变化及其规律。《黄帝内经》继承了神的这一基本含义，如《素问·阴阳应象大论》说："阴阳者，天地之道也，万物之纲纪，变化之父母，生杀之本始，神明之府也。"《素问·气交变大论》云："天地之动静，神明为之纪，阴阳之往复，寒暑彰其兆。"其"神明"即指自然界现象与自然界变化的原因。

（3）神代表人体及动物之生命力及生命活动的现象：人体及动物之所以有生命，全在于内在神机，即生命力。《素问·五常政大论》："根于中者，命曰神机，神去则机息。"机，《庄子·至乐》："万物皆出于机，皆入于机。"成玄英疏："机者，发动，所谓造化也。"神机，即说明神乃万物生命过程的内部主宰，乃造化之机，故《素问·玉机真脏论》说："天下至数，五色脉变，揆度奇恒，道在于一，神转不回，回则不转，乃失其机。"若神机丧失，则无论如何高超的治疗技术也无法挽救生命。故《素问·汤液醪醴论》云："形弊血尽而功不立者何？岐伯曰：神不使也。"张介宾注云："凡治病之道，攻邪在乎针药，行药在乎神气，故治施于外，则神应于中，使之升则升，使之降则降，是其神之可使也。若以药剂治其内而脏气不应，针艾治其外而经气不应，此其神气已去，而无可使矣。虽竭力治之，终成虚废已尔，是即所谓不使也。"神还泛指人体外在的生命活动现象，举凡人之目、形、色、脉、语言、动作等，均有"得神"与"失神"之别。

浙江中医临床名家·徐志瑛

2. 狭义的神

《黄帝内经》中的狭义之神尤指人的心理活动，以现代心理学来看，《黄帝内经》中神的概念包括了感知觉、记忆、思维与想象等认知过程，也包括情感过程，还包括个性心理特征等内容。不仅继承了中国古代哲学的认识，而且又有所发挥。其内容主要有以下几方面。①感知觉、记忆、思维与想象。这些属人的认识过程，也是人最基本的心理活动。如《灵枢·本神》云："所以任物者谓之心，心有所忆，谓之意，意之所存谓之志，因志而存变谓之思，因思而远慕谓之虑，因虑而处物禀报之智。"②意志过程。它是自觉地确定目的并根据目的来支配和调节自己的行动，克服困难，从而实现预期目的的心理活动过程。③情感，《黄帝内经》神的含义之一指情感，即七情——喜、怒、忧、思、悲、恐、惊。情感，是人对客观事物态度的体验，是人的需要和客观事物之间关系的反映，其中往往是以是否满足人的需要为中介。

（1）睡眠：睡眠本属于人的生理过程，不在心理活动范畴之列，故现代心理学并不单独讨论睡眠问题，但中医学则十分重视睡眠，把失眠、嗜睡、多梦等列入神志疾病范畴，认为睡眠由神所主，神静魂藏，则安眠。故《黄帝内经》认为睡眠也是人的神志活动的表现之一。

（2）人格体质：人格，是《黄帝内经》中神的含义之一，也是现代心理学研究的重要内容，它主要表现为个人在对人、对己、对事、对物等各方面适应时所形成的态度、趋向和所显示的独特个性。体质，属于生理和病理学范畴，主要指遗传禀赋、生理素质等多方面的个体差异，不过中医学的"体质"含义，也有认为当包括心理素质者。

此外，《黄帝内经》中神还有一些其他含义：①可指代某些脏腑及气血的功能，如《素问·调经论》云："神有余则笑不休，神不足则悲。"其中的"神"指的是心；《灵枢·九针十二原》云："所言节者，神气之所游行出入也。"指的是经气。②指鬼神。《黄帝内经》虽也数次提及鬼神，如《素问·五脏别论》云："拘于鬼神者，不可与言至德。"《灵枢·贼风》云："其所从来者微，视之不见，听而不闻，故似鬼神者。"但往往均不是用一个"神"字代表，而是"神"前加"鬼"字而成。可见，《黄帝内经》提及鬼神的概念，也是为了批评这一当时社会上存在的观念而已。

五、论脉证

脉诊是中医诊疗特色之一，是千百年来中医临床诊断疾病的重要手段和依据之一；"三个指头、一个枕头"是昔日人们对中医师擅常脉诊的描述。

"脉为医之关键，医不察脉，则无以别证，证不别，则无以措治"（徐春甫《古今医统大全·脉诀辨妄》）。由此可以深感脉诊在中医诊治中的重要性。然而，中医脉诊的现状，正如陈自清先生所言：由于受西化思维的影响，现实中一些中医西化，忽视甚至遗弃了中医四诊，反而借助西医诊断技术来处方用药，能够诊脉述症的更是凤毛麟角。造成中医在公众中的地位和信誉下降，很多患者从中医科走出来时会抱怨，"这是什么中医，连脉都不会把！"

扪心自问，作为一个中医师，不能继承中医特色，不能掌握中医脉诊这一基本技能，而是问病处方，看化验报告处方，何以称之为中医师。孙思邈曰："夫脉者，医之大业也，既不能深究其道，何以为医者哉！"徐春甫言："医惟明脉，则诚良医。诊候不明，则为庸妄，脉其可以弗辨乎哉！"是的，不能诊脉述证，怎么能做到四诊合参，又怎么能保证方药对证，疗效确切呢？这样西化的中医师，丢掉了中医的传统特色优势，怎么不令患者抱怨，怎么不令公众对中医师失去信任，怎么不令中医出现服务阵地逐渐萎缩等尴尬局面？

（一）据脉断证是可求的

中医切脉，历史悠久，理论丰富。正如陈先生所言："《黄帝内经·素问》中专门论脉就有《脉要精微论》《三部九候论》《玉机真要脉论》等六篇章，《难经》论脉者四分之一多，确立寸口脉法，并为后世所宗。医圣张仲景更将脉诊置于首要位置，每卷皆名'辨某某病脉证并治'……第一部脉学专著《脉经》提出辨脉治病、脉证兼施临诊方法，使脉诊易于掌握，广为流传。"嗣后，历代名医对脉诊各有发明，脉学专著渐次增多。其中李时诊所著《濒湖脉言》，集历代脉论精华，以七言韵诗表述，文畅意明，易读好记，颇为实用。

现在通行的二十八脉，虽然复杂，但只要从位、速、形、势、律这五个方面去理解各种脉象，就能够辨认特征，切而验之。脉学的原理，古人有言："脉者，血气之神，邪正之鉴也。有诸中，必形诸外。故血气盛者，脉必盛；血气衰者，脉必衰；无病者，脉必正；有病者，脉必乖。"上海名医费兆馥说："从现代生理学研究，脉诊是一项灵敏的、综合性的生理信息，引起国内外学者的关注和兴趣，已成为当前无创伤性检测方法的开拓项目。"当代脉学专家寿小云教授发表的《脉诊钩玄》云："脉象生理研究认为：支配血管舒缩的血管运动神经纤维主要是交感神经，在神经的支配下，增滑肌的舒缩活动可使血管内径发生明显变化，以致改变了寸口脉的形态，血流阻力，乃至组织的血流量，形成28种病脉脉象形态的基础特征。……这种脏腑通过自主神经对寸口脉血管壁特定部位产生舒缩影响，并通过神经－体液调节使脉管特定部位出现形态学变化的形式，为传统中医'寸口脉独特为五脏主'理论提供了支持。"

上述脉学源流、脉学原理说明，脉象是经过历代医家检验客观存在的，脉象是被现代试验所证实的，脉象是具有可操作性的。因此，现在研制出了一些脉诊仪器。由此可见，据脉断症不是偶然，而是必然可求的。

（二）掌握脉证的方法

"脉理精微，其体难证……在心易了，指下难明"（王叔和《脉经·序》）。这虽然说明诊脉之难在于指下脉体难辨，但是历代医家均能做到切脉诊察疾病，辨别病证。当代也有经验丰富的名老中医、纯正中医亦能据脉断证，令人叹服不已！这说明脉诊是可以通过学习而能掌握的。那么，如何学习脉诊，精通脉诊，从而完全达到据脉断症的佳境呢？

首先，应做到多多熟读脉学，先求心明了。"不读王叔和，临证出差错"，这句话提示中医人必须学习脉学理论，接受前人总结的经验，清楚脉学的道理；熟读脉学的关键在于心中详求诸脉之特点，如浮为表脉，轻手可得；芤似着葱等。只有心中明了，才能指下亦明。

其次，应做到平时多练习。熟而能生巧，脉诊技能要多实践。因此，一是要持脉有道，虚静凝神。正如吕郁哉所言："诊脉的态度应和蔼严肃，聚精会神，专心致志，把一切专注于患者身上，耳不旁听，目不旁视，详察脉象，辨析真伪。"二是要掌握平脉，知常达变。《黄帝内经》《伤寒论》都很重视平人的四时脉象，初学脉诊者可多为自己的同学、挚友、亲属诊脉，细心体验，以求有所得。三是要"五字"入手，辨认特征。切脉手指触觉中，要注意鉴别位、速、形、势、律这五个方面，即掌握脉动部位的深浅、速度的快慢、显现的形状、有力与否和节律是否均匀一致等。如此反复揣摩，加深印象。四是要抓住纲领，率先掌握。浮、沉、迟、数、虚、实六脉，临床常见，指下也容易辨认，且能反映表里、寒热、虚实的病机，先从指下辨清六脉，再从六脉中细辨其他脉，这样提纲挈领，执简驭繁，方能事半功倍。五是要做到跟师多多请教，领悟其中之妙。老师临床多年，通过成千上万次临诊，对常见脉象辨认确切，我们应当细心观察老师的诊脉技巧，认真学习老师所言，从中领悟其脉学之奥妙，这是学习脉诊的快捷途径。

综上所述，脉象不是难于捉摸的，只要我们用心去学，刻苦磨练，持之以恒，循序渐进，就能和历代医家、当代名医们一样，掌握脉诊技能，成为诊脉高手。因此，较为精准地据脉断症是应当苛求达到，也完全可以达到。

（二）知病脉必先识常脉

脉诊是一种技艺，《难经·六十一难》云："望而知之谓之神，闻而知之为之至，问而知之谓之工，切而知之谓之巧。"《素问》谓："善为脉者，必以比类奇恒，从容知之。"然而，《脉经·序》曰："脉理精微，其体难辨，弦紧浮芤，展转相类，在心易了，指下难明。""即欲知脉病，必先识常脉，以常衡变，以变识病，初学之时常含混不清。"徐灵胎曾说："微茫指下最难知，各绪寻来悟治丝。"他说脉诊和治丝差不多，必得其头绪方能有条不紊。

脉为血府，贯通周身，五脏六腑的气血都要通过血脉周流全身，当机体受到内外因素刺激时，必然影响到气血的周流，随之脉搏发生变化，医者可以通过脉位的深浅，脉搏的快慢、强弱（有力无力）、节律，脉的形态（大小）及血流的流利度等不同表现，而测知脏腑、气血的盛衰和邪正消长的情况，以及疾病的表里、虚实、寒热。如病变在肌表时呈现浮脉；病变在脏腑时，呈现沉脉；阴证病候时阳气不足，血行缓慢，呈现迟脉；阳证病候时血流加快，呈现数脉等。

健康人的脉象称为正常脉象，一般是不浮不沉，不大不小，不强不弱，不快不慢，均匀和缓，节律整齐，又称为平脉或缓脉。平脉至数清楚，一息（即一呼一吸）之间4～5次，相当于72～80次，节律、强弱一致。脉象受体内外因素的影响而发生生理的或暂时的变化，也属正常。如年龄越小，脉跳越快，婴儿脉急数，每分钟120～140次；五六岁儿童常为一息六至，每分钟90～140次；青壮年体强，脉多有力；年老人体弱，脉来较弱；成年人女性较成年男性脉细弱；瘦人脉较浮，胖人脉多沉；重体力劳动，剧烈运动，长途步行，饮酒饱餐，情绪激动，脉多快而有力，饥饿时则脉较弱。中医脉学专著中主要记载的脉象有28种，然而根据脉位、脉率、脉力、脉形、脉流的流利度及节律等划分的脉象往往是混合构成，有些病脉是两个以上单一脉复合组成的脉。例如，感冒之脉见浮数（风热感冒）、浮紧（风寒感冒）、沉迟（阳虚感冒）、脉细数（阴虚感冒）。临证见细脉为诸虚，也见湿阴之候；滑脉者为妊娠之脉，也见痰饮诸候、食内停之证。

（四）脉、苔、证的取与舍

脉诊是中医辨证的一个重要依据，但在临诊中也有脉证不符的特殊情况，如阳证反见阴脉，阴证反见阳脉。同时一种脉象可见多种病证，一种病证又可以出现多种脉象。这些只有通过四诊合参才能够辨别清楚。需要患者和医师相互配合，才能达到最佳治疗效果。现举例如下。

1. 一般情况

$$顺证\begin{cases}高热\\脉数\\苔黄\end{cases}三者一致，病证、脉、苔相符，证易辨，疗效好$$

2. 特殊情况

$$逆证\begin{cases}发热\\脉促\\苔白\end{cases}三者不一致，病证、脉、苔相反，证难辨，疗效差$$

3. 重证轻脉

（1）胃脘胀痛：痛连两胁，嗳气频频，或呕吐酸水，苔薄白，脉弦缓（应弦）。

病机：肝郁气滞。

治法：疏肝理气。

方药：柴胡舒肝散主之。

（2）胃痛绵绵：泛吐清水，喜热喜按，得食则舒，痛减，舌质淡白，苔薄白，脉弦滑（应迟缓）。

病机：胃气虚寒。

治法：温中散寒，补中益气。

方药：黄芪建中汤。

以上两病例说明，在辨证中，症状与舌苔相符，但脉象与症状不相符合。因此，对两病例的辨证施治，应该重证轻脉。

4. 舍脉从证

（1）面目俱赤，神昏谵语，发热口渴，多汗，腹痛拒按，大便秘结，小便黄赤，舌质红苔焦黄干燥起芒刺，脉沉细（应滑数）。

病机：邪入心包，热结阳明。

治法：清热开窍，通腑泄热。

方药：首先选用安宫牛黄丸，清营汤合承气汤加减。

说明：从症状和舌苔辨证来说，属热属实，但从脉来说，属虚属寒。治用温补，因此这时的辨证，只有舍脉从证治之。

（2）产后三天，精神疲倦，低热口渴，自汗怕风，舌质淡红，脉数疾（脉应虚弱）。

病机：气血两虚，营卫失和。

治法：益气养血，调和营卫。

方药：加味当归补血汤，或桂枝汤加减。

说明：从症状和舌苔辨证来说，属于虚证治疗，当用调补，但从脉象来说，属有热证范围，因此，只有舍脉从证治之。

5. 重证轻苔

（1）五更泄泻：腹痛腹鸣，重则腰痛脱肛，苔厚腻，脉沉细（苔应淡白或薄腻）。

病机：脾肾阳虚。

治法：温补脾肾。

方药：四神丸。

（2）腹痛泄泻：泻后痛解，甚则胁痛，嗳气，食少，面色萎黄，舌质淡白边有齿印，脉弦而重按无力。

病机：肝郁脾虚。

治法：培土抑木。

方药：痛泻要方加减。

以上两病例说明，在辨证中症状上与脉象相符合，但舌苔上与症状不符合，因此，对这两病例应该重证轻苔。

6. 舍苔从证

（1）阑尾炎例：少腹疼痛1天，拒按发热，口渴，大便秘结，小便黄赤，舌质淡苔淡白，脉滑数（苔应黄质宜红）。

病机：瘀热内蕴。

治法：清热化瘀，泻热通腑。

方药：大黄牡丹皮汤加减。

说明：从脉证来讲，病为瘀热内结郁久成痈，治当清热化瘀，但从舌苔来说，则为热在卫气，治疗当从清气分之热，因此辨证中当舍苔从证治疗。

（2）出血热：面红目赤，发热39℃，口渴鼻衄，皮肤出血，咳血，大便隐血，舌质淡红苔薄白，脉浮数（舌质应红，苔黄）。

病机：卫邪未解，热入血分。

治法：清热解毒，凉血散血。

方药：解毒泻心汤，或清瘟败毒饮加减。

说明：从脉证来说，病为热邪由卫入血，当清热解毒、凉血，但舌苔薄白，是为病邪尚在卫分，宜清热解表，与证相反，故当舍苔从证治之。

7. 重苔轻证

（1）发热口渴，心烦躁动，神昏谵语，舌质淡红苔浊腻而白，脉滑数。

病机：痰热蒙闭心包。

治法：清热涤痰，开窍。

方药：至宝丹，或紫雪丹，三金汤加减。

（2）发热口渴，心烦躁动，神昏谵语，舌质红绛，苔焦黄起芒刺，脉滑数。

病机：热入心包，邪结阳明。

治法：清热通腑，开窍。

方药：清营汤加减，或牛黄承气汤，安宫牛黄丸加减。

以上两个病例说明，症状相同，但舌苔不同，因此，病机、治法、选方均不相同，故此病的舌苔比症状重要，不可忽视。

8. 舍证从苔

（1）慢性肾炎：面白颧红，腰背酸痛，面浮跗肿，心烦口干，时有盗汗，舌质淡有齿印，苔薄白，脉细数。

病机：肾阳虚不能化气利水。

治法：温肾化气利水。

方药：济生肾气丸加减。

说明：本病从证来辨应为肾阴虚的症状，但舌苔为肾阳虚的现象，在治疗上以滋阴补肾不能利水消肿，温阳化气能利水，故当舍证从苔论治。

（2）形体消瘦，面黄无力，胃脘疼痛，喜热喜按，舌红光绛无苔，左边有紫斑，脉濡弱。

病机：胃阴不足，瘀血内阻。

治法：养胃滋阴，佐以活血。

方药：沙参麦冬汤合失笑散加减。

说明：本病从证而辨为胃气虚寒，从舌质舌苔来辨为胃阴不足，瘀血内蕴，故辨证时当舍证从苔舌而论治。

9. 重脉轻证

（1）面红目赤，发热心烦，口渴欲饮，多汗，舌质红苔薄而黄，脉洪数重按无力。

病机：气分热盛。

治法：清气分热。

方药：白虎汤加减。

（2）面红目赤，发热心烦，口渴欲饮，多汗，舌质红苔薄黄，脉虚数重按无力。

病机：气分热盛，正气已虚。

治法：补气清热。

方药：人参白虎汤加减。

以上两病症状相同，但脉象不同，一虚一实，用药必有区别，不可一概清热，故辨证时应重脉象的有力无力，故当重脉轻证治之。

10. 舍证从脉

（1）肝性脑病：面黄，鼻衄，便黑，发热，心烦，口渴，舌红苔焦黄，脉细微或无脉。

病机：热邪深入，气阴两脱。

治法：当先补气救阴。

方药：生脉散加减。

（2）急性胃炎：上吐下泻，腹痛肠鸣，舌质淡苔白，脉细如丝，或无脉。

病机：阳气虚脱。

治法：急救回阳。

方药：四逆汤加减。

以上两例说明，从症状辨证尚不至于危险，从脉象来说，均属虚脱的范围，所以，不能单以症状辨证为依据。若当以脉象细欲脱或无脉，故即舍证从脉抢救。

六、试述脏腑辨证

脏腑辨证，是根据脏腑的生理功能、病理表现，对疾病证候进行归纳，以推究病机，判断病变的部位、性质、正邪盛衰情况的一种辨证方法，是临床各科的基础，为辨证体系中重要的组成部分。脏腑的病变复杂，证候多种多样，以下将徐志瑛教授经验总结归纳。

（一）心脏病的辨证施治

心脏病变时所出现的证应包括：心痛、胸痹、心悸、怔忡、失眠，甚至可形成水肿、喘证、积聚、饮证，最后可出现亡阴、亡阳的变证。

1. 病因与机制

（1）三大实证（实中有虚）

1）痰：长期的饮食不节，伤及脾气，运化失职，聚液成湿，致成无形之痰，内蕴于脉中，阻遏心阳无力推动血行，气滞血瘀，浊与瘀互结，沉积于脉中，血脉不通，阳气阻于胸中不能伸展，不通则痛；或无力鼓动脉律；而成结代；神不能守舍而易失眠。

2）火：可分为实火和虚火。

$$\left\{\begin{array}{l}\text{实火}\left\{\begin{array}{l}\text{由于七情所伤，郁而化热，热极生火——内火炽盛}\\\text{外邪犯于肌腠，郁而化热，热极生火，火热犯心——灼伤心阴}\end{array}\right.\\\text{虚火——伤及心阴，心火偏亢，扰乱心神，血滞脉络}\end{array}\right.$$

3）瘀：由于各种病因，均可造成心阳不足，阳气无力推动脉中之血，气滞血瘀，也就是"久病心瘀"，反又发生瘀阻心阳，互为因果。

（2）四大虚证：当心阳亏损必伤心阴，阴和阳必定互不能制约，故互为因果，互相影响，互相传变。

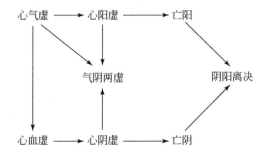

2. 辨证

（1）辨痰：痰可分无形和有形，窜走在脉中之痰属无形之痰。古人云："痰生百病""痰生怪病"。痰的产生是由于体内阳气虚弱，在心血管的病变中当然应该为心阳首先不足，心阳不足则无力推动血的运行，血易凝滞；再心阳不足难以生成脾土，脾气亦虚，脾虚则运化失职，聚精、津、液不化，郁而化热，灼而炼液成痰（现代医学称之为脂），痰瘀互结。气血阻塞而发生一系列的变证，如胸闷、胸痛、真心痛、心悸、怔忡、气迫、心慌；或有头晕、乏力、失眠、体肥、多痰等。此类病者往往舌质红或紫泛，苔白厚，或厚腻，或黄腻，或厚腻而燥；脉弦滑，或滑数，或结代，或迟缓等。类似于现代医学的冠状动脉粥样硬化性心脏病、代谢综合征等。

（2）辨火：有五志中化火，心脏的阳偏盛，属内火；另有外邪所引起的郁火，直入心脉，使心脉络受损，此两者都可以影响气血运行，产生气滞血瘀，无力振奋脉率，而出现各种症状，如胸闷、心悸、怔忡、心慌、胸痛；在病的早期可伴有发热、口渴、心烦、目赤、口舌生疮、面黄颧红、潮热出汗或五心烦热，失眠、便秘、尿黄热等。随着病情的发展各种症状加重，血瘀更明显，面色萎而带黑，甚至晦暗；舌质从红变紫泛、变紫、变绛；苔薄白，或薄黄，或黄而少津等；脉滑数，或细数，或弦数，这与病机十九条"诸痛痒疮，皆属于心"是一致的，与现代医学中风湿性心脏病、病毒性心肌炎、细菌性心肌炎等相似。

（3）辨瘀：瘀是本病的发展和加重。"久病必瘀"是古人早就提出的，特别是心血管疾病，首先就影响到血的凝滞，由于血滞、血瘀的加重，其症状也随之加重，胸痛明显，甚则刺痛，固定不移，或如绞痛，面色晦暗，或颧部紫暗，唇绀指青，面浮目赤，气喘难卧，动则上梯明显，面浮跗肿，便干尿少；舌质紫绛，或如猪肝，苔或厚腻，或光绛，或如镜面。脉结代，或细数弦滑，或细欲绝，或沉促，或涩迟沉细等。此时是心脏病变后，开始从心阳不足、心阴同虚，向脾、肺、肝、肾传变，由相互不能资生，不能制约所致。脾运失职、水聚液停，泛溢四肢，日久涉肾，肾阳虚亏，上不能温煦脾阳，加重水聚，可发生水凌心气；藏精困难，不能涵木，肝血亏少，肝肾失调，输转泻泄受阻，肝阳必上亢，髓海不足，神不守舍，故出现失眠、烦躁、神志不清、循衣摸床、抽搐、惊厥等症；心肺同居膈上，心阳不足，首先犯及肺气，加之脾肾失调，更加难以上荫于肺，肺阴也亏，故出现咳喘、不能平卧的喘脱之证。最后在五脏失去协调的情况下，郁火可移及六腑，出现大便秘结的阳明腑实证，肾气化不利而发生癃闭之证。就是患者此时五脏衰极，类似于现代医学中所指的多脏器损伤、急性肾衰竭、心力衰竭等。

（4）辨虚：主要辨血虚、气虚、阴阳虚弱和阴阳离决几个方面。气虚和血虚是相对的，往往要达到权衡规矩，不论哪一方出现亏虚，气血、阴阳均无法依附，产生偏盛、偏虚而发为病证。正如《素问·阴阳应象大论》所指出的"阴胜则阳病，阳胜则阴病，阳胜则热，阴胜则热寒""阳虚则外寒，阴虚则内热"。这就是阴和阳转化的病理现象。因为心主血脉，濡养全身，气血一旦失衡，都会出现如上的病证。

气虚（阳虚）——心脏的阳气偏衰，即是心脏的气虚和阳虚，虽有心气虚和心阳虚之分，但两者有许多共同之处，常合并论述，多数由慢性疾病的持续耗损，逐步发展而成。常见精神萎靡，胸闷而悸，肢冷背寒，面色㿠白，或面萎黄，少气懒言，口不渴或热饮，容易疲劳，动则气短，四肢无力，或易汗出，便溏尿清，舌质肿嫩，边有齿印，苔白，脉细弱，或迟缓，或细沉等。

血虚（阴虚）——心脏的血液生成不足，或濡养功能减退的病理状态。往往在失血过多时无法新生，使心脉空虚，或受他脏影响，或影响他脏，阴血同源，所以，临床上在长期患病的患者中常常可致营血暗耗，而致血虚。常见面色不华，唇与爪甲色淡无华，头晕目眩，心悸怔忡，神疲乏力，形体消瘦，心虚胆怯，或手足麻木，关节伸屈不利，或两眼干涩，视物昏花，或有低热，潮热盗汗，便秘尿赤，舌质淡白胖嫩，或红绛老干，苔薄黄，脉细数，或滑数，或重按无力等。

气阴两虚（阴阳两虚）——这一点应该了解气和阴，或阴和阳同时存在虚弱，但临床上无绝对的，只是相对的阴虚和阳虚，特别当心脏出现病理上改变时往往同时存在，或先气虚及阴，或先阳虚而阴无所依附，这就是在上述的气虚或阳虚的基础上出现气机的转化。

阴阳离决——是机体的阴液或阳气突然出现大量亡失，导致生命垂危的一种病理状态。先在亡阴或亡阳的前提下，促使阴阳相互不能消长，不能互根互用，不能相互转化；这里也表明心脏病变同时早就影响其他脏腑的资生和制约的关系。

浙江中医临床名家·徐志瑛

3. 证治分类

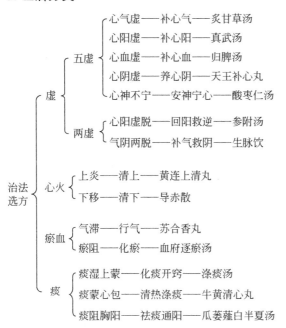

心气虚——补心气——炙甘草汤
心阳虚——补心阳——真武汤
五虚 心血虚——补心血——归脾汤
心阴虚——养心阴——天王补心丸
心神不宁——安神宁心——酸枣仁汤

虚
两虚 心阳虚脱——回阳救逆——参附汤
气阴两脱——补气救阴——生脉饮

治法
选方
心火 上炎——清上——黄连上清丸
下移——清下——导赤散

瘀血 气滞——行气——苏合香丸
瘀阻——化瘀——血府逐瘀汤

痰 痰湿上蒙——化痰开窍——涤痰汤
痰蒙心包——清热涤痰——牛黄清心丸
痰阻胸阳——祛痰通阳——瓜蒌薤白半夏汤

4. 用药常规

（1）补心气：人参、党参、黄芪、甘草、太子参。

（2）温心阳：桂枝、附子、干姜、肉桂、银杏叶、巴戟天。

（3）补心血：当归、熟地、白芍、阿胶、紫丹参、龙眼肉。

（4）养心阴：麦冬、生地、玉竹、黄精、五味子、石斛、淡竹叶、西洋参。

（5）回心阳：人参、附子、龙骨、牡蛎、肉桂。

（6）救心阴：人参、西洋参、麦冬、五味子、石斛。

（7）安心补神：茯苓、酸枣仁、首乌藤、炙远志、柏子仁、五味子、琥珀、合欢花（皮）、灵芝草、紫贝齿。

（8）镇心神：朱砂、琥珀、磁石、牡蛎、龙骨、珍珠、珍珠母、紫贝齿。

（9）泻心火：黄连、山栀、淡竹叶、莲子心、连翘心、生地、胡黄连。

（10）开心窍：广郁金、石菖蒲、远志、连翘心、牛黄、麝香、苏合香、犀角（代）。

（11）通心阳：桂枝、肉桂。

（12）祛痰、温化：胆南星、竹沥、半夏、陈皮。

（13）宽胸：瓜蒌、薤白、半夏、白酒。

（14）清化：贝母、竹沥、礞石、密蒙花。

（15）理心气：薤白、郁金、荜茇、降香、檀香、沉香。

（16）化心血、活血：紫丹参、当归、赤芍、白芍、川芎、五灵脂。

（17）破血：桃仁、红花、参三七、地鳖虫、三棱、王不留行。

（18）结代脉：重用人参（党参）、苦参、炙甘草。

（19）降血脂：决明子、苦丁茶、绞股蓝、泽泻、皂角、山楂、荷叶。

（二）肝脏病辨证论治

肝脏病变出现的症状有：头痛、头晕、胁痛、情绪抑郁不舒、四肢麻木、口干口苦，甚则出现出血、昏厥。

1. 病因和病理

肝喜条达而恶抑郁，郁而易化火，生风，故以实证、热证居多，可分为实证和虚证两大类。实证有肝气郁结、肝火上炎、寒凝肝脉等；虚证有肝血不足、肝阴不足及虚实并见。

（1）虚证（虚实并见）

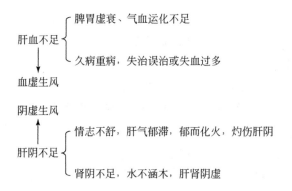

（2）实证

1）火

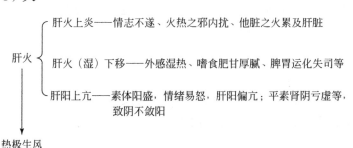

2）气滞血瘀

精神情志刺激，病邪侵袭或他脏及肝

↓

气滞血瘀——肝气郁结——肝血郁阻——瘀热成痛

3）寒

肝寒——寒凝肝脉——外邪侵袭，寒凝肝脉

2. 辨证

（1）辨风：肝体阴而用阳，气郁化火易伤及阴，肝津亏虚，肝血不足，阳亢易生风。"肝藏血，心行之，人动则血行于诸筋"（《素问·五脏生成》）。血虚，上不能注于目，旁不能濡其筋，下不充养冲任，重则可见虚风内动，其症可见皮肤干燥、肢体震颤、麻木、虚烦不寐、口干、舌红少苔等，辨证以肢体麻木等动风表现及血虚为要点；外感热病后期，阴液耗伤或是内伤久病，阴液亏虚，筋脉失养，阴不制阳，阴虚生风，辨证以眩晕、手足震颤、蠕动及阴虚证并见为主；热邪炙盛，热邪入里，深入厥阴，扰动肝筋，而生风动血，病情危急，其证可见身热壮盛，头晕胀痛，手足躁动，舌或黄燥，或紫绛，脉弦细而数。

（2）辨火：肝为刚脏，喜条达，临证火多以实为主。情志不遂，郁而化火，火热之邪内侵等，致使火热内扰于肝，失其条达疏泄之性，则胁肋疼痛，情绪易怒；循经上扰头目，气血上攻头目，则头痛眩晕，耳鸣，面红耳赤；热扰神魄，失其谋略之性，则见不寐等精神系统症状；热迫胆汁上溢，则口苦、呃逆反酸；火炼灼津液，则口渴、大便秘结等；危重则迫血妄行，可见吐血等。外感湿热、内伤饮食等，使湿热内蕴，肝失其疏泄，气机不畅，胁肋灼热疼痛；胆气上逆，胆汁不随肠道排出，则口苦、身目发黄；脾胃纳运失调，则纳呆、呕吐、大便溏结不调；湿热下注，男子睾丸肿痛，女子带下黄秽等；肝肾阴亏于下，肝阳亢于上，阴虚则见腰膝酸软等虚象；阳亢于上，血随气逆，热扰神魄等则见眩晕、耳鸣、头目胀痛等实象，其辨证要点在于上实与下虚并见。

（3）辨寒：寒邪具有凝结、收引等特性，寒邪侵袭，凝滞肝脉，气血凝滞，血脉不畅，经脉挛急，则少腹冷痛、痛甚牵引睾丸坠痛；阴盛则阳病，感受寒邪，最易伤及人体一身之阳，则见形寒肢冷，口唇皮肤青紫等。辨证以少腹、阴部、巅顶冷痛、脉沉紧等为要点。

（4）辨气滞血瘀：肝主疏泄，具有调畅气机、疏土助运、调畅情志的作

浙江中医临床名家·徐志瑛

用。肝失疏泄，气机不利，则胸胁、小腹胀满或窜动、情志抑郁，善太息；气血不和，损及冲任，则乳房胀痛、痛经、甚则闭经；气不行津，气郁化火，痰气搏结于咽喉、颈部等，可见梅核气、瘿瘤等；气不行血，血不行则滞而成瘀，可见面色黧黑、肌肤甲错、舌质青紫、脉弦涩等血瘀证；瘀血日久、化毒、化热，瘀热互结，血败肉腐而成痈。因此肝气郁结、肝血郁阻、瘀热成痈在病机变化上联系密切，临床辨证应掌握主次关系，审证求因。

3. 证治分类

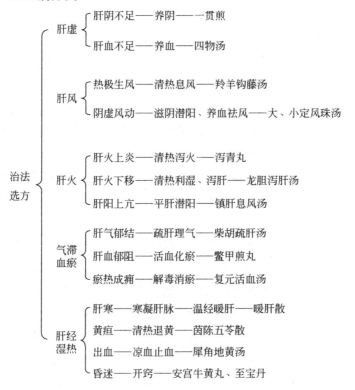

4. 用药常规

（1）补肝血：当归、白芍、何首乌、熟地、墨旱莲、阿胶。

（2）养肝阴：生地、枸杞子、女贞子、山萸肉、潼蒺梨、龟板、鳖甲。

（3）清肝热（虚热）：桑叶、菊花、柴胡、青蒿、茵柴胡。

（4）泻肝火：龙胆草、黄连、黄芩、山栀、黄柏。

（5）解肝毒：大青叶、板蓝根、黄芩、茵陈、银花、连翘、蒲公英、夏枯草、蚤休。

（6）凉肝血：犀角（代）、鲜生地、牡丹皮、赤芍、茅根、紫草、侧柏叶。

（7）降肝酶：五味子、虎杖根、茵陈、佛甲草、酢浆草、乌梅。

（8）退黄疸：茵陈、山栀、黄柏、大黄、车前、茯苓、虎杖根。

（9）消肝痈：柴胡、大黄、败酱草、穿山甲（代）、蒲公英、生米仁、冬瓜子、牡丹皮、花粉。

（10）舒肝气：柴胡、枳实、香附、郁金、川楝子、陈皮、金橘叶、延胡索、香橼皮。

（11）活肝血：当归、赤芍、丹参、川芎、五灵脂、蒲黄、郁金、石见穿。

（12）暖肝：吴茱萸、小茴香、荔枝核、木香、肉桂、淫羊藿、淡附子。

（13）软肝坚：鳖甲、桃仁、地鳖虫、红花、水蛭、山棱、莪术。

（14）息肝风：钩藤、羚羊角、天麻、玳瑁、全蝎、僵蚕、蜈蚣、蝉衣、地龙。

（15）柔肝：菊花、枸杞子、白蒺藜。

（16）潜阳：龟板、鳖甲、牡蛎、龙骨。

（17）镇肝：石决明、珍珠母、磁石、牡蛎。

（18）镇逆：代赭石、旋覆花、瓦楞子、沉香。

（19）平肝气：白芍、沉香、竹茹、半夏、陈皮。

（20）明肝目：决明子、菊花、谷精草、密蒙花、青葙子、木贼草。

（三）脾脏病的辨证论治

脾脏病主要症状为脘腹不适，恶心，呕吐，反酸，呃逆，嗳气，纳呆等症。

1. 病因和病理

脾为后天之本，为气血生化之源，主运化，运化水谷。饮食入胃，须得脾运化方能转化为水谷精微，并赖于脾的转输和散精，才能把水谷精微灌溉四旁、滋养四肢百骸。《素问·经脉别论》有云："饮入于胃，游溢精气，上输于脾，脾气散精，上归于肺。"即言明脾具有吸收运化水谷精微的功能；运化水液，将水液转输于肺肾，通过肺肾之气化，将多余部分排出体外，防止水液在体内不正常的滞留，而产生湿、痰、饮等病理产物。脾主升，既能将运化后的水谷精微吸收后上输于心、肺、头、目等，通过心肺的作用化生气血，以营养全身，又能维持人体内脏，使其维持一定的位置；脾能统血，统摄血液在经脉中流行，防治血溢脉外。脾病往往虚实互见，初期脾为外邪、饮食、情志所伤，脾胃虚弱，失于运化水谷精微及水液之能，由实转虚；久病，因脾胃病反复发作，脾胃受损，可产生痰、湿、饮等病理产物，虚实夹杂。因此脾脏的辨证有虚、实之别，

浙江中医临床名家·徐志瑛

虚证，主要有脾气虚弱、中气下陷、脾不统血、脾虚寒盛、脾虚水泛；实证，主要有寒湿、湿热、气滞、瘀血、虫积、食积等标实。但往往虚实互为因果，虚实夹杂而发病，故应辨证而治。

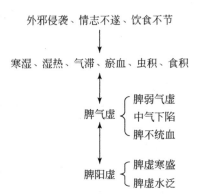

2. 辨证

（1）辨虚：脾虚属脏腑辨证中常见的证型，临床常见脾气虚和脾阳虚。脾气若伤于饮食、情志不遂，误用滥用药物后、素体虚弱大病后失于调养，脾胃虚弱，失于运化，不能充养机体，水湿不运，而走肠间，其症可见面色萎黄，少气懒言，腹胀，食后尤甚，四肢乏力，便溏，舌质淡，脉濡弱，其辨证要点在于食少、腹胀、便溏等脾胃虚弱症状与气虚症状共见。若久泻久痢、劳累太过等导致脾气不足，脾失升举之力，脏腑失于托举，清阳不升，头目失养，脾失健运，痰湿内生，其症见为脘腹坠胀作痛，食少便溏，气短乏力，倦怠懒言，面色无华，或肛门重坠，子宫下垂等症；若脾虚失于统摄之力，而血溢脉外，根据不同部位，有各自不同的表现。溢于胃肠，则吐血便血，溢于膀胱，则尿血；溢于肌肤，则皮下出血。其辨证要点为各种出血及气虚症状并见。脾阳虚可分为脾虚寒盛和脾虚水泛两型。若过食生冷，过用苦寒或外寒直中等，损及脾阳，失于温煦，虚寒内生，寒凝气机，运化失权，则可见面色苍白，畏寒肢冷，大便溏稀，腹痛喜温喜按，胃纳不佳，纳后苦于消化，舌淡苔白，脉沉等一派虚寒表现。阳虚日久，水湿代谢失调，失于运化，泛滥肌肤，则在脾胃阳虚症状的基础上见肢体浮肿等水湿泛滥之症。

（2）辨实：辨证主要辨寒湿、湿热、气滞、瘀血、虫积、食积。或因外邪，或因情志，或因饮食等，使寒湿、气滞等邪内盛，脾胃受损，而见诸症。寒湿困脾可见泄泻，稀薄如水，脘腹胀满不适，肢体酸痛，不思饮食，口淡，舌苔薄白，脉濡缓等；湿热蕴脾可见腹痛（即泻），泻下急迫，脘腹胀闷不舒，肛门灼热，口苦，口干不欲饮，纳少，舌苔黄腻，脉濡滑而数。气滞伤脾可见胸胁胀闷，心烦易怒，善太息，每因恼怒、紧张等情绪波动而导致腹痛泄泻，舌质淡，脉弦；瘀血内阻可见胃脘部疼痛，痛有定处，按之加重，入夜加剧，舌质紫暗，脉涩；食积伤脾，可见腹部疼痛拒按，呕吐不消化的食物，不思饮食，舌苔垢污，脉滑数。虫积伤脾可见身体消瘦，脐腹疼痛，面色萎黄，或有虫斑，或夜间磨牙等。

3. 证治分类

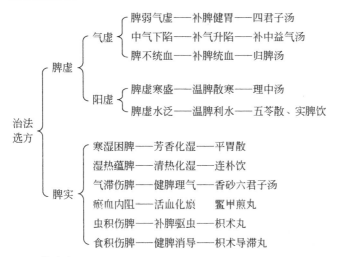

治法选方
├─ 脾虚
│ ├─ 气虚
│ │ ├─ 脾弱气虚——补脾健胃——四君子汤
│ │ ├─ 中气下陷——补气升陷——补中益气汤
│ │ └─ 脾不统血——补脾统血——归脾汤
│ └─ 阳虚
│   ├─ 脾虚寒盛——温脾散寒——理中汤
│   └─ 脾虚水泛——温脾利水——五苓散、实脾饮
└─ 脾实
   ├─ 寒湿困脾——芳香化湿——平胃散
   ├─ 湿热蕴脾——清热化湿——连朴饮
   ├─ 气滞伤脾——健脾理气——香砂六君子汤
   ├─ 瘀血内阻——活血化瘀   鳖甲煎丸
   ├─ 虫积伤脾——补脾驱虫——枳术丸
   └─ 食积伤脾——健脾消导——枳术导滞丸

4. 用药常规

（1）补脾：黄芪、党参、炙甘草、白术、白芍、大枣、龙眼。

（2）健脾：白术、茯苓、赤小豆、大枣、无花果。

（3）益胃：扁豆、莲肉、山药、生甘草。

（4）温脾阳：干姜、附子、桂枝、肉桂、砂仁、蔻仁、炮姜。

（5）化湿：厚朴、枳实、草果、槟榔——苦温；藿香、苍术、佩兰——芳香化湿。

（6）利湿：茯苓、泽泻、猪苓、薏苡仁、赤小豆、通草——淡渗利湿；车前子、滑石、茵陈、防己、木通——清热利湿。

（7）升提：升麻、柴胡、葛根、生枳壳、桔梗。

（8）活血化瘀：当归、丹参、红花、制乳没、失笑散、桃仁、三棱、莪术、地鳖虫、水蛭、鳖甲、柴胡、川芎、血竭。

（9）清热：茵陈、黄连、山栀、黄柏、黄芩。

（10）补血：当归、白芍、熟地、川芎、黄芪、阿胶。

（11）驱虫：使君子、槟榔、雷丸、榧子。

（12）消食：鸡内金、山楂、麦芽、谷芽、六神曲。

（13）理气：佛手片、砂仁、蔻仁、绿梅花、玳玳花、川朴花、娑婆子、玫瑰花、枳壳、陈皮。

（14）止痛：延胡索、青木香、白芍。

（15）止酸：乌贼骨、煅瓦楞子、煨刺猬皮、黄连、吴茱萸。

浙江中医临床名家·徐志瑛

（四）肺脏病的辨证论治

肺病的主要症状为咳嗽，喘促，咳痰，胸痛，恶寒发热，鼻塞流涕，严重者甚至可以影响到心脏，甚至出现喘脱、亡阴、亡阳之危重局面。

1. 病因病机

（1）三大实证

1）痰：痰是体内津不正化的产物，或因外感六淫，或因饮食不节，或因情志内伤等，肺失治节，不能敷布津液，脾失于运化，升清降浊失调，肾失蒸化，开合失职，水液不能循其正常代谢途径而成痰、湿、饮。

2）风："寒、暑、燥、湿、风、火六气，皆令人咳"（《河间六书·咳嗽论》）。因起居不调，或体虚，卫外不固，突逢不正之邪侵犯肺而使肺宣肃失调。"风为百病之长"，当以风为先导，风邪多夹杂他邪，或夹寒，或夹热，或夹湿。

3）热：可分为实热和虚热。

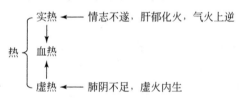

（2）三大虚证：肺系疾病往往反复发作，迁延难愈，往往从实转虚，病理性质以虚实并见为主。其虚证以气虚、阴虚、气虚不敛为主。

2. 辨证

（1）实证

1）辨风：肺居胸中，其位最高，对其他脏腑具有保护的作用，为"五脏六腑之华盖"。上连气道、喉咙，开窍于鼻，外合皮毛，不耐寒热。外感之邪，从口鼻或皮毛而入，侵袭肺系。因人体体质的差异，感受的外邪也有不同。伤于风寒者，以恶寒重，发热轻，肢节酸痛，鼻塞，流涕，咳吐稀薄白痰，舌苔薄白，脉浮为辨证要点；伤于风热者，以身热重，恶寒轻，咳嗽，咳痰，痰黄质稠，咽喉燥，咽红肿疼痛，流黄浊涕，舌苔黄，舌尖红，脉浮数为辨证要点；伤于风燥者，以干咳，咽喉干燥，唇鼻干燥，无痰或少痰，舌质红少苔，脉浮数为辨证要点；伤于风水者，以咳嗽，咳白色泡沫样痰，舌苔厚腻，脉濡为辨证要点。

2）辨痰：痰、湿、饮同为阴邪，但临床辨证及治法上却有差异。痰多稠厚，随气往来，无所不及；湿多缠绵黏腻，病程往往较长；饮多清稀，常停留于脏腑空腔内。根据人体体质的差异，痰在体内或从寒化，或从热化。寒痰者，症状为咳嗽，咳痰，痰色白，质黏腻或稠，舌苔白腻，脉濡滑；热痰者，咳痰，痰色或白，或黄，质黏稠，舌苔黄腻，脉滑数。痰热日久，气分热浸淫血分，蒸熬血分，血不行而成瘀，痰瘀互结而成脓，血败肉腐而成痈，其症见咳吐脓痰、腥臭异常，胸中烦满，舌质红，舌苔黄腻，脉滑数。

3）辨热：热有虚实之别。实热者，因情志失调，肝气郁滞，气郁化火，气火循经上扰，而发病，其症为上逆作咳，咳时面赤泪流，咽干口苦，喉中痰滞感，可随情绪而波动，舌质红，苔黄，脉或弦数，或弦细；因外感侵袭人体，邪入里郁而化热，宣降失常，其症状为喘促上逆，咳痰不爽，痰黄质稠，胸胀痛，呼吸粗，舌质红，苔黄，脉浮数。虚热者，肺系病，迁延难愈，往往肺阴不足，阴不制阳，虚热内扰，肺失润降，其症状为干咳，痰少质黏，或痰中带血丝，潮热盗汗，口干，舌质红，舌苔少，脉细数。

（2）虚证：主要辨气虚、阴虚。肺脏自病、他脏及肺，肺气虚，肺气耗损，呼吸功能减退，咳喘无力，气急，动则加剧，肺不布津，津积为痰，则见咳痰，痰质稀薄；肺卫不宣，肌表不固，自汗，易受外邪侵袭；痰热日久伤阴，邪去正衰，肺亏虚，肺失滋养，其症见干咳无痰，或痰少，舌红，苔少。

3. 证治分类

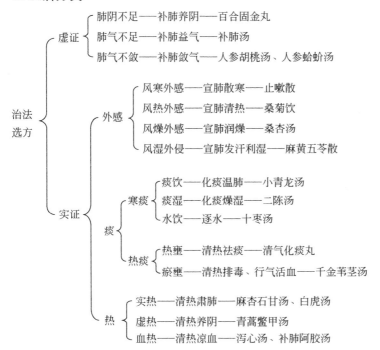

4. 用药常规

（1）补肺气：黄芪、党参（各类参）、甘草、冬虫夏草、黄精。

（2）养肺阴：麦冬、天冬、百合、沙参、百部、天花粉、生地、熟地、山海螺、鲜芦根、鲜石斛。

（3）清肺热：外感热，常用药物包括黄芩、银花、肺形草、云雾草、老鹳草、鱼腥草；内伤热，常用药包括地骨皮、桑白皮、知母、黄芩。

（4）宣肺气：杏仁、前胡、桔梗、白前。

（5）降肺气：苏子、白芥子、葶苈子、莱菔子、旋覆花、杏仁。

（6）止咳药：外感，常用药物包括杏仁、前胡、桑白皮、浙贝母、枇杷叶；久咳，常用药物包括冬花、百部、紫菀、冬花、川贝母、雪梨皮、化橘红。

（7）祛痰：半夏、海浮石、寒水石、天竺黄、莱菔子、浙贝母、枇杷叶、皂角。

（8）化痰：半夏、陈皮、橘红、浙贝母、川贝母、制胆星、茯苓。

（9）清热解毒：鱼腥草、野荞麦根、败酱草、银花、紫花地丁、蒲公英。

（10）排肺脓：薏苡仁、冬瓜仁、芦根、桔梗、红藤。

（11）敛肺气：五味子、诃子肉、五倍子、蛤蚧、罂粟壳、马兜铃、白果、白蔹。

（12）清虚热：鳖甲、银柴胡、地骨皮、青蒿、胡黄连、淡竹叶、白薇、玉竹、知母、黄柏、秦艽。

（13）泻心火：黄芩、黄连、淡竹叶、大黄、胡黄连。

（14）温肺：麻黄、桂枝、干姜、淫羊藿、补骨脂、仙茅、细辛。

（15）凉血止血：鲜生地、牡丹皮、赤芍、地榆、犀角、白及、仙鹤草、大小蓟、白茅根、墨旱莲、阿胶珠、参三七、茜草。

（16）通鼻窍：鹅不食草、辛夷、香白芷、苍耳子、细辛、川芎、蔓荆子、青葙子、鱼脑石、紫草。

（17）利咽喉：蝉衣、玉蝴蝶、地肤子、射干、野荞麦根、人中白、藏青果、罗汉果、马勃、牛黄。

（18）祛风：地肤子、紫背浮萍、白鲜皮、天虫。

（五）肾脏病的辨证论治

肾脏病常见症状为水肿、小便频数短涩，排尿困难，小便浑浊，阳事不举等，若病情进展，迁延不愈，甚至可发生喘脱、心悸的变证。

1. 病因病机

肾为先天之本，藏精，是脏腑阴阳之根本。肾阴肾阳两者相互为用，是维持脏腑功能活动的物质基础和动力，肾藏精功能不足，不仅使精关不固而遗精等，还可使命门火衰而致使生殖能力减退；肾主水液，与肺、脾共司人体水液代谢平衡，肾蒸腾功能失调，膀胱气化不利，则发为癃闭、水肿等。

$$
\left.\begin{array}{l}\text{劳伤、久病}\\\text{年高体弱}\\\text{房劳体弱}\end{array}\right\}\begin{array}{l}\text{肾阳虚——肾阳不足、肾虚水泛}\\\text{肾阴虚——肾阴不足、阴虚火旺}\\\text{肾气虚——肾气不固、肾不纳气}\end{array}\left\{\begin{array}{l}\text{风湿}\\\text{结石、水停下焦}\\\text{阴寒内盛}\end{array}\right.
$$

2. 辨证

（1）虚证：肾脏病以虚证为主，多以补益为主，辨虚当以阴、阳、气为主。

1）肾气不固：肾为水火之脏，藏真阴而寓真阳，即"肾者主水，受五脏六腑之精而藏之"（《素问·上古天真论》）。元阴元阳为人体生殖发育之本，宜秘藏、固密而能维持正常的功能。倘若年老体衰，精关不固，而发生滑精、早泄、尿后淋漓不尽等精、尿、胎、带等失于固摄等症。

2）肾不纳气："肺为气之主，肾为气之根，肺主出气，肾主纳气"（《类证治裁》卷二），肺气吸入之清气须下纳于肾，方能使呼吸均匀。久病咳喘、肺虚及肾，耗伤肺肾之气，肾气亏虚，摄纳无权，气不归远，症见气喘，动则加重，呼多吸少，腰膝酸软，舌淡苔白，脉沉弱等症。

3）肾阳不足：素体阳虚，年老肾亏或久病等，损及肾阳，阳虚不能温养腰府，而见腰膝酸软；肾阳不足，命门火衰，则见生殖功能减退；火不生土，则久泻久痢，完谷不化；阳虚，不能温煦肌肤，浊阴弥散肌肤，而见面色黧黑无光泽，畏寒肢冷。

4）肾虚水泛：肾主水，水为阴邪，赖阳气温运气化。命门火衰，既不能温养脾土，又不能制约阴寒，故水湿泛滥，其症为水肿反复，面浮身肿，以腰以下为主，腰酸，四肢厥冷，舌质淡胖，苔白，脉沉细。

5）肾阴不足：肾阴为一身之阴之根本，对各脏腑起到滋养和濡养的作用。若肾阴亏虚，各个脏腑会失去滋养。肾阴不足，脑海失充，髓减骨弱，耳失所养，则见腰膝酸软；阴虚内热，扰动精室，则阳强易举，潮热盗汗，五心烦热。

（2）实证：其实证以风湿、结石、阴寒、水停为主。风为六淫之首，或从口而入，或从皮毛而入；湿热客于下焦，久蕴熬尿成石，遂成结石，膀胱气化不利，可见排尿涩痛，尿中夹砂石，排尿中短，腰腹绞痛难忍，甚至牵

浙江中医临床名家·徐志瑛

及外阴，舌红，苔薄黄，脉弦；阴寒内盛，阴盛则阳病，肾温阳化气不足，则可见癃闭、水肿等；水停内停，困遏脾阳，功能失调，水泛肌肤，全身气机不利，病证丛生，缠绵难愈。

3. 证治分类

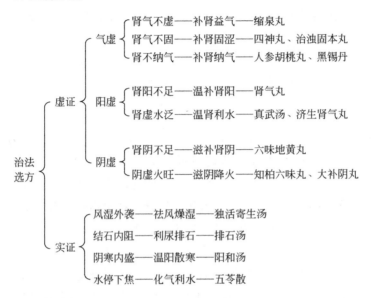

4. 用药常规

（1）滋补肾阴：熟地、玄参、山萸肉、枸杞子、女贞子、墨旱莲、何首乌、潼蒺藜、龟板、鳖甲、黄精。

（2）温肾阳：附子、肉桂、鹿角片、仙茅、淫羊藿、巴戟天、胡芦巴、淡苁蓉、补骨脂、菟丝子。

（3）补肾气：人参、黄芪、怀山药、紫河车、坎脐。

（4）泻相火：知母、黄柏、龟板、鳖甲。

（5）壮筋骨：杜仲、川断、狗脊、牛膝、千年健、巴戟天。

（6）涩精：龙骨、牡蛎、益智仁、金樱子、芡实、莲子须、覆盆子、五味子、锁阳、贯仲、甜苁蓉。

（7）纳肾气：胡桃肉、人参、五味子、蛤蚧、胡芦巴、紫石英、白石英。

（8）缩泉：桑螵蛸、桑椹、覆盆子、仙茅、淫羊藿、芡实、煅牡蛎、煅龙骨。

（9）清湿浊：知母、黄柏、牛膝、独活、土茯苓、生薏苡仁、车前草、桑寄生、豨莶草、贯众、苍术、莱菔子。

（10）排石：金钱草、石韦、海金沙、鸡内金、滑石。

（11）利水：土茯苓、茯苓皮、猪苓、泽泻、车前子（草）、肉桂、葶苈子、川椒目、地骷髅、大腹皮、生枳壳。

（12）散寒：附子、肉桂、麻黄、白芥子、鹿角霜、鹿角片、鹿角胶、炮姜。

（13）引火归元：黄连、肉桂。

（六）胃腑的辨证论治

胃，居于膈下，腹腔上部，中医将其分为上、中、下三部分。胃的上部为上脘（包括贲门），中部为中脘（即胃体），下部为下脘（包括幽门）。脾胃同属于土，通过经脉相联络共同构成表里关系，两者之间的关系可用"脾为胃行其津液"来形容，脾升胃降共同完成对饮食物的消化吸收，因此脾、胃不仅在生理上相互联系，在病理上也相互联系。胃为阳土，为病多偏于热。胃病的辨证当有虚、实、寒、热之别，治疗上采用滋胃阴，补益中气，补气摄血，消食导滞，和胃理气，活血化瘀等法。

1. 证治分类

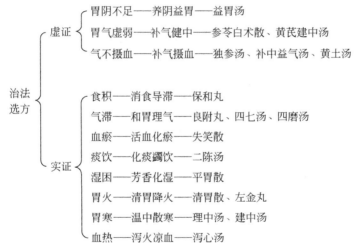

2. 用药常规

（1）养胃阴：石斛、玉竹、麦冬、南沙参、天花粉、竹叶、知母、鲜芦根。

（2）益胃气：西党参、黄芪、白术、云苓、无花果。

（3）理胃气：高良姜、厚朴、枳壳、广木香、佛手片、陈皮、娑婆子、制香附、砂仁、蔻仁。

（4）和胃气：绿梅花、玫瑰花、玳玳花、川朴花、扁豆花、佛手花。

（5）清胃火：黄连、知母、石膏、淡竹叶、生地、牡丹皮。

（6）消积食：鸡内金、麦芽、谷芽、神曲、山楂、莱菔子、槟榔、生姜。

（7）化湿浊：藿香、佩兰、苍术、川厚朴、茯苓、香橼、半夏。

（8）温胃寒：附子、桂枝、高良姜、肉桂、炮姜、干姜。

（9）制胃酸：乌贼骨、瓦楞子、煅刺猬皮、黄连、吴萸。

（10）降胃气：降香、沉香曲、沉香、八月札。

（11）升清气：生枳壳、升麻、桔梗。

（12）止呃逆：公丁香、柿蒂、姜半夏、竹沥、厚朴、生姜、刀豆。

（13）止胃痛：延胡索、广木香、青木香、制乳没、白芍、荜茇。

（14）解酒：枳椇子、葛花、蒲公英。

（15）止吐：辛开，常用药物包括半夏、姜汁、苏叶、莱菔子、陈皮；苦降，常用药物包括黄连、黄芩、竹茹；温胃，常用药物包括荜澄茄、胡椒、吴茱萸。

（16）重镇降气：旋覆花、代赭石、半夏。

（17）通胃腑：大黄、枳实、厚朴。

（18）凉胃血：檵木、紫珠草、黄连炭、黄芩炭、蒲公英、侧柏叶、花蕊石、地榆、生地、牡丹皮、竹叶。

（19）摄胃血：人参、灶心土、阿胶、炮姜炭、白及。

（20）活瘀血：丹参、五灵脂、炒蒲黄、延胡索、广郁金。

（21）收敛：白蔹、白及、无花果、九香虫。

（七）小肠的辨证论治

小肠，上接幽门，与胃相通，下连大肠，接受胃传送的饮食再进行消化并分清泌浊，将其精华输送全身以营养全身，糟粕部分传至大肠，故有"受盛之官"之称。心与小肠通过经脉的络属关系构成表里联系，心属于里，小肠属于表，二者经脉相通，气血亦相通。小肠病证的辨证以虚实为纲，实证以气滞、实热为主，虚证以虚寒多见。与脾胃同司消化、吸收、排泄，故治疗还须与脾胃病相参，辨证而治。

1. 证治分类

治法选方
小肠虚寒——温通小肠——吴茱萸散
小肠实热——清利实热——导赤散
小肠气滞——行气散结——天台乌药散

2. 用药常规

（1）清小肠：银花、黄柏、木通、生地、知母、地锦草、马齿苋、椿白皮、蒲公英、败酱草。

（2）利小肠：萹蓄、瞿麦、通草、木通、土茯苓、茯苓、猪苓、车前子（草）、泽泻、甘草梢。

（3）温小肠：小茴香、木香、台乌药、川楝子、肉桂、独活。

（4）止痛：台乌药、延胡索、小茴香、白芍、赤芍、制乳香、制没药。

（八）大肠的辨证论治

大肠居于腹中，上口在阑门处接小肠，下端紧接肛门。其功能接受小肠传来的食物残渣，将其中部分水分吸收后，使残渣糟粕排出体外。即"传导糟粕""主液"的功能。六腑以通降为用，尤以大肠为最。故大肠最易通降失调，各种糟粕壅结，有"大肠易实"之说。大肠病以实证居多，可分为六结、三积、三热、两虚。

1. 证治分类

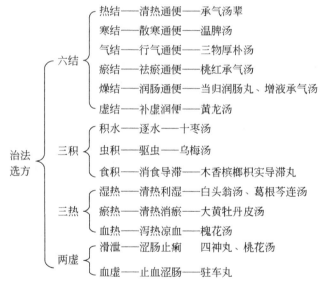

2. 用药常规

（1）清肠热：黄柏、黄芩、黄连、大黄。

（2）祛湿热：黄柏、白头翁、苦参、秦皮、葛根、鸦胆子、樗白皮。

（3）理气滞：厚朴、枳实、槟榔、木香、佛手片、台乌药、青皮、陈皮、香橼。

（4）消食滞：焦山楂、鸡内金、川楝子、莱菔子、焦六曲。

（5）驱虫药：槟榔、乌梅、使君子、苦楝皮、雷丸、榧子、鹤虱。

161

（6）通大便：大黄、芒硝、番泻叶、巴豆霜。

（7）润肠燥：火麻仁、瓜蒌仁、杏仁、桃仁、郁李仁、柏子仁。

（8）解肠毒；大黄、牡丹皮、芒硝、生薏苡仁、紫花地丁、黄花地丁、银花、败酱草、红藤。

（9）散肠寒：附子、干姜、桂枝、肉桂、细辛、蜀椒。

（10）利肠湿：茯苓、猪苓、苍术、白术、泽泻、薏苡仁、车前子。

（11）排肠脓：败酱草、冬瓜仁、薏苡仁、赤小豆。

（12）逐水饮：甘遂、芫花、大戟、商陆、牵牛子、葶苈子、白芥子。

（13）凉血止血：槐米、地榆、荆芥炭、侧柏叶、牡丹皮、犀角（水牛角代）、白茅根、仙鹤草、墨旱莲。

（14）摄血：乌梅、阿胶、参三七、灶心土、炮姜炭、赤石脂、花蕊石、白及。

（15）活血化瘀：桃仁、红花、地鳖虫、赤芍、三棱、乳香、没药、川芎、王不留行。

（16）止泄：石榴皮、诃子肉、椿树皮、五味子、益智仁、罂粟壳、补骨脂、乌梅。

（17）健脾补虚：西党参、太子参、白术、甘草、扁豆、石莲肉。

（18）清肠止痢：地锦草、马齿苋、叶下珠、辣蓼草、鸦胆子。

（九）胆腑的辨证论治

胆为六腑之一，又为奇恒之腑，附着于肝。其经络为足少阳胆经，与足厥阴肝经相互络属，两者相互为表里关系。胆的主要生理功能为主决断，储藏和排泄胆汁。胆汁为肝之精气所化，即"肝之余气泄于胆，聚而成精"，其功能为促进饮物的消化吸收。胆为中正之官，主"决断"；肝为将军之官，主"谋略"，肝胆相合，决断不偏不倚。故肝胆疾病多有联系，治疗上两者可相互参考。

1. 证治分类

$$
治法选方
\begin{cases}
邪在少阳——和解少阳——小柴胡汤 \\
热结胆腑——双解少阳——大柴胡汤 \\
热在少阳——清解少阳——黄芩清胆汤 \\
瘀热在胆——清热解毒祛瘀——复元活血汤 \\
湿热蕴胆——清热燥湿利胆——平胃茵陈汤 \\
痰热侵胆——清热化痰——温胆汤 \\
胆气不利——理气利胆——四逆散、金铃子散 \\
胆道结石——排石利胆——石韦散、胆道排石汤 \\
胆道蛔虫——驱蛔利胆——乌梅汤
\end{cases}
$$

2. 用药常规

（1）和解少阳：柴胡、黄芩、半夏、甘草、生姜、大枣。

（2）清解少阳：青蒿、柴胡、黄芩、竹茹、枳实、碧玉散。

（3）通腑利胆：柴胡、厚朴、枳实、白芍、大黄、郁金。

（4）清热利胆：山栀、蛇舌草、金钱草、白毛藤、黄芩、半枝莲、柴胡、牡丹皮、马鞭草。

（5）清热利湿：茵陈、山栀、大黄、败酱草、蒲公英。

（6）理气利胆：枳壳、柴胡、白芍、郁金、川楝子、广木香、制香附、佛手片、青皮。

（7）排石利胆：金钱草、石韦、鸡内金、滑石、桃仁、茵陈、郁金、枳壳、赤芍、白芍。

（8）驱蛔利胆：乌梅、使君子、苦楝皮、槟榔、雷丸、南瓜子、贯众。

（9）直泻肝火：龙胆草、山栀、黄芩、木通。

（10）祛瘀解毒：大黄、牡丹皮、赤芍、败酱草、蒲公英、紫黄地丁、虎杖根。

（11）活血通络：红花、丝瓜络、桃仁、王不留行、三七、赤芍。

（十）膀胱的辨证论治

膀胱位于小腹中央，居肾之下，大肠之前，是一个中空的囊性器官。膀胱经脉为足太阳膀胱经，与足少阴肾经相络属，互为表里。其主要的生理功能为储存尿液和排出尿液。水液代谢中，通过肺、脾、肾三脏的作用，代谢后的水液下归于肾，升清降浊，浊者归膀胱。尿液在膀胱中储存，达到一定量后，在肾的气化作用下，气化而能排出。膀胱功能失调，气化功能不利，可致起病。膀胱病证可分为三结、四热、三虚。

1. 证治分类

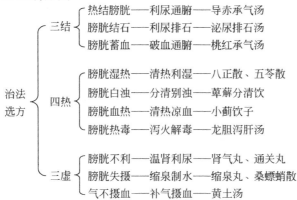

浙江中医临床名家·徐志瑛

2. 用药常规

（1）清下焦湿热：黄柏、知母、土茯苓、鸭跖草、黄芩。

（2）利下焦湿浊：茯苓、猪苓、土茯苓、生薏苡仁、泽泻、车前草（子）。

（3）通下焦淋：瞿麦、萹蓄、滑石、木通、通草、大黄、金钱草、海金沙、马鞭草。

（4）分清导浊；川草薢、生甘草、贯众、石菖蒲、凤尾草。

（5）泻膀胱火：龙胆草、山栀、淡竹叶、黄柏、木通。

（6）消乳糜：芥菜、山楂、生黄芪、枳壳。

（7）通腑：大黄、番泻叶、巴豆霜、芒硝。

（8）排结石：海金砂、金钱草、鸡内金、石韦、桃仁、白芍。

（9）凉血止血：大小蓟、藕节、鲜生地、白茅根、生蒲黄、牡丹皮、银花炭、地榆、侧柏叶、犀角、墨旱莲。

（10）活血化瘀：桃仁、水蛭、赤芍、王不留行、莪术。

（11）摄血：藕节、阿胶、琥珀、蒲黄炭。

（12）化膀胱气：桂枝、肉桂、附子、鹿角片、巴戟天。

（13）升膀胱气：升麻、生枳壳、生黄芪、桔梗。

（14）通关：生地黄、黄柏、知母、肉桂。

（15）缩泉：桑椹、金樱子、益智仁、覆盆子、芡实、龙骨、桑螵蛸、锁阳、贯众、五倍子、诃子肉、补骨脂。

七、仲景察机用药思想初探

张锡纯作为近代极具影响的中医临床家，对于仲景经方是极为推崇的，曾云"夫以愚之管窥蠡测，较之仲师何异萤火之比皓"，但其传世医案中很少能看到经方"原型"出现。张氏善创新方，然所创方皆有所本，所本即经方的脉络或骨架，"看时超出经方象外，实则入于经方圈中"。没有对于仲景学说的深入研究，对于经方制方之理的深入把握，对于疾病症状机制的深度挖掘，绝难做到如此"随心所欲而不逾矩"。

（一）因时而变，大青龙变犹龙汤

不同时代经方家，经方应用的整体风格一定是由其所处的特定时空背景决定的。只有自觉地探求时空的变化对于影响治法的机制，才可能在更高的层次让治疗契合"天人相应"的大原则。张锡纯对于这点有明确的认识："人之禀赋随天地之气化为转移，古今之气化或有不同，则今人与古人之禀赋，其强弱浓薄偏阴偏阳之际不无差池，是以古方用于今日，正不妨因时制宜而为之变通加减也。"

经方是一定历史条件下的产物，它的实用价值会随着时间、空间、地点的改变而受影响，张仲景时代伤于寒者多，而张锡纯时代感受温热之邪者多，虽然由汗疏散郁热之理不变，但方药必须因时而变。寒性收敛多用麻黄之开腠，而温性疏泄则用犹龙汤之清透。"连翘（一两）、生石膏（六钱，捣细）、蝉蜕（二钱，去足土）、牛蒡子（二钱，炒捣）……此方所主之证，即《伤寒论》大青龙汤所主证也。然大青龙汤宜于伤寒，此则宜于温病。至伤寒之病，其胸中烦躁达甚者，亦可用之以代大青龙，故曰犹龙也"（《医学衷中参西录医方二十四·治温病方》）。犹龙汤之使郁热由表而散者，是郁热阻滞气机为本，连翘、蝉蜕、石膏、牛蒡子作用于郁滞之气机，气机得开，郁热自然由汗而散。"连翘原非发汗之药，即诸家本草，亦未有谓其能发汗者。唯其人蕴有内热，用到一两必然出汗"，正是此意。

（二）圆机活法，白虎代承气汤

临证用药是没有固定套路的，需要随"机"应变，张锡纯以他的亲身经历为此作注："愚当成童时，医者多笃信吴又可，用大剂承气汤治阳明脏实之证，莫不随手奏效。及愚业医时，从前之笃信吴又可者，竟恒多偾事，此相隔不过十余百年耳。"此中自有其必然的机制，即使还不能获悉其中机制，但对于这种未知的机制应该予以尊重，而非置若罔闻。方是不变的，人之病症是变化的，执着于"对症状体征用药"，无异于刻舟求剑，否则会犯与"笃信吴又可者，竟恒多偾事"同样的错误。张锡纯作为一个成熟的临床家，一生都在琢磨着天地变化之理，人、病之理，组方之理。在理还没有弄明白的时候，他一面注重经验的积累，一面揣摩气运之变化，而非按图索骥，拘执不化。"重用白虎汤即可代承气"即当时经验的产物，这应该是"对症状体征用药"的框架不容易包容的，张氏不但喜用这一方法治阳明脏实便秘证，且认为这较之投以承气汤原方，更显稳妥。"愚治寒温之证，于阳明肠实大便燥结者，投以大剂白虎汤或白虎加人参汤，往往大便得通而愈，且无下后不解之虞"（《医学衷中参西录·医论》）。并且"凡遇有证之可下而可缓下者，恒以白虎汤代表承气，或以白虎加人参汤代表承气，其凉润下达之力，恒可使大便徐化其燥结。"斗转星移，张氏的这些经验当今可"拿来"便用吗？

答案是不能。张氏明言"宜因时、因地、因人细为斟酌"。

（三）治发机先，小青龙后从龙汤

针对病机用药，不仅体现在"临证察机"上，而且可以"治发机先"，这是"对症状体征用药"所无可比拟的。中医历来有"治未病、治欲病、治已病"之说，皆是围绕病机而非症状来讲的，并且以此来甄别为医境界之高下。仲景之学中很多地方都渗透着"治未病"的理念，如小青龙汤去麻黄的加减就是"治发机先"的具体体现。张锡纯参透了仲景小青龙汤的用方机制，另辟蹊径，创制了从龙汤。"外感喘证服小青龙汤愈而仍反复者，正气之不敛也。遂预拟一方，用龙骨、牡蛎各一两以敛正气，苏子、清半夏各五钱以降气利痰，名之曰从龙汤，谓可用于小青龙汤之后。平均小青龙汤之药性，当以热论。而外感痰喘之证又有热者十之八九，是以愚用小青龙汤三十余年，未尝一次不加生石膏。即所遇之证分寒不觉热，亦必加生石膏五六钱，使药性之凉热归于平均。若遇证之觉热，或脉象有热者，则必加生石膏两许或一两强，若因其脉虚用人参于汤中者，即其脉分毫无热，亦必加石膏两许以辅之，始能受人参温补之力。至其证之或兼烦躁，中表里壮热者，又宜加生石膏至两半或至二两，方能奏效。盖如此多用石膏，不惟治外感之热且以解方中药性之热也。"张氏从龙汤的创制和小青龙汤的使用，无一不在病机上推敲，如此才可临证时契合病机，并对病变的下一步变化做到"胸中有数"，与"见招拆招"式的"对症状体征用药"不可同日而语。

（四）察机用药，方、证必"求于本"

经方治疗有病原疗法、对症疗法、证候疗法、协助自然疗能之法四种（《祝味菊医学五书评按》），都有其临床价值。但其核心，或者说终极目标应该在于"察机用药"。只有这样才可能如张锡纯般因证、因时用活经方，才可能做到临证不惑，才可能借助经方的框架，构筑中医识病治病的广厦。机械地按仲景书中举出的有限例子来"方症对应"，只适用于经方入门阶段。方与证的核心机制都属于"道"的层次，古语云"道无术不行，术无道不远"。"方症对应"是术，以之入门则可以让很多中医初学者很快见到中医的实效，从而坚定学中医的信心。而将之过分夸大，则不利于仲景之"道"的传承。

八、谈"肺朝百脉"非"百脉朝肺"

"肺朝百脉"出自《素问·经脉别论》。《词源》中"朝"之义：①臣见君为朝；②聚会；③对、向。"百"本义为"百人之长"，在此理解为众多，所有。自王冰始至张景岳、吴崑、张志聪、高士宗、马元台等注《黄帝内经》，名家皆释为肺"受百脉之朝会"，如张志聪曰："百脉之气，皆朝会于肺也。"阎洪臣等著《内难经选释》也注为"百脉朝肺"。笔者认为不应将"肺朝百脉"理解为"百脉朝肺"，应理解为肺助心运行血液并将精气输布全身。

（一）相傅治节而朝百脉

推动血液在脉内运行的主要脏器是心，然协助心行使这一功能的是肺，故《黄帝内经》称心为"君主"，而肺为"相傅"，《素问·灵兰秘典论》说："肺者，相傅之官，治节出焉。"张隐庵《黄帝内经素问集注》注曰："位高近君，犹之宰辅，上行荣卫阴阳，故治节出焉。"说明肺既能协助心主神明，又能协助心行全身之血脉，共同维系着整个血液循环以荣养全身。

以现代医学的生理病理方面来说，肺本身能贮存全身总血量的10%，如机体遇某种原因出现少量失血时，肺即能释放出一部分贮存的血液以参与血液的循环。肺所贮存的血液和左心房中的血液混合在一起，既可维持左心室血液的充盈，又能维持其正常的输出量。肺循环除吸进新鲜氧气进行气体交换外，还可保持循环血液的清洁，使冠状循环和脑循环免受损害。因肺是唯一在体静脉和左心流出血管之间起过滤作用的器官，有"毛细血管过滤器"之称，可防止脂肪细胞、骨髓、脱落的癌细胞、气泡、静脉注入的微小颗粒等进入动脉系统。肺这种参与血液循环，并保持循环血液清洁的作用，正与中医理论中肺助心的"相傅"作用相合，也可说是肺朝百脉的含义之一。

（二）气行血行而朝百脉

肺主气，一指呼吸之气，即经呼吸吸入的清气（氧气）注入血内参与血液的循环；二指水谷之精气，亦即血液生成的重要物质基础，经宣散以"水精四布"注之于肺内变为血，此乃"受气取汁，变化而赤是谓血"。二者是血液的重要组成部分，肺气充盈条畅，一则充于脉内，二则可使周身之气运行正常。气为血之帅，气行则血行，所以肺气充盈是助心行血的必要条件。

有人研究说明，肺内皮含有丰富的纤维蛋白溶酶致活剂，可将纤维蛋白溶酶原转为纤维蛋白降解产物；肺含有许多肥大细胞，肺通过这些肥大细胞而产生丰富的肝素，故肺可产生高浓度的溶解或延迟血凝及促进纤维蛋白降解的必需物质，在保持血液循环畅行的过程中也起到相当重要的作用。这也是肺朝百脉助心行血的含义之一。

（三）肺朝百脉的临床意义

心主血而肺主气，气血通畅则身体健康，肺助心输送血液至全身，反之肺气的治节也靠心血的濡养，所以二者相辅相成，共同完成"百脉"的血液循环；当肺气虚弱，或失于宣发，或失于肃降皆可导致"百脉"循行失常。临床所见肺气的失常累及心血有病者屡有所见，如慢性气管炎、肺气肿、肺结核、矽肺或支气管扩张等，皆可以导致肺源性心脏病。所以对该类疾病的治疗，重在改善肺主气的功能，针对病机治以散邪宣肺、清化痰火、燥化痰湿，或补肺气、滋肺阴、助肺阳等。

（四）肺朝百脉：百脉之气朝于肺

"肺朝百脉"出自《素问·经脉别论》："食气入胃，浊气归心，淫精于肺。肺气流经，经气归于肺，肺朝百脉，输精于皮毛。"其中对"肺朝百脉"的"朝"字的理解，历代医家各据其理，笔者认为是"朝会、会聚、会合"之意。此外，部分中医基础理论教科书将"肺朝百脉"解释为"指全身的血液都通过经脉而聚会于肺，通过肺的呼吸，进行气体的交换，然后再输布到全身"，也就是"百脉之血朝于肺"的意思。笔者以为此说法有不妥之处，肺朝百脉应为"朝百脉之气"而非"朝百脉之血"。

（五）"肺朝百脉"中"朝"的涵义

唐代王冰对"肺朝百脉"的注解影响极大，注曰："言脉气流经，乃为大经，经气归宗，上朝于肺，肺为华盖，位复居高，治节由之，故受百脉之朝会也。"明代张景岳释曰："精淫于肺，脉流于经，经脉流通，必由于气，气主于肺，故为百脉之朝会，皮毛为肺之合，故肺精输矣。"明末李中梓释云："注于经脉，必流于经，经脉流通，必由于气，气主于肺，而为五脏之华盖，故为百脉之朝会。"清代姚止庵释曰："言血之精华，既化而为脉，而脉已有气，流行于十二经络之中，总上归于肺。肺为华盖，贯通诸藏，为百脉之大要会，故云朝百脉也。"将其称为"肺受百脉之朝会"或"百脉朝会于肺"。这些医家对"朝"字的注释源于该字的本义。唐代陆德明《经典释义》中曰："臣见君曰朝。"《字汇·月部》："朝，晨朝也，人君视政，臣下觐君，均贵于早，声转为朝也。"指出"朝"是由表"早晨"之"朝（zhao）"引申而成"朝见，朝会"之"朝（zhao）"。这样的用法在古文中很多，如《孟子·公孙丑下》"孟子将朝王"，《战国策·齐策》"率天下诸候而朝周"。

此外，"朝"还有"会聚、会合"之义，如《素问·六元正气大论》"云朝北极，湿化乃而"，是言文物聚于总处之义。据此，笔者认为"朝"为"朝会、会聚、汇合"之意。

（六）"百脉之血朝于肺"的说法与五脏分属功能相矛盾

中医经典理论认为，肺主气司呼吸，而不主血藏血，肺通过主气作用于血，无会聚百脉之血的功能。《素问·五脏生成》曰："诸血者，皆属于心；诸气者，皆属于肺。"《素问·调经论》曰："心藏神，肺藏气，肝藏血，脾藏肉，肾藏志。"《难经·四十二难》"脾裹血，温五脏。"《素问·痿论》曰："冲脉者，经脉之海也。"可见血乃出心肝所主，肝所藏，脾所统，并与冲脉等有关。全身的血脉均为心所主，心脏的搏动是血液运行的基本动力，而血液的运行又依赖于其推动而运行到全身。

肺主一身之气，调节全身的气机，所以血的运行亦赖于肺气的敷布与调节，而肺对血没有直接作用。自古至今，中医临床上论血证之病机，每提心、肝、脾，而不涉肺，源于肺的功能总与气、水相关，与血没有直接的联系，只是通过气的作用间接联系于血。《素问·经脉别论》中"肺朝百脉"的理解，笔者认为是"食气入胃，散精于肝，淫气于筋。脉气流经，经气归于肺，肺朝百脉，输精于皮毛"，即饮食之气首先进入胃中，然后水谷精微之气归于心，滋养百脉，百脉的精气流入大的经脉后会聚于肺，再输布于皮毛。从此段文句可以看出，"肺朝百脉"为"经气归于肺"的互文，用以说明"经气归于肺"的文意。

（七）"百脉之血朝于肺"的说法与肺主治节的生理功能相矛盾

《素问·灵兰秘典论》曰："肺者，相傅之官，治节出焉。"肺主治节的作用主要体现在四个方面：一是肺主呼吸，人体的呼吸运动是有节奏地一呼一吸；二是随着肺的呼吸运动，治理和调节着全身的气机，即调节着气的升降出入的运动；三是调节着气的升降出入运动，因而辅助心脏来推动和调节血液的运行；四是肺主宣发肃降，治理和调节津液的输布、运行和排泄。肺主治节实际上是对肺的生理功能的高度概括。

从肺主治节的功能中不难看出，肺是通过调节气的升降出入运动，辅助心脏来推动和调节血液的运行的，不能得出"百脉之血朝于肺"的说法。肺主气的功能失调则影响血液的正常运行，诚如《医学真传·气血》所说"人

浙江中医临床名家·徐志瑛

之一身，皆气血之所循行。气非血不和，血非气不运"。可见，"百脉之血朝于肺"的理解与中医理论系统不相统一。

（八）"肺朝百脉之气"的临床意义

"肺朝百脉之气"的作用提示了气、血、脉、心与肺之间不仅在生理上相互联系，而且在病理情况下也可相互影响。肺通过主一身之气实现其"肺朝百脉"的作用，若肺气不足，进而导致《灵枢·刺节直邪》中所言"宗气不下，脉中之血凝而留止"，临床多出现心悸、怔忡、短气、喘息的病证。

以此理论作指导，临床上对于血行不畅所致的疾病，除用活血化瘀的药物外，同时应加用行气、补气之品。如中医之"胸痹""真心痛"，相当于现代医学的冠心病，其发生发展与心肺气虚、瘀血阻滞密切相关，多为"本虚标实"的病证。该病多伴有不同程度的心肌缺血、缺氧征象，其轻者可见胸闷、憋气、心悸等症状；其重者多为典型的心绞痛或心肌梗死。治疗时不仅要活血化瘀，更应注意补益心肺之气，使气行血行。对于临床疾病中有血瘀之征象者，皆应加入补气、行气之品，尤其是入肺经的补气、行气之品。

总之，"肺朝百脉"是肺与全身经气间密切联系的高度概括。肺通过朝会百脉之气，进一步发挥肺主气、主治节的作用，从而将气血输布全身。"肺朝百脉"的作用可表现为助心行血、调节脉管等多个方面。

九、论"湿"

六淫致病，历代医家皆有论说，而对湿邪则论之较少。然"湿"涉及范围甚广，含内、外、儿、妇等科，历代医家有这样的说法，"风为百病之首"。从临床的治疗中发现现代的病常因湿聚而致，故称"百病是湿作祟"。

（一）湿是近代病源头

湿可分外湿和内湿，湿在南方梅雨之季往往成为人体病害，随着四季的变化，湿可合并他邪，故有风湿、寒湿、湿热、暑湿、痰湿之分。所以说湿也是危害人体健康的要素之一。特别是近年来世界大气变化失其规律，南北方都会出现湿害，故我们在治疗时遇到湿为病的病因特多。另一方面近代人饮食结构变化，膏粱厚味、甘露醇浆，冬夏寒热失调，故伤及脾胃，又伤肺卫，阳气亏乏，使体内水液输转发生困难，聚而成湿，内湿加外湿，时而化热，时而化寒，造成湿停于各处，产生各肌腠、关节、脏腑的病机。所以说湿是当今社会发病学的特点。

（二）百病皆由湿为祟

湿邪有明显的季节性，如多雨季节、黄梅季节、长夏季节和冬天寒湿冷之季。所以说一年四季均可能产生湿，湿邪发病具有隐袭性，正如刘纯《医学全集·玉机微意》所说："伤人于冥冥之中。"说明了湿邪发病缓慢，缠绵、黏腻，难以除祛。所以湿浊为患者常见的症状，头重如裹，全身乏力，四肢软弱，腰膝无力，或喜思睡，口苦黏腻，女子带下黄白，腥臭阴痒。大便不畅黏滞而烂，小便赤短或浑浊，舌苔厚腻、黄腻。甚至可在脏腑之中发生息肉或各种炎症。这就是湿的特点，"湿性弥漫无影，无处不到，变化无穷。"《温病条辨·寒湿》："湿之入中焦，有寒，有热，有自表传来，有水谷内蕴，有内外本合。其中伤也，有伤脾阳，有伤脾阴，有伤胃阳，有伤胃阴，有两伤脾胃。伤脾胃之阳十常八九，伤脾胃之阴者十居一二。彼此混淆，治不中窍，遗患无穷，临证细推，不可泛论。"正如同自然界中出现长期的洪水浸泡、秽水的沉积，会产生发酵、恶臭、起苔，百病丛生。如人体内产生湿聚也同样会百病丛生。如现代医学中的胆囊炎，肥胖，各种息肉，各类急慢性肠胃炎，各类肺系疾病，代谢综合征，内分泌系统疾病，等等。这类病的发生，其最主要的特点，舌苔必定厚腻。所以说湿是百病之根。

（三）治湿必行气

因为湿性重、黏腻，极易中阻，影响气机转动，造成清气不升、浊气难降、津液不能上承等的表现；脾的健运，使水液能周转全身，但必须要通过肺的通调水道来完成。所以，治疗湿病应着眼于肺、脾二脏。古云：脾属阴土而位居中央，既能运化水谷精微，又主人身之气机升降，所以脾既具有坤静之德，又具有乾健之能，可使心肺之阳降，肝肾之阴升，而成天地交泰之常。故肺脾的气机升降是人体的一个枢纽。所以，治疗上只有使脾肺之气机通畅，才能达到气行湿祛的目的。治湿的法则自古以来总不外乎清化湿热、苦辛燥湿、健脾化湿、淡渗利湿、温化蠲饮、升阳益气等。但治湿时要注意不宜大辛大热，以免化燥伤阴；又不宜大苦大寒使湿凝滞不祛。但本人认为湿乃为内外交杂，影响的是气机和输转，所以必须要动，这"动"是靠气来推动，也就是身中的阳气——肺气与脾气，故不论在什么治法中都要重用行气之品，如枳壳、佛手片、绿梅花、川朴花等。同时加用风药，如防风。古语说"风能行水"，故在水湿重时加之有利于水祛。有时湿重者也可用升药（如升麻）以动脾本身之气，用桔梗以宣肺气，收提壶揭盖之功。所以，治湿可以用通、祛、化来概括。通调水道，行三焦气机，助肺气宣升；祛停聚之湿，重脾之运化，升清降浊，达脾胃调和；化是注意湿的转化是寒化，还是热化，当温而化之或清而化之。所以，临证时应综合应用、灵活多变，不可拘泥不变。

十、元气化生异常，内生瘤毒致肿瘤

现代中医学对肿瘤的病因病机论述大多分为外感病因、内伤病因、病理产物形成的病因，以及其他病因四大类。但临床发现，以上理论并不能解释肿瘤的病因病机，更不能解释同一种病因导致的肿瘤与内科常见病的病性、病机、预后的根本不同，肿瘤发病有其独特的病因病机，元气化生异常，内生瘤毒是肿瘤的致病原因。

（一）毒与肿瘤

关于肿瘤方面的记载，现存最早的中医经典著作《黄帝内经》中，就有诸如昔瘤、肠覃、石瘕、癖结等病名。之后的历代医家又相继有瘿瘤、赘疣、癥瘕、积聚、噎膈、恶疮、岩、癌等记载，其中就有恶性肿瘤。汉代华佗《中藏经》曾说，肿瘤的发生，非独气血的壅滞而致，更有五脏六腑蓄毒不流这个原因。这种认识，把肿瘤和一般的气血痰食等的壅滞区分开了，就是说，肿瘤的发生除气血痰食等聚结外，更有致癌之"毒"。宋代杨士瀛指出："癌者……毒根深藏，穿孔透里。"由此可见，癌症有毒根，肿瘤的发生与毒是密切相关的。

毒是在五脏六腑之气紊乱的状态下，在气滞、血瘀、痰凝等基础上所形成的复杂的病理产物。毒有火毒、热毒、湿毒、胎毒，等等，然导致肿瘤发生的毒邪不同于传统意义上的毒邪，我们称为瘤毒，系在外感六淫、内伤七情、外伤等综合作用下，导致人体元气化生异常，进而产生的一种有强烈致病性的物质，具有隐匿性、暴戾性、扩散性、难治性等特点。毒瘤的初期阶段，主要表现为暗耗正气，瘤毒向原发病灶周围侵袭扩散而不易察觉。进入中期后，瘤毒沿络脉、经脉流散，在适宜的环境下停留形成转移病灶，有毒阻络脉与病络形成的特点，瘤毒毒力的强弱，是恶性肿瘤能否转移的重要因素。就一般而言，毒力超强，愈易入里入血，或随气升降，随气血而到达机体任何一个部位，形成转移；反之，毒力较弱，则转移的可能性较小，这与现代医学认为的癌细胞转移取决于肿瘤细胞的分化程度有某些相似之处。

（二）瘤毒的形成

人体遭受六淫，情志内伤，或饮食水土失宜，痰浊瘀血阻滞，虫毒结石等致病因素，干扰了元气的正常化生，导致瘤毒形成。人体被六淫邪气侵袭，影响脏腑功能，阻碍气血运行，导致气滞血瘀，痰湿凝聚，积久各种病理产物胶结，如导致元气化生异常就可形成瘤毒。《灵枢·九针论》说："四时八风之客于经络之中，为瘤瘤病者也。"《景岳全书·积聚》中云："风寒外感之邪，亦能成积。"隋代巢元方在《诸病源候论·恶核候》中指出："恶核者，是风热毒气，与血气相搏结成核，生颈边，又遇风寒所折遂不消不溃。"现代研究已证实人类疱疹病毒、EB病毒、乙型肝炎病毒与宫颈癌、鼻咽癌、肝癌密切相关。皮肤癌中医称翻花疮，多由长期的紫外线照射所致，即是风热邪气等外界致病因素入侵机体，由肌肤渐入肌肉经络血脉，或致气滞血瘀，或蕴结成痰，郁而化热，痰热与风毒相搏而发。现代医学研究的化学性致癌因素，如多环芳烃、芳香胺及偶氮染料类、金属类，电离辐射、长期暴晒阳光、病毒等致癌因素，均可用六淫外袭导致元气化生异常，变生交互来解释。

《素问·举痛论》曰："寒气客于小肠膜原之间，络血之中，血泣不得注于大经，血气稽留不行，故宿昔而成积矣。"可见肿块的发生与寒邪有密切的关系。但临床观察认为，单纯性寒邪不易导致瘤毒，只有寒干扰元气化生，才有可能引起交互。故《黄帝内经》中指出："寒毒积滞不化，与痰饮、癖血胶结，积年累月，癖而内蓄，恶气乃生。"其他的外感病邪也只有转化为毒才有可能导致癌变。

（三）情志内伤与瘤毒

七情过度可以影响五脏功能，使之亏损，易招致外邪入侵，也可使之气机不畅，脉络受阻，气滞血瘀、积久则各种病理产物形成，影响元气的化生，就易形成瘤毒。祖国医学很早就认识到精神因素与肿瘤形成的关系。《素问·通评虚实论》中论噎膈："膈塞闭绝，上下不通，则暴忧之病也。"《医宗金鉴·外科心法要诀》云："乳岩由肝脾两伤，气郁凝结而成。"在《外科证治全生集》中归纳乳岩的病因是"阴寒结痰，此因哀哭忧愁，患难惊恐所致"，《谵寮集验方》云："盖五积者，因怒忧思七情之气，以伤五腑，遇传克比性，而成病也。"朱丹溪在《格致余论》中曰："若不得于夫，不得于舅姑，忧怒抑郁，朝夕积累，脾气消阻，肝气积逆，遂成隐核……名曰乳岩。"强调了乳腺癌的发生与"七情郁毒"密切相关。

现代亦有学者研究发现长期过度忧郁、焦虑、失望和难以解脱的悲伤，以及不良情绪及社会心理的紧张刺激，可导致大脑皮质兴奋与抑制失调，破坏心理平衡，进而产生生理功能的紊乱和免疫机制的麻痹，可直接促使正常细胞发生异常变化，也可使人体内原来潜伏的恶性细胞激发增生，而形成恶性肿瘤。

（四）饮食水土失宣与瘤毒

酒食不节，饥饱失常，损伤脾胃，脾失健运，不能输布水谷精微，湿浊凝聚成痰，痰阻气机，血行不畅，脉络壅滞，痰浊与气血相搏结，积久也干扰元气化生过程，形成瘤毒。如有关噎膈，《临证指南医案·噎膈》云："酒湿厚味，酿痰阻气。"《医门法律》亦云："过饮滚酒，多成膈证，人皆知之。"据河南、四川等食管癌高发区资料分析发现，约有71%的患者好热饮、硬食、喜欢饮酒、食用亚硝酸盐含量高的泡菜等，说明瘤毒形成与饮食习惯密切相关，另外，水土不同，也影响瘤毒形成。《诸病源候论·瘿候》认识到瘿疾的发生与地方水土有关："瘿者……饮沙水，沙随气入于脉，搏颈下而成之。"

（五）痰浊、瘀血凝聚与瘤毒

外感六淫，或包含所伤，或七情所伤导致脏腑功能失调，氧化不利，水液代谢障碍，湿浊凝聚成痰，痰阻气机，血行不畅，脉络壅滞，痰浊与气血相搏结日久，各种病理产物胶结而形成肿块，如未形成瘤毒则为良性肿瘤，如为瘤毒所致就形成恶性肿瘤。痰饮可随气升降流行，内而脏腑，外而筋骨皮肉，具有阻碍气血运行，影响水液代谢，易于蒙蔽心神，致病广泛等特点，故有"百病多由痰作祟"之说。祖国医学对痰凝肌腠，结于身体各处大小不等的颗粒肿块（如痰核、瘰疬等）多有记述。如《金匮要略·血痹虚劳病》说："人年五六十……马刀侠瘿者，皆为劳得之。"

各种因素引起血液运行不畅，或致血离经脉，血液瘀积凝滞，积久各种病理产物胶结形成病变。《灵枢·水胀》："石瘕生于胞中……气不得通，恶血当泻不泻，血不以留止，日以益大，状如怀子……"《景岳全书·肿胀》说："或以血气结聚，不可解散，其毒如蛊。"可见瘀血凝聚日久，影响元气化生，形成毒，才能导致肿瘤。现代医学也证明长期的慢性炎症或不典型增生均与肿瘤相关。

　　另外，全身或局部的气滞血瘀及痰凝、湿阻也是瘤毒扩散和转移的适宜土壤与环境。一是瘤毒在沿经脉、脉络播散的过程中，被诸邪阻于"最虚"之局部，气血失和，痰瘀毒聚，即可形成转移瘤。二是瘤毒入血后，便会随人体之气血循行全身。若血脉流通，则瘤毒不易停滞，流散于血的瘤毒循行也渐缓慢，易致瘤毒停留在机体某个部位，进而形成转移灶；瘀血与瘤毒胶结不解，产生瘤栓，即《景岳全书·妇人规》所说"瘀血留滞作癥"。三是邪毒流注经脉后，血瘀络损，导致肿瘤转移。

（六）元气化生异常与瘤毒

　　正常情况下元气化生五脏之气，但在上述致病因素作用下，元气化生异常就形成瘤毒。当瘤毒形成之后，进而耗伤正气，气血不足，阴阳虚损，致瘤毒更加猖獗，癌肿迅速增大。临床所见许多患者是在体质强壮时发病，形成瘤毒后正气渐虚，虚是瘤毒形成后的结果而不是启动病因。肿瘤干细胞理论为我们提出的观点做了很好的佐证。

第六章

桃李天下

第一节　孜孜育苗终不倦

　　徐老师热心于教学，曾担任浙江中医学院中医系主任，负责本科和研究生的中医内科教学。1997 年成为浙江省名中医，2002 年起成为第三、五批全国老中医药专家学术经验继承工作指导老师，2011 年成立的全国名老中医药专家徐志瑛传承工作室，是国家中医药管理局第二批下达的工作室。浙江省中医院多名中青年医师成为其学术经验继承人，老师倍加关心，精心修改他们的周记、月记和学术论文，尤其是在开膏方期间，老师要求学生书写病案，第二天她常常修改他们的病案工作到深夜，这样手把手的教导，使学生们的中医临证水平迅速提高，现在其中一些医师已成为其所在医院中青年骨干，在患者中已颇具声望。2011 年成立工作室以来，老师更是以培养学生，传承学术经验为己任，倾注了大量心血，编注《黄帝内经》《伤寒论》《金匮要略》《温病学》等讲义，字数达百万之多，并深入浅出，结合自己的临证经验讲解，学生听得津津有味，启蒙发聩，但这背后是她倾心的付出。编者曾到其家中拜访，见狭小的书桌上摆放着泛黄的古书，书中有她读书的注解和画线，计算机中有大量笔记和 PPT，这对于一个年近八旬、患有严重腰疾的老人来说意味着什么，编者深受其感，悟老师传道之心。老师门诊患者众多，应接不暇，但她总细心地收集典型病案，用之于教学，并嘱咐学生再忙也要自己收集病例，这样能不断总结经验，对提高中医临床水平多有益处，拳拳之心如此。由于老师对中医传承工作的贡献，2002 年获本科教学工作随机性水平评估先进个人奖，2003 年获浙江中医药大学优秀授课教师特别奖，2006 年获全国首届中医药传承特别贡献奖。徐老师把自己对传承教学的心得撰写成文章以激励学生努力学习，提高临床水平，现摘录如下。

一、如何走上临床

（一）临床概念

（1）临——面临、床——病床：是面对患者，把我们所学到的理论基础，以感性的语言带入到临床中去，也是每一位患者给每一位医生出的一道生动的考试题，以灵活的方式，做出一张满意或不满意的答卷。

（2）从学校走向社会：医生—医别人的病—给予患者生命—健康长寿。实际上就是理论—实践—理论—实践反复的表现。

（3）从心中的空白到心中的填充：当我们圆满地完成学习，并取得优异的成绩后，走上了工作岗位，而面对患者时，往往像握着一根无头的线，想织成一张网，当收网时，却是空网，或仅是网到一条小鱼。只有把线头理清，织成一张大网，才能网到大鱼，看到鱼的形状，尝到鱼的美味，才能知道鱼的种类，心中才能得到填充和充实。

（二）基础带入临床的应用

（1）独立思考，回忆基础，结合临床：当你接收每一位患者时，应该立即了解其是什么样的症状，随着回忆课堂上老师所讲的，辨证分析病因病机、各证型和主症、次症，并结合现代医学的基础理论，作出初步诊断，再拟订治疗方案和方药。

（2）指导和思索：在上级医师的指导和帮助下，完成病例分析，诊断、处方。与此同时，要判断自己所分析得对不对，尚缺少什么内容，与老师的思路是否一致。记录下来，再寻找教材和资料。这就是实践—理论。

（3）提问和回答：在医疗过程中每位患者的病情都不同，所以必须自己给自己提出疑问，请老师解答，并且要及时地回答老师的提问。这样才能理论与实践结合。

（三）医生在医疗事业上永远是强者

（1）狠下功夫：熟读经典，参阅资料，前后对比。

（2）学会本领：也就是学校一直在讲的动手能力。

中医：望、问、闻、切。

西医：望、触、叩、听。

（3）偷拳头：先进门者为师，他们的分析、方治、药物配伍、对患者的注意事项等，都要听、记、看、写。

（4）熟练本领：作为现代的中医师，必须掌握现代科技手段，不管是中医的望、问、闻、切，还是西医的望、触、叩、听，都应熟练，锻炼动手能力。

（5）独立操作：独立是人的天性，应当学会必须自己去完成。当你还不能做好时，在上级医师的带领下去完成："眼勤、耳勤、口勤、脚勤、手勤，时时学、天天学、好好学，才能天天向上。"

（四）临床第一手资料的重要性

获取临床第一手资料是临床上必须的，也是我们常讲的首诊负责制。当你接收患者时，对所得到的症状、体征，给予归纳总结，拟诊。再对患者作出必需的、合理的生化和物理检查，得出正确诊断。帮助患者在最短的时间内，达到有效的治疗，使其早日恢复健康。

（1）学会诊断方法：中医：十问歌；西医：从上到下，从内向外，从前至后。

（2）学会书写病历

1）门诊病历：特别是首次病历，做到首诊负责制。

2）病房病历书写：大病历的书写，希望一周内学会。

3）学会开医嘱，执行医嘱，督促医嘱。

4）记录病程：要实事求是，分析病程，描写变化，提出特殊检查，记录上级医师的指示分析、鉴别诊断，以明确下一步诊断。同时要完成操作记录，月结记录，转科记录（出、入科），出院记录，死亡记录等。

5）严密观察：观察生命指标和体征，如体温、呼吸、心率、血压、心律、脉象、舌象，每天的病情和体征，必需的生化检验单和各种申请报告。

（3）快速学习正确的体检。

（4）学习辨证分析与辨病相结合

1）按现代医学的病因、病机、生理、病理的变化找出发病原因，提出治疗方案。

2）按审因求证、审证求因的要求辨证论治，分析主次，提出理、法、方、药。

3）可以结合证和病的特点，相互补充。这就是辨证与辨病相合。制订自己所需要的治疗方案。

4）观察与治疗共存，失败与成功交替，修正与守方同用。

（五）学会看理化检验单、帮助筛选患者

（1）三大常规：①血常规；②尿常规；③便常规。

（2）必要的实验室检查和物理检查

1）血液生化检查：肝功能、肾功能、血糖、脂与酶、电介质等。

2）物理检查：心电图、胸片、B超。

（3）特殊性检查

1）血液检验：根据不同的分科作不同的血液检验，如免疫学功能、性激素、甲状腺素、血气分析、抗体测定、肿瘤免疫测定、病毒抗体测定、微生物学等。

2）物理性检验：分创伤性与无创伤性两类。影像学检查：各种造影。X线、介入、CT、磁共振成像、DSA、ECT等。B超：肝、胆、胰、肾、腹腔、甲状腺、乳房、子宫、膀胱、各种实质性肿块等。

3）内镜检查：支气管镜、胃镜、大肠镜、膀胱镜、喉镜、关节镜等。

（六）作为实习医生应了解的范围

（1）为上级医师和患者做好一切治疗准备工作。特别是在病区的实习生，应提前进入病房，在你所管辖的患者范围内预先测量血压，了解昨日到今晨的病情变化，是否完成昨日的医嘱，有无不良反应，收取昨日开出的化验报告和各种检验单，及时向上级医师汇报，也可向上级医师提出有关问题，认真分析，并做出今天的治疗和诊断。

（2）必须体会和学习有关的无菌操作。先熟读操作的程序，再在别人操作时观看，然后在上级医师的指导下进行操作。在操作时必须预防交叉感染。这是为了保护自己和患者的安全。

（3）及时完成相关记录。及时完成病程记录，做到一般患者天天记，重危患者及时记，特护患者时时记。

（4）深入病房，了解病情。这是与患者心的交流，要用普通的语言谈心、解答问题、安慰患者，发现病变，给予心理治疗，同时将不能解决的问题及时向老师和护士反映，使患者得到及时治疗。

（5）总结一天的工作，为了明天更好的工作，也是复习自己所学过的基础理论，是实践与理论的再结合。从书本上寻找解答。对下一位患者摸索新的治疗方案。

浙江中医临床名家·徐志瑛

寄语：作为一位医师，要有"雄鹰的眼睛，雄狮的胆量，鲁班的智慧，波洛的推理，女人的纤手"。

二、如何开膏方

中医学是以中国哲学、文学、史学为基础，它引用了自然界的规律来类比人体的生理和病理，以整体观来分析人体中的气血盛衰和阴阳偏差，用审证求因的方法，制订理法方药的措施，最后治养结合、补偏救弊达到气血和顺、阴阳平衡，起到治病防病、延年益寿的目的。所以说中医文化是中医哲学的核心理念之一。

本人自 1983 年在慢性呼吸系统疾病患者中采用了冬病夏治的方法，当时部分患者已得到缓解，但还有些患者虽然症状减轻，肺、脾、肾三脏仍然阳气虚弱，故请我的老师杨继荪——国家级名中医指导，在冬季开展了"冬令调治"，收到了很满意的效果，起到了治病防病的作用。逐年地开展这项工作，深得人们的喜爱，膏方是通过中医的辨证，带着个体的差异，制成调治的膏滋，方便患者服用。在此我谈谈如何开膏方。

（一）膏方应因人而异

因为膏滋药是补治结合的，是在病后，或体虚，或产后，或亚健康者，在治疗后的一种继续，以达到缓解和临床痊愈的目的。我认为经过治疗病情得到稳定后使用最合适。所以对湿浊、出血、痰浊、急慢性胃炎、急慢性呼吸系统疾病等患者不能立即开方，必行治疗或用引路方后再决定开方。

（二）膏方一定要用理法方药

膏方是中国文化的一种表现，自古以来医者都重视脉案的书写。其中包括病因、病机、症状、立法、处方等。

病案 王某，五脏六腑，十二经脉充盛，气血满盈以达平定。由于肺气虚弱，难以卫外，加之饮食不节，伤及脾胃，运化失职，聚精成湿，蕴郁化热，灼炼成脂，沉积于肝，窜走脉中，阻碍气血畅行；肝失疏泄，营阴暗耗，气滞血瘀，郁热时下迫大肠，肠风出血，或下移膀胱；气化不利，肾气同亏，藏精不足，无力濡养腰脊。症见：容易感冒，纳佳，血脂、胆固醇、血黏度升高，脂肪肝，腰酸乏力，痔血，尿淋滴，舌质红苔白稍厚，脉细弦。给予益气固卫、健脾助运、化浊消脂、清泄肠热、补肾壮腰、固摄活血之法。制成膏滋缓调治。

（三） 要了解人的生理变化

当人出现了病理变化时，有很多病因，包括外因、内因、不内外因，更重要的是禀赋和人体阶段性变化。小儿是纯阳之体，而后每十年，人如走上了一次衰退必然阶段，正如《灵枢·天年》所论述。

（四）膏滋可以一年四季采用

生病不论四季，作为医师也是不论四季都在治疗疾病，实际上古代也是四季应用着。因为中医的药物形式是饮片、丸、丹、膏、散，特别是《清代皇宫秘方》一书中基本都是丸与膏。所以，病后、产后、亚健康、老年人更适用它。以前没有冰箱难以保存，现在可以长期保存。

（五）胶的应用

胶是膏方中常用的配方药，有的人认为胶越多越好，其实并不如此。一般用量在 500g 以下就可以，主要的是胶如何分辨应用。胶分为鹿角胶、阿胶、龟板胶、鳖甲胶、黄明胶。此乃补血益髓、血肉之有情之品，是栽培身肉之精血，常配合益气、健脾、活血之药而用。鹿角胶补一身之阳气，阳虚者可多用；阿胶具有补血生新祛瘀的作用，在产后和妇科病中多用，但个人认为现代的妇女由于工作的压力、更年期、失眠、心火偏盛，最好不用；龟板胶与鳖甲胶属养阴补精之品比较缓和，可与各胶配用；黄明胶是牛皮制成的，以胶质为主，有补血的作用。

（六）推广素膏

仅以糖和蜜糖熬炼成膏的，称为素膏，有滋润脏腑的功效，适用于各类患者，特适用于小儿。因为小儿多为先天不足、肺卫不固、脾弱胃强之体，用胶更不利于脾胃的吸收；有的亲属害怕吃胶会早熟；有的吃素的人也不愿吃膏滋。故用素膏是最好的了。素膏除用糖和蜜糖外，还可加枣泥、莲肉泥等。

第二节　桃李满园传芬芳

一、硕果累累

1997 年徐志瑛教授被评为浙江省名中医，次年浙江省中医药管理局召开隆重的拜师仪式，王新华成为浙江省第一批名老中医学术传承继承人，经过3年的学习，经考核出师。继而徐华成为浙江省第二批名老中医学术传承继承人。2002年徐志瑛教授被人事部、卫生部和国家中医药管理局联合遴选为第三批全国老中医药专家学术经验继承工作指导老师，傅淑艳为其学术经验继承人。2008年凌红羽作为名老中医学术经验传承学习班的学员从事继承工作，现已结业。2012年徐志瑛教授再次被遴选为第五批全国老中医药专家学术经验继承工作指导老师，何煜舟、杜颖成了学术经验继承人，何煜舟师满后经答辩获得博士学位，杜颖获得硕士学位。

　　2011年成立的全国名老中医药专家徐志瑛传承工作室，是国家中医药管理局第二批下达的工作室。2013年徐志瑛工作室信息网络平台采集管理系统投入使用。目前工作室拥有名老中医药专家临床经验示教诊室、名老中医药专家临床经验示教观摩室及名老中医药专家资料室及仪器设备等配套设施。其中名老中医药专家临床经验示教诊室面积大于 $20m^2$，用于门诊诊疗患者；名老中医药专家临床经验示教观摩室面积大于 $30m^2$，用于临床带教、讲座、病案讨论等；名老中医药专家资料室面积大于 $50m^2$，用于名老中医临证医案、笔记、心得等资料的整理与储存。在场所安排、环境布置、物品摆放、工作程式等方面能体现中国传统文化元素。此外，工作室还配有计算机、网络宽带、声像采集系统（摄录设备和编辑系统）、实时记录设备（录音笔、移动存储设备）等配套硬件。王新华为工作室负责人，工作室成员组成见表1。尚有来工作室参加学习的外地学员，见表2。经过5年的建设，于2016年顺利完成了国家中医药管理局的验收。在工作室建设期间，工作室成员总结徐志瑛教授学术经验，完成了其有代表性的优势病种7个。

表1　工作室成员

姓名	性别	年龄	从事专业	学历/学位	职称/职务	工作单位或部门	分工
王新华	男	49	中医内科（呼吸科）	硕士	主任中医师/科主任	浙江省中医院	负责人/继承人
傅淑艳	女	46	中医内科（肝病）	学士	副主任医师	浙江省中医院	继承人
徐华	男	43	中医内科（急诊）	学士	副主任医师	浙江省中医院	继承人
何煜舟	男	43	中医内科	博士	主任医师	浙江省中医院	继承人
杜颖	女	35	中医内科	硕士	主治医师	浙江省中医院	继承人
何以蓓	女	52	中医内科	学士	副主任医师	浙江警卫处医院	其他
裘生梁	男	37	中医内科	博士	副主任医师	浙江省中医院	其他

续表

姓名	性别	年龄	从事专业	学历/学位	职称/职务	工作单位或部门	分工
凌红羽	女	46	中医内科	中医传承	助理医师	浙江省中医院	嫡传
严颖	女	38	中医内科（肝病）	硕士	主治医师	浙江省中医院	其他
胡秋未	女	48	中医内科	学士	副主任医师	浙江省中医院	其他
叶美颜	女	48	中西医结合内科	学士	副主任医师	浙江省中医院	其他
朱杭溢	男	34	中医内科	硕士	主治医师	浙江省永康市中医院	其他
方灵云	女	49	中医内科	学士	主任医师	杭州市江干区人民医院	其他
张弦	女	30	中医内科	硕士	主治医师	浙江大学医学院附属妇产科医院	其他
胡军旗	男	27	中医内科（呼吸科）	硕士	住院医师	浙江省中医院	秘书
苏建明	男		中医内科（急诊）	硕士	副主任医师	浙江省中医院	继承人

表2 工作室进修学习人员

序号	姓名	医院	进修时间
1	郭笑琼	温州市第二人民医院	2012年11月至2013年1月
2	陈美玲	浙江省中医院	2013年7月至2014年5月
3	谢洪波	东阳市中医院	2014年5月至2015年2月
4	程菲	台州市立医院	2014年9月至2015年2月
5	胡克学	瑞安市中医院	2013年3月至2013年9月
6	郑正伟	丽水市中医院	2012年1月至2013年4月
7	严芳	金华市中医院	2013年8月至2013年10月
8	王康	玉环县第二人民医院	2011年4月至2012年9月
9	倪会明	海盐县中医院	2012年3月至2012年8月
10	尚德锋	磐安县人民医院	2013年5月至2013年10月
11	张留	舟山市妇幼保健院	2014年4月至2015年2月
12	即先毕	三门县花桥中心卫生院	2014年2月至2015年2月
13	潘欣欣	泰顺县中医院	2011年3月至2011年12月
14	应雪霜	永康城新区卫生院	2012年3月至2012年8月
15	姚春杨	庆元县人民医院	2011年3月至2011年12月
16	王德玉	新华医院	2012年4月至2013年1月
17	金晓滢	浙江大学医学院附属第二医院	2012年3月至2012年8月
18	余逸波	杭州红十字医院	2013年5月至2013年10月
19	柴秀娟	同德医院	2013年3月至2013年9月

浙江中医临床名家·徐志瑛

序号	姓名	医院	进修时间
20	赵湘	浙江省人民医院	2014 年 5 月至 2015 年 2 月
21	吴允华	东阳中医院	2013 年 8 月至 2013 年 10 月
22	张理梅	浙江省中医学院中山医院	2014 年 2 月至 2015 年 6 月
23	要全宝	上海市第四人民医院	2013 年 5 月至 2013 年 10 月
24	庞彩苓	山东潍坊中医院	2014 年 2 月至 2015 年 2 月
25	陈永	萧山中医院	2012 年 11 月至 2013 年 1 月
26	舒小平	衢州中医院	2013 年 8 月至 2013 年 10 月
27	汪凯鸿	舟山中医院	2013 年 8 月至 2013 年 10 月
28	李伟云	松阳县中医院	2014 年 10 月至 2017 年 9 月

二、桃李芬芳

（一）王新华

王新华，男，浙江桐庐人，主任中医师，硕士生导师，浙江省中医院干部科主任，国家中医药管理局"全国名老中医药专家徐志瑛传承工作室"负责人，浙江省中医药管理局重点专科（老年病）学科带头人，浙江省中西医结合学会呼吸病分会委员，浙江省中医药学会老年病分会副主任委员，浙江省医学会老年医学分会常务委员，中华中药学会老年病分会委员，浙江省康复学会老年病分会委员，中国老年保健医学研究会中医保健技术分会常务委员，浙江省中医药学会呼吸病分会委员。2004 年获得"全国卫生系统先进工作者"称号。1990 年毕业于浙江中医学院，1997 年作为浙江省名中医学术继承人，师承全国老中医药专家学术经验继承工作指导老师徐志瑛名老中医，经过 3 年多学习顺利出师；同时是浙江中医药大学硕士研究生导师，承担浙江中医药大学中医内科学（呼吸方向）研究生的教学工作，已培养硕士研究生 4 名（在读 2 名）。发表学术论文 20 篇，《中国百年百名中医临床家丛书——魏长春》任副主编，参编《现代中医呼吸病学》等著作 2 部。主持完成浙江省中医药科技项目"复方甘草甜素对肺纤维化鼠模型的疗效观察（2006C138）""益气养阴、活血化瘀法对肺纤维化鼠模型 TGF-β1 的影响（2006C138）"，在研浙江省中医药科技项目"祛风导痰汤对慢性咳嗽呼吸道神经源性炎症介质影响的临床研究（20123Z13046）"。

王新华擅长呼吸系统疾病的中西医诊治，尤其精于慢性咳嗽、肺间质纤维化、支气管扩张、支气管哮喘、慢性阻塞性肺疾病、肺癌及肺癌的介入治疗，特别是对肺间质纤维化等难治性疾病的中医治疗作了较深的研究，也涉及老年病和内科杂病的中医诊治。在呼吸系统疾病的治疗上遵循老师的学术经验和优势病种的总结，取得了较好的临床疗效，现就其老年病和内科杂病的经验进行阐述。

1. 冠状动脉粥样硬化性心脏病（简称冠心病）

冠心病，心绞痛属中医"胸痹心痛"范畴，其发病机制为心脉痹阻，而究其本质则为本虚标实，多与肺、肝、脾、肾功能失调有关，产生心之阴阳气血虚损，痰浊、瘀血、寒邪阻痹心脉，不通则痛。在辨治胸痹中，应从整体出发，既重视心之阴阳气血虚损及脏腑功能失调，又要重视痰浊、瘀血、气滞、寒凝等标证，通补兼施，标本兼顾。在治疗标证时尤其要注意"痰瘀"的治疗。

现代医学研究认为，动脉粥样硬化与脂质代谢失常密切相关，其本质是血浆中脂质侵入动脉壁所引起的反应。脂质侵入后，动脉内皮细胞受到损伤，引起血小板凝集，形成微血栓。肥胖、糖尿病常伴有脂质代谢失常。高血压损伤血管内皮引起血栓的形成，促进动脉粥样硬化的形成。脂质代谢失常，中医认为与痰的生成密切相关，这种"痰"称之为无形之痰，其来路有三：其一是肺、脾、肾之虚损，因肺为贮痰之器，肺失宣降，水津不能布散，聚而为痰；脾为生痰之源，脾失健运，水湿可聚而为痰；肾虚不能制水，津液不能蒸化，亦可聚而为痰。此类多为湿痰、寒痰。其二是肝肾阴虚则阳亢生热，也炼液为痰。此多热痰。其三是饮食不节，喜食膏粱厚味，易于生痰。另外情志不遂，或感风寒湿热之邪，致气机不畅，水湿停聚，亦可为痰。痰浊一旦形成，每与瘀血、气滞等病因交结不解，乘其胸阳不振而痹阻心脉，致气血运行障碍，则胸痹心痛发生。

由于痰瘀在发病中的作用，对于心痛（心绞痛）发作，常用瓜蒌薤白半夏汤合当归四逆汤加减。瓜蒌滑利，善开胸中痰结；薤白辛滑通阳，下气散结；瓜蒌、薤白二药配伍，能祛咽中之痰，利胸中宗气。桂枝温经通阳，苏梗理气宽胸化湿。半夏、茯苓燥湿化痰，痰化则结开，胸闷得舒。当归、赤白芍、川芎、降香、苏木活血化瘀。因气为血母，气行则血行，气化则湿化，气顺则痰消，故流通气机甚为重要，在化痰祛瘀的同时，必须配以行气之品，如沉香曲、檀香、木香、香附、佛手、枳壳之类。如痰湿重，胸中憋闷如窒，苔腻，脉滑，选加藿香、石菖蒲、川朴、砂蔻仁、桑白皮、薏苡仁、浮海石、

浙江中医临床名家 · 徐志瑛

胆南星、远志以化痰祛湿。如有心悸，加柏子仁、酸枣仁、淮小麦之类；如心气虚或心之气血不足，则可合用炙甘草汤；如心阴虚，可合生脉饮加味。如肺脾气虚，可用加黄芪、人参、白术、山药、黄精等。

冠心病患者往往合并肥胖、高脂血症、高血压等，对于肥胖、高脂血症者加用绞股蓝、泽泻、决明子等，如高血压加用苦丁茶、钩藤。

值得一提的是葛根，药理研究表明，葛根不仅有降血脂的作用，而且具有扩张冠状动脉，增加脑血流量的作用。故临床上，冠心病、高脂血症、高血压及椎基底动脉、脑动脉供血不足常用之，其用量可达 30 ～ 60g。

2. 慢性胃炎

慢性胃炎属中医"胃脘痛""痞证"范畴，病位在脾胃，可涉及肝胆等脏腑。病理性质多以虚为主，虚实夹杂。究其病因，不外乎肝气犯胃、中焦湿阻、脾胃虚弱、胃阴不足。肝气犯胃，症见脘痞嗳气、嘈杂吞酸、气郁化火则胃脘灼热，常用柴胡疏肝散，气郁化火，加用左金丸；中焦湿阻，症见脘腹胀满或痛、不思饮食、苔厚腻，平胃散主之，药用苍术、川朴、藿梗、苏梗、蔻仁、滑石、炒莱菔子等；脾胃虚弱，症见纳呆、嗳气、脘腹胀满或痛、神疲乏力、舌质淡苔白，用四君子汤，药用党参、白术、茯苓、扁豆、怀山药、生炒薏苡仁，如见虚寒之证，痛而喜按、泛吐清水、大便溏薄，则加炮姜、桂枝、吴萸；胃阴不足，症见胃脘隐痛、纳少口干、舌质红苔少，用沙参麦冬汤加减。

根据慢性胃炎的病机特点，气滞是各种病因的共同归宿。气滞则胀而为痞，不通则血瘀而痛，故对于慢性胃炎的治疗，应以辨证与辨病相结合为原则，在辨证治疗基础上要抓住三个要点：①胃在生理上着重一个"降"字，治疗上着重一个"通"字；②重视胃的生理病理特性，通降胃气，脾胃分治；③脾胃为气机之枢纽，胃为多气多血之府，气滞可以影响血液运行，"久痛入络"，久病留瘀；因此调理气血是治疗上的重要环节，理气活血药是临床各型均须运用的药物。现代医学证实，理气药能促进胃肠排空，活血药能改善胃黏膜血供，促进炎症吸收，达到消胀止痛之功效。常用的理气药有佛手、香附、绿梅花、八月札、无花果、玫瑰花、玳玳花、甘松、川朴花、苏罗子，这些药物具有理气而不伤阴之效，特别是花类药物，性平和，芳香，有理气解郁之功效，理气而不伤津，通中有润，悦脾而能降胃，深合胃之喜润喜通之性。花类秉受少阳春升之气，能升脾之清而降胃之浊。故特别适用于慢性萎缩性胃炎，胃阴不足的治疗。活血消瘀药，常用生蒲黄、延胡索、三七等。

慢性胃炎在临床所见常为寒热虚实夹杂，故在治疗上要随症加减，如泛酸嘈杂，加左金丸、乌贼骨、白及以制酸。左金丸中川连与吴萸用量根据病情可以变化，如泛酸剧，则川连用量大，而吴萸用量小；若泛清水，则川连用量小，吴萸用量可增加。胃脘灼热感亦是常见之症，多为胆汁反流、胃黏膜糜烂所致，可加蒲公英、藤梨根、水杨梅根、白花蛇舌草以清热解毒和胃。此外，在病理上有肠上皮化生，亦加上述四药配合活血化瘀之品，防止癌变。

3. 老年性便秘

老年性便秘是临床多见疾病，可见于多种急慢性病中，是以排便间隔延长，伴有大便干燥硬结，排出困难，排便后有残留感或不适感为主诉的一种病证。便秘虽然是小症，但长期便秘可引起痔疮、肛门裂伤、脱肛，因为努挣用力而疲倦乏力汗出，甚则引起气胸、心肌梗死等危候。由于老年人生理功能的变化，其便秘治疗不可单纯通下，应详审病机，随症而治。

大便虽出于魄门，但须气之推动，方能传导下行。它与肺、脾、肾、肝均有密功关系。肺与大肠相表里，肺热肺燥下移大肠，或肺气虚不能助大肠运行，则肠燥津枯。脾主运化，若脾气虚弱，运化无力，肠乏传导。肾司二便，肾阴不足，则肠失濡养，便干不行；若肾阳虚，则大肠失于温煦，传化无力，大便不通。肝气郁滞则腑气不通。盖人"年四十而阴气自半也，起居衰矣。五十肝气渐衰。六十心气始衰。七十脾气虚。八十肺气衰，九十肾气焦，四肢经脉空虚"。可见年老之体，精血亏少，元气虚馁，肺失肃降，脾胃升降失常，肝乏疏泄之能，肾无开合之力，则出现肠失传导而便秘。

对于脾虚，肾虚，津枯血少，肝郁气滞之便秘可用补脾、温阳、养血、行气诸法。其中脾虚时应补脾升清，以补中益气汤加大剂量白术，每剂60g，具有良好的通便作用。对于津枯血少之便秘，临床常用决明子30g、生地黄15g、女贞子15g、当归15g、白芍20g，肉苁蓉10g，其中决明子有大黄通便之功，而无大黄损胃之弊。肾阳不足，肠失温润，大便秘结，小便清长，四肢不温，可用济川煎之类，药如肉苁蓉、熟地黄、杜仲、牛膝、当归、升麻、枳壳之类。肝主疏泄，肝气能推动胃肠运动，故在治疗便秘时常加用行气之品，如枳壳、香附、川朴之类。

要特别重视肺在治疗便秘中的作用，肺与大肠相表里，大肠的传导功能有赖于肺气的肃降，临床治疗肺疾时，通过清肺、宣肺、补肺，患者大便往往通畅。即所谓"上道开，下窍泄"。如肺热咳嗽、咳痰黄稠、气急，大便秘结，此为肺热下移大肠，可用桑白皮汤加味清肺通便。如肺气阴不足，肺

浙江中医临床名家 · 徐志瑛

津不能下达润肠而便秘，治疗时可选用桔梗、杏仁、紫菀、党参、天冬、麦冬、黄精等品开提肺气，养益肺阴，使肺阴复而肠润，肺气足则魄门启闭有度，清升浊降，气机通畅，大便自然通利。因此，在治疗各类便秘时，应动用肺气，如加苏叶以宣之，以达肺气于大肠，加杏仁、桑皮、瓜蒌、桔梗以肃降肺气以动肠。

此外，有湿秘之症，患者虽大便稀溏，然也努挣难出。此为饮食所伤，过食辛辣烟酒肥厚，由脾阳受损，湿邪阻滞大肠所致。其面色晦滞，苔腻，治宜宣清导浊汤（茯苓、猪苓、晚蚕沙、皂荚子、寒水石），皂荚子入肺、大肠二经，其辛能通上下二窍，而无攻伐伤正之疑，用子更能直达下焦，畅通大便之闭结，用二苓、寒水石化无形之气，晚蚕沙助皂荚子逐有形之湿。

4.盗汗

盗汗是指入睡汗出，醒则汗止。"阴虚则盗汗，阳虚则自汗"，是辨治汗证的纲要。盗汗往往归因于阴虚，但亦不尽然。盗汗常归纳为下几个方面。

（1）阴虚盗汗：潮热，两颧色红，口干，舌红少苔，脉细数，为阴虚火旺，以当归六黄汤加减。

（2）阴血虚盗汗：汗为心液，心血虚，症见心悸，少寐，梦多，面色不华，神疲，舌红苔薄白，脉细，以归脾汤加减，加淮小麦30g。

（3）气虚盗汗：汗出，恶风，体倦乏力，面色少华，苔薄白，脉细弱，则以玉屏风散加减。

（4）湿热郁蒸：亦可见盗汗，其特点是汗黏，汗出后觉身热感，口苦，舌质红，苔白腻或黄腻，脉滑或滑数。由于饮食不节，脾虚失运，湿浊内生，湿郁化热，湿热蒸腾，迫津外出，故治以先清化，常用藿香、佩兰、猪茯苓、薏苡仁、姜半夏、炒黄芩、蔻仁、车前子、淡竹叶、浮小麦、稽豆衣。俟湿清，增益气健脾以善后，可减少复发。

（5）肝经郁热：常见于更年期妇女，其特点是寐时汗出，延及天明则头汗出，伴有心烦，潮热，舌红苔黄，脉弦，由于更年期生理功能急剧变化，心理调节相对滞后，易致肝气郁结，气郁化火，火迫津出，治以丹栀逍遥散加减，如腰酸软，加女贞子、墨旱莲、桑椹、金樱子。

（6）外感盗汗：特点是外感后所遗留，患者有盗汗的同时，常兼有恶风，周身酸楚，或鼻塞欠畅流涕，或头胀头痛，有时这些症状轻，须医者问及，患者才能告知。而外感为何有盗汗呢？盖邪从皮毛而入，邪正相争，祛邪外出，亦借汗为其出路，《伤寒论》第134条："太阳病，脉浮而动数，浮则为风，

188

数则为热，动则为痛，数则为虚，头痛，发热，微盗汗而出，而反恶寒者，表未解也。"亦即"卫强营弱""营卫不和"，故以桂枝汤调和营卫。

（7）瘀血盗汗：《医林改错》："因出汗醒，名曰盗汗，盗散人之气血，此是千古不易之定论，有用补气，固表，滋阴，降火，服之不效而反加重者，不知血瘀亦令人自汗、盗汗。"瘀血一方面是由于心气不足，推动无力所致，另一方面瘀血阻于脉络，心气鼓动而推之，必耗心气，使心气更虚，汗为心液，心气虚，不能固涩，则汗出。瘀血盗汗的特点是局部、半身出汗，兼有胸闷不适，舌质红或紫暗，或有瘀斑，方用血府逐瘀汤。

5. 低热

临床上常有一些患者低热，或自觉发热或五心烦热而实际体温不高，常伴有乏力、体倦、纳差、恶风、自汗、口干等症，往往缠绵不解。虽经西医抗生素治疗不瘥而要求中医治疗，此类发热，中医常归之于内伤发热，常用养阴清热、甘温除热诸法。

此类患者虽有内伤发热之气虚、阴虚之本，但不仅限于此，因虚则易受外邪，尤其是中焦气虚，湿浊内生，故往往合并有湿邪、风邪为患，形成虚实夹杂之证。特别是因为夹有湿浊之邪而使病势缠绵难愈。故处方仿蒿芩清胆合加减葳蕤汤或参苏饮之意。

（1）气虚夹湿：症见低热缠绵，体倦乏力，动则尤甚、自汗，恶风，纳呆脘痞，舌质淡苔腻，脉细软。

处方：青蒿30g、黄芩12g、银柴胡12g、淡竹叶9g、人参叶30g、苏叶9g、生米仁30g、茯苓15g、杏仁12g、砂蔻仁各9g、大豆卷12g、地骨皮12g、炙白薇12g、神曲12g、薄荷9g。

加减：若气虚甚，加生黄芪、白术、太子参。若恶风重者，加桂枝、白芍、防风调和营卫。

（2）阴虚夹湿：症见低热，以午后为甚，或自觉潮热、五心烦热、纳呆、口干而腻，便干、盗汗、少寐多梦，舌质红苔腻而有花剥，脉细数。

处方：青蒿30g、黄芩12g、银柴胡12g、淡竹叶9g、制玉竹15g、炙白薇12g、川石斛30g、芦根30g、知母12g、南沙参12g、茯苓12g、砂蔻仁9g、大豆卷12g、地骨皮12g、生米仁30g。

加减：若兼有气虚而体乏力，头晕气短，加人参叶、太子参。兼有恶风者，加苏叶、防风。盗汗者加浮小麦、糯稻根。

此外，常有更年期妇女，由于生理功能的急剧变化，心理调节的相对落后，产生肝气郁结的病理变化，出现低热或潮热，面部烘热，心烦易怒，口干而苦，舌红苔黄，脉弦数，用丹栀逍遥散加减治之，可加青蒿、地骨皮、胡黄连、黛蛤散以清肝泻火。

（二）傅淑艳

傅淑艳，女，浙江浦江人，副主任医师，浙江省中医药学会肝病分会委员。从事临床、教学、科研工作 20 余年，重视中西医结合治疗内科常见病、多发病、疑难杂症，并积累了丰富的临床经验。擅长病毒性肝炎、肝纤维化、肝硬化腹水、低蛋白血症、自身免疫性肝炎、脂肪肝、酒精性肝病等肝脏疾病的治疗研究，且有着显著的疗效。并对呼吸系统疾病的慢性咽炎、慢性鼻炎、鼻窦炎、急慢性支气管炎也有较好的效果。在面部色斑、口腔溃疡、痤疮、失眠、亚健康、养生保健、膏方调理等方面积累了丰富经验。她就跟师的感悟进行了总结。

2002 年我有幸成为第三批全国老中医药专家学术经验继承人，师从徐志瑛老师，开启了为期 3 年的跟师学习历程。虽然 3 年的跟师时间如白驹过隙，稍纵即逝，但徐老师一直是我心里永远的老师。事实上，自跟师之后，我一直在学习，一直在从师，从来没有真正意义上的结束。老师对我的指导贯穿了我之后的行医生涯。在临床上每当我遇到各种疑难杂症时，都可以从经验丰富的老师那里得到指点，老师从来都是毫无保留地把她的经验传授给我们，循循善诱，孜孜不倦。这么多年以来，老师豁达开阔的胸襟和大医精诚的医德也深深影响着我，她告诫我们、勉励我们的每一句话，我都铭记于心，并践行于实践。老师常说医生医治生命如治国一样，"不为良相则为良医"。同时告诫我们医生要具备"雄鹰的眼睛，雄狮的胆量，鲁班的智慧，波洛的推理，女人的纤手"。这也是我追求的最高目标。

老师强调治病重在辨证，治病求本。她认为"生之本，本于阴阳"，治病求本就是通过审因求证，辨明疾病的阴阳寒热虚实。每一种疾病都具有其特有的临床表现特点，治疗要点亦异，只有抓住疾病的本质，方能达到事半功倍的目的，由于疾病表现的多样性、复杂性和易变性，在临床诊治的过程中往往会出现真象假象交纵错杂、虚实夹杂的情况，干扰治疗。老师在 50 余年的临床实践中积累了丰富的临证经验，面对复杂的证候群，通过现象看本质，抓住辨证的纲领和关键的证候，详细准确地辨别病证的属性，制订相应的治疗方案，取得了很好的临床疗效。如治黄疸，不能一味用清热利湿之茵陈蒿汤，而要辨证用药，有时须温阳利湿，习用淡附子、桂枝。

病案 1 王某，男性，52 岁，诊断为慢性乙型病毒性肝炎，肝炎后肝硬化失代偿、黄疸、腹水反复多年，曾多次在多家医院住院，中西医治疗，效果均不佳，后转诊我师，当时目黄，身黄，腹胀，口干，但我师观察到患者双手冰凉渗透至医者，望其衣着多于常人。加之前医者多用清热利湿之苦寒之品，损其阳气，湿从寒化。故改用温阳利湿之法，大胆运用淡附子、桂枝、淫羊藿等，2 个月后黄疸降至正常范围，后改用健脾助运之剂善后。随访 2 年病情稳定，恢复劳动力，已参加工作。目前随访患者乙肝三项系已转阴。

病案 2 李某，女性，32 岁。因"反复乏力、纳差 14 年"于 2016 年 5 月 23 日上午拟"肝硬化（失代偿期）：自身免疫性肝病考虑"收住入院。2002 年开始无明显诱因下出现乏力、纳差、厌食油腻，遂至当地医院就诊，予以检查肝功能，示丙氨酸转氨酶、天冬氨酯转氨酶偏高，为正常值 5 倍左右，予以降酶护肝及中药治疗，效果欠佳。2008 年常规复查后发现脾亢进，未予以特殊处理，继续护肝降酶及中药治疗。2009 年至上海就诊，予以肝脏穿刺，病理回示考虑自身免疫性肝病可能（具体不详），予以熊去氧胆酸胶囊 250mg，每日 1 次，口服。肝功能指标较前好转，长期服用熊去氧胆酸胶囊。2013 年因胃底静脉曲张及脾功能亢进于浙江某医院行"脾切除术和食管胃底静脉断流术（具体不详）"，术后恢复可，长期服用熊去氧胆酸胶囊、易善复护肝治疗，定期随诊，病情控制可。1 个月前发现妊娠，伴有腹胀，遂至当地医院查肝功能，丙氨酸转氨酶 64U/L，天冬氨酸转氨酶 40U/L，碱性磷酸酶 121U/L，血清白蛋白 36.8g/L，子宫 B 超：宫内早孕、见心血管搏动；盆腔积液。当地多家医院妇科医师认为风险太高，不予以接纳。建议终止妊娠。故来我们医院寻求治疗。我没接诊过类似的肝硬化门静脉高压的妊娠患者。但我也不忍心看到这样一位极其渴望做母亲的人，将失去做母亲的机会，因为她已做好了随时可能失去自己生命的各种心理准备，我被伟大的母性打动了。决定请求老师保驾。她听取我的病史汇报，综合评估后决定帮助患者实现愿望。

一诊：2016 年 5 月 23 日。患者胃纳可，二便调畅，舌淡，苔薄，脉细稍滑。处方：茯苓 15g、生白术 12g、炒黄芩 12g、陈皮 10g、猪苓 12g、垂盆草 30g、泽泻 10g、梅花 9g、佛手 12g、玉米须 30g、白茅根 30g、地骷髅 30g、槲寄生 12g、厚朴花 12g、麸枳壳 16g、金钱草 30g、大腹皮 9g、升麻

浙江中医临床名家·徐志瑛

3g。3剂,早晚各1次,温服。

二诊:2016年5月25日。茯苓15g、生白术12g、炒黄芩12g、猪苓12g、金钱草30g、玉米须30g、白茅根30g、地骷髅30g、升麻5g、佛手12g、槲寄生12g、厚朴花12g、麸枳壳16g、泽泻10g、豆蔻(后下)5g、黄连6g、太子参12g、木香6g。

三诊:2016年5月28日。茯苓15g、生白术12g、炒黄芩12g、猪苓12g、金钱草30g、玉米须30g、白茅根30g、地骷髅30g、升麻5g、厚朴花12g、佛手12g、槲寄生12g、麸枳壳16g、泽泻10g、豆蔻(后下)5g、黄连6g、太子参12g、炒鸡金10g。

后复查多次腹水消退,住院观察1个月后出院,出院后患者各项指标正常,坚持正常上班,在我们的远程帮助下,坚持到34周顺利剖宫产出一健康男婴。到目前为止,男孩健康活泼,患者各项指标也在正常范围,过着幸福美满的生活。

自师承以来,回顾过去的点点滴滴,有了不少的收获,老师的医德医风和敬业精神让学生佩服,值得学生一生学习。

老师对每一位患者都一视同仁,认真负责,尤其是她的门诊病历都是亲自认真书写的,从不马虎对付。半天的门诊时间往往都要延续到晚上。每年的冬季开膏方期间,更是忙得不可开交,白天上班,晚上开白天根本完成不了的膏方,因为老师对患者相当的负责,不随便处方,一定要经过深思熟虑才能完成,一张膏方一般要花上一个小时。所以每晚得忙到深夜。可这些都是工作时间以外的工作量,不计报酬。正是她这样无私的付出,给很多人带来了生命和希望。老师任劳任怨的工作作风,深深打动了我的心,让我更领悟了高尚的医德,坚定了做一名中医师的信念,并朝着这个目标努力。

跟师工作虽然辛苦,但值得,本人的中医水平有了很大的提高,上了一个新的台阶。可仍存在一些问题,对一些疑难病的治疗抓不住重点,辨证不够准确,影响疗效。所以虽然跟师结束了,仍继续向老师学习、请教。要不断学习再学习,以提高自己的业务水平。

经过这么多年的跟师学习和反复的临床实践,有了一些心得体会:①想要学好中医,首先得学会做人、做事。要具有良心、仁心、恒心、耐心,将心比心,用心去诊治每一位患者。②中医文化的博大精深,绝不是浅尝辄止就能领悟到的,需要长期的积累和接触,是一个积累的过程,也是成长的过程。一生需要不断地学习经典,从中去感悟真谛,从而才能灵活地指导临床诊断用药。

（二）徐华

徐华，男，1972年8月出生，副主任中医师。1996年毕业于浙江中医学院中医系，师从浙江省中医院院长、国家级名老中医徐志瑛教授，随诊3年，从事中西医结合疑难危重症诊疗工作22年，曾先后在北京协和医院、台湾长庚医院等地进修学习。擅长急性胰腺炎，急性肠梗阻，慢性支气管炎，哮喘，急慢性咳嗽，慢性胃炎，消化不良，便秘，胆囊炎，三高症（高脂血症、高血压、高血糖），痛风，月经不调，痛经，痤疮，中风后遗症等的中西医治疗，以及失眠、多汗、体倦乏力等亚健康状态的中医调治。目前任中华中医药学会急症分会委员、浙江省医学会院前急救分会委员、浙江省中医药学会感染分会委员、浙江省医学会急诊专业委员会青年委员、浙江省创伤专业委员会青年委员、浙江中医院下沙院区急救创伤中心副主任。曾在核心医学专业杂志上发表科研论文10余篇，主编20万字专著一部。主持参与省厅级课题6项。在此，徐华就急性肠梗阻的诊治经验及临床感悟做简单阐述。

急性肠梗阻是由于各种原因引起的肠内容物通过障碍的一种疾病。肠梗阻可造成肠道局部功能性改变，甚至可引起全身性病理、生理变化，严重者危及生命。常发生于肠道内阻塞或肠外压迫，或手术后、外伤后造成肠管运动障碍而引起的麻痹和痉挛，或血栓栓塞引起肠运动功能障碍，属中医"便秘""肠结""走哺""腑实证"等范畴。急性肠梗阻应参照"便秘""肠结""走哺""阳明腑实证"而辨证论治。不能因大便秘结而单用大承气汤。张仲景提出了寒、热、虚、实不同的发病机制，设立了承气汤的苦寒泻下、大黄附子汤的温里泻下、麻子仁丸的养阴润下、厚朴三物汤的理气通下，以及蜜煎导诸法，为后世医家认识和治疗本病确立了基本原则。《医学心悟·大便不通》将本病分为"实闭、虚闭、热闭，冷闭"四种类型。《寿世保元·大便秘》又指出"闭结有五，曰风闭、气闭、热闭、寒闭、湿闭也"，都指明了本病的病因。所以，从该病的病证和病因来讲必须从病因进行辨证，这就是"审因求证"的道理。

现代医学认为肠管局部的变化可表现为三种类型：①肠蠕动的增加引起肠绞痛，长期不能解除而转为蠕动逐渐减弱，甚至消失继而麻痹。②肠管的膨胀，这是由于肠内的气体和液体积聚所致。③肠壁充血，通透性增加，使肠壁血流不畅。这是由于肠梗阻引起体液和电解质丢失，使水、电解质与酸碱平衡失调，加重了肠梗阻的发展。使肠内容物淤积、细菌迅速繁殖，产生多种毒素，而致腹膜炎和毒血症，甚至发生休克、肠坏死、穿孔等并发症。

中医学的肠梗阻从病因上是寒、热、虚、实，症状是痛、胀、吐、闭，病位在大肠、小肠。最后造成气、血、湿、热蕴结，灼炼水液阻滞气血运行，脉络瘀阻错综复杂的变证。小肠功能为受盛、化物和泌别清浊，也就是接受胃内来的饮食，进一步消化后将水谷化为精微和吸收化物。《素问·灵兰秘典》说："小肠者，受盛之官，化物出焉。"但必须通过脾气化而上升和小肠化而下降的作用，所以小肠有"分清别浊"的说法。同时也与肾的气化有着密切的关系。大肠接受小肠分清别浊后剩下的残渣，再吸收多余的水液形成粪便而经肛门排出体外，这是靠胃的降浊功能和肺的肃降功能来完成的。唐宗海在《医经精义·脏腑之宫》中说"大肠之所以能传导者，以其为肺之腑。肺气下达，故能传导。"此外，大肠的传导作用亦与肾的气化功能有关，故有"肾主二便"之说法。从而表明了本病的病位虽然在大肠、小肠，实际上与肺、胃、肾三脏关系非常密切。所以，大肠、小肠和胃皆属于六腑。《灵枢·本脏》说："六腑者，所以化水谷而行津液者也。"由于六腑传化水谷，需要不断地受纳、消化、传导和排泄，虚实交替，宜通而不宜滞，《素问·五脏别论》有"胃实而肠虚、肠实而胃虚"的论述。所以，后世有"六腑以通为用"和"腑病以通为补"的说法。

肠梗阻之病机应包括寒、热、痛、胀、吐、闭、瘤、满、燥、实、虚、瘀等的肠腑气机壅滞，传导失司。若处理不当或迁延日久，最终造成肠腑水、湿、浊、血、瘀、毒蕴结气机逆乱的变证。上述多种原因影响肺，肺失肃降，肺气上逆喘满不得平卧；胃失和降，胃气上逆，发为恶心、呕吐、嗳气、呃逆、胀痛痞满；肾失气化，无力推动阻隔在肠道的久蕴湿热毒瘀，化燥粪便内结，肠液枯涸，气血相搏，最终造成肠络受损，肠管坏死而危及生命。所以，对于该病必须进行病因病机的辨证论治才能取得一定的疗效。

辨清阳明腑实证是治疗肠梗阻的根本，阳明腑实证是邪热传里与肠中糟粕相转而成燥屎内结的证候，病情较轻证为重，往往是轻证进一步发展的结果。但其有一定的脉证：日晡时发潮热，手足濈然汗出，脐腹部胀满疼痛，大便秘结，或热结旁流，腹中频转矢气，脉象多沉迟而实，或滑数，舌苔多黄燥厚腻，边尖起刺，甚者焦黑燥裂。此时若出现邪毒上蒸就会发生变证，出现神昏谵语、惊痫、喘冒不得安卧等危象。所以阳明腑实证的腹部胀满疼痛应从它的部位和程度的轻重来探测腑邪燥结的深浅。《伤寒论》中说："病人不大便五六日，绕脐痛，烦躁，发作有时者，此有燥屎也。"此种疼痛必然拒按，且必觉手下累累如块状。若仅是心下硬满，是实在上，没有传入肠中，化燥成实；若少腹硬满，则为病在下焦的蓄血证之类，都不可误认为阳明腑实。其特点在《伤寒论》中说："腹满不减，减不足言，当下之。"表明了腑实是有形的实邪内踞，所以满而不减，稍微缓和也是微不足道。而大便秘结虽然是腑实证，但也不能作为绝对依据。如《伤寒论》中说："伤寒不大便六七日，头痛有热者予承气汤。其小便清者，知不在里，仍在表也，当须发汗……"故小便清长表明没有里热。故腑实必须结合腹部胀满、里热和舌苔脉象才能正确做出诊断。

下法是阳明腑实证的主要治则，乃是泻下肠胃燥实。但首先应掌握时机，过早则阳邪内陷，失攻必致阴津内竭，造成危象。故《伤寒论》中按病轻重，病势缓急而投出大、小、调胃承气汤。

大承气汤证：日晡潮热、谵语、烦躁、腹部胀满坚硬、疼痛拒按，甚至喘冒不得卧，腹中矢气频转，大便秘结，或热结旁流，舌苔老黄、甚则焦燥起刺，脉沉实或迟滑，燥屎内结、痞满燥实，四证俱备。若不急下，则阳邪亢极，阴津立竭，宜大承气汤峻下。

小承气汤证：无大便或大便硬，谵语潮热，心烦，腹部胀满而坚硬，疼痛较轻，脉实或滑疾，舌苔黄垢。此为邪滞内阻、气机不运，燥实证象稍轻，宜小承气汤和之。

调胃承气汤证：邪热初传阳明，肠中燥热，胃气不和，腑实未甚，或由误用汗下，津液亏耗，以致肠中干燥，腹部胀满，大便不下，或热结旁流，蒸蒸发热，心烦，甚则谵语，可用调胃承气汤微和胃气。

总之，三承气汤也应随病情的变化和病因的不同而随时灵活加减，才能得到如虎添翼、得心应手之效。

辨别寒热虚瘀是治疗肠梗阻变证的关键，三承气汤有它特定的证候群，而临床上往往有着很大的变化，特别是病情发展到晚期而出现的肠梗阻。如手术后、外伤后、基础病、老年体弱等，都由于气血大伤，阴阳失衡，水液内停，阳气不振，血行凝滞，可以从寒而化，也可从热而化，最后造成气机逆乱。这时的肠道，是气、水、血互结的错综复杂变证，不能用承气汤解决，如果误下，必伤正气，可发生亡阴和亡阳、癃闭和关格，进入营血的变证，也就是现代医学讲的休克、脑衰竭、肾衰竭、呼吸衰竭、DIC 等变化。所以，这类病例必须辨别寒、热、虚、瘀。寒化时必温煦肾阳，振奋脾阳，行气化液，使水液得阳则开，清气上升，浊气下降，腑气则通；瘀滞脉络时，往往郁而化热，加重血瘀，气无所依附，无力推动血行，所以必重用活血祛瘀之药，使血动气行，热去津存，腑气得通；热毒内盛时必伤津液，肠道干燥，粪便无液推动，故首先解除热毒，并增液行舟以润燥，起到肠胃清的目的。在上述的情况下，都伴有虚的存在，所以扶正祛邪不能缺少。故有桃红承气汤、增液承气汤、大黄附子汤、厚朴三物汤、麻子仁丸、三物白散等方法的变化。

病案 曾经治疗一肠梗阻患者，汤某，男性，40 岁，工人。因被挖掘机挤压伤并从高处坠落入院。诊断为多发伤。入院 3 天后，出现腹部胀气，肠鸣音减弱。采用针灸，肛门排气，胃肠减压及中药大承气汤加生大黄粉冲服 3 天，无效。症见：腹胀明显，稍压痛，叩诊呈鼓音，烦躁，发热，B 超示：腹腔内少量积液，双侧胸腔少量积液，腹腔大量积气。舌紫暗，苔白，脉弦滑。法当清热解毒，活血泻下，行气扶正。处方：青蒿 30g、败酱草 30g、紫黄花地丁各 30g、川朴 12g、枳壳 15g、制大黄 20g、桃仁 12g、桂枝 6g、红花 12g、生薏苡仁 30g、绿梅花 9g、砂蔻仁各 9g、人参叶 15g、鸡内金 15g、沉香曲 12g。3 剂，水煎服，胃管内注入。二诊：上药鼻饲后，次日下午 5 时许出现肛门排气，排出大量气体，并解黄色稀便一次，腹胀痛明显缓解，低热未除，头痛晕，拟以上方去砂蔻仁、人参叶、鸡内金、沉香曲，加炒黄芩 30g、蛇舌草 30g、红藤 30g、佛手片 12g。以增其清热解毒之力。6 剂，水煎服后诸症尽除。此案为严重外伤后患者，虽有痞、闭、胀、痛、热、瘀等表现，已成腑实之证，然并不完全具备大承气汤痞、满、燥、实四大主症。故以大承气汤攻之未效。审证求因发现，患者有外伤史，又有舌质紫暗等气滞血瘀之象，推其病因，乃外伤后恶血内留，血瘀气滞，气机郁滞，腑气不通，大肠传导失司，推陈无力。又瘀而化热，灼伤肠中津液，则大便干结更甚。又伤后气随血脱，气虚则大肠传导无力。《素问·缪刺论》云："人有所堕坠，恶血留内，腹中满胀，不得前后，先饮利药。"故治病求本，治以活血泻下，清热解毒，行气扶正为法，以桃核承气汤加减治之。另配以绿梅花、砂蔻仁、沉香曲行气而不伤阴；人参叶、生薏苡仁、鸡内金健脾益气而不呆滞，佐以败酱草、蛇舌草等清热解毒之剂。诸药同用，则气行血动，热去津存，腑气自通矣。

（四）何煜舟

何煜舟，男，医学博士，主任中医师，浙江省中医院党委副书记。中华中医药学会急诊分会委员，中华中医药学会老年病分会委员，世界中医药联合会急症分会理事，浙江省中医药学会老年病分会委员、体质分会委员。第五批全国老中医药专家学术经验继承人，师从名中医徐志瑛教授。擅长咳嗽、哮喘、间质性肺病、甲状腺疾病、代谢综合征、脾胃病、肝胆疾病、冠心病等的诊治；主持或参与省部级和厅局级科研课题多项，并在各类杂志上公开发表论文 10 余篇。多项科研成果获浙江省中医药科学技术奖。总结了徐老师"脏腑杂病从胆论治"的经验，现述如下。

《素问·八节藏象论》载："凡十一脏取决于胆也。"东垣的《脾胃论》说："胆者，少阳春生之气，胆气升则万物化安，故胆气春升，则余脏从之。"又《素问·阴阳离合论》载："太阳为开，阳明为阖，少阳为枢。"以上从不同角度说明胆之枢开阖自如，胆气升发条达，则脏腑之气机升降正常。这说明人体脏腑之气机升降，皆与"胆"有着密切联系，"胆"与五脏六腑之间互相联系、互相影响、互相制约。徐老师从临床观察脏腑杂病与胆的关系，并从胆论治或兼治取得了较好的疗效。

1. 顽固性咳嗽

《素问·咳论》云："肝咳之状，咳则两胁下痛，甚则不可以转，转则两胠下满。""五脏之久咳，乃移于六腑……肝咳不已，则胆受之，胆咳之状，咳呕胆汁。"肝胆互为表里，二者共同调节全身气机的疏布。若肝胆气机失调，郁而化火，木火刑金，影响肺的肃降功能，则咳嗽不已。

徐老师在诊治慢性咳嗽表现为刺激性咳嗽、呛咳，或咽痒、痰少黏而难出，或夜半咳嗽的患者时，常考虑到胆的因素。若胆火犯胃则见咳剧时恶心欲吐、反酸、口苦。追问病史常有慢性胆囊炎、胆结石、胆息肉或胆囊手术史。治疗上常在清肺利咽、祛风止咳化痰的基础上加一味金钱草，既清利肝胆又清肺止咳。胆火犯胃者再加乌贼骨。胆火犯肺，灼伤肺津，肺阴不足者加羊乳参、鲜芦根、麦冬、玄参等清补之品。

病案 罗某，男性，75 岁。初诊于 2013 年 9 月 20 日，慢性咳嗽半年，进食、遇热、遇刺激性气味时易引发剧烈阵咳，为干咳，咽痒，无胸闷气急。肺部 CT：慢性支气管炎表现；B 超：胆囊炎。1 年前中风 2 次，左下肢跛行。舌红苔少滑，脉弦滑。此由风邪引动伏饮，兼胆气不舒，上犯于肺而发咳嗽。

处方：金荞麦 30g、射干 9g、蚤休 12g、木蝴蝶 9g、桔梗 9g、桑白皮 12g、浙贝 12g、浮海石 12g、人中白 12g、地肤子 12g、浮萍 12g、藏青果 12g、冬凌草 15g、金钱草 30g。7 剂后，咳嗽大减。二诊处方：羊乳参 30g、金荞麦 30g、射干 9g、蚤休 12g、桔梗 9g、桑白皮 12g、浙贝 12g、鲜芦根 30g、苏梗木各 12g、浮海石 12g、金钱草 30g、佛手片 12g、绿梅花 9g。药后咳嗽愈。

2. 焦虑症

《素问·灵兰秘典》载："胆者，中正之官，决断出焉。"心主神明，胆主决断，心胆二者在调节精神情志活动方面相辅相成，相互为用。胆为中正之官，能通调脏腑阴阳，胆气升则余脏气机通畅。如果胆病，胆气上扰心神而出现心悸、惊恐、不寐等症。

徐老师在治疗不寐、脏躁、焦虑等病症时，常从胆论治。常见心胆气虚、胆郁脾虚湿阻化热等类型。治疗上多以温胆汤为主方，或合甘麦大枣汤，心悸明显者合桂枝汤、桂枝加龙牡汤，胸阳不展、胸闷者合瓜蒌薤白汤，烦热不寐者合郁金菖蒲汤，头晕者合半夏白术天麻汤。

病案 张某，女性，34 岁。1 个月前因家中厨房着火受惊后出现多梦、难入睡，遇事易惊，心烦、心悸、胸闷，头晕乏力，大便日 7～8 次，便成形，量少，便意频繁，胃嘈杂，怕热，面萎黄，舌淡红苔白稍厚，脉弦滑。中医诊断：焦虑证，属心胆气虚，肝郁脾虚，痰湿壅滞。处方：温胆汤合桂枝龙牡汤，藿香 12g、炒苍术 12g、茯苓 12g、姜半夏 12g、天麻 12g、郁金 12g、石菖蒲 12g、远志 12g、合欢花 30g、枳壳 15g、北秫米 30g、生龙牡各 12g、桂枝 6g、苏梗木各 12g、制胆星 12g、淡竹叶 9g。7 剂。复诊：湿浊初化，寐改善，胸闷心悸除，头晕未作，便成形，日 4～5 次，纳可，舌红苔根白，脉细滑。上方去藿香、制胆星，加人参叶 12g。经治而愈。

3. 乳糜漏

《灵枢·本输》载："肝合胆，中精之腑。"《东医宝鉴》说："肝之余气，溢入于胆，聚而成精。"肝胆同主疏泄，胆藏精汁，助脾胃化食。"胆者，肝之腑，属木，主升清降浊，疏利中土"（《医学见能》），胆汁中主要成分是胆盐和一些酶类，主要帮助脂肪类饮食物的消化吸收。

乳糜胸腹水或乳糜尿多因各种原因导致胸导管、腹腔淋巴管梗阻、损伤而致。乳糜主要成分为甘油三酯。中医辨证常为湿热内蕴、脾肾亏虚，治法多为益气健脾、补肾固摄、利湿化浊消脂之法。脾虚气陷者予以补中益气汤加枳壳，肾气亏虚者予以六味地黄丸合水陆二仙丹，或桑椹、菟丝子、车前子。除辨证选方，徐老师必加荠菜花、金钱草、山楂、荷叶等以利湿化浊消脂，并配合低脂饮食，常获满意疗效。

病案 朱某，男性，68岁。2015年6月26日就诊，腹腔镜下升结肠癌根治术加肠粘连松解术后2周，术后第3天腹腔引流液增多且转浑浊，呈乳黄色，量每日200～250ml，乳糜试验（+），考虑乳糜漏。有胆囊结石，纳可，便调，体温37.2℃。舌淡红稍胖苔白，脉细滑数。此例乳糜漏，与腹腔手术损伤腹腔淋巴管有关。中医辨证属脾虚气陷，水谷精微运化、固摄失司，精微外泄。又胆为气机升降出入之枢纽，胆藏精汁，助脾胃运化水谷，参与脂肪代谢。故治宜益气健脾，化湿利胆消脂，予以补中益气汤加枳壳、金钱草、荠菜花、白薇。重用枳壳，意在疏解肝胆之气，消积导滞，行气除胀，合柴胡、升麻以助其升清降浊之枢机。金钱草、山楂利胆消脂以助脂肪代谢，荠菜花清热利湿。患者后因胆囊炎急性发作而未续服中药，经抗炎治疗好转，乳糜漏也减少并拔除腹腔引流管后出院。患者虽仅就诊一次，但徐老师的辨证加辨病的思路给我们以启示。

4. 往来寒热

病案 王某，男性，82岁。1年前外出旅游受凉后发作阵发性全身肌痛、畏寒、发热、汗出，加重1个月。无四肢关节肿痛。每2～3天发作1次，体温39℃左右，汗出透后热退身痛缓解，整个过程持续3～5小时不等。纳一般，便干，体瘦，面黄暗，唇紫，老年斑多，舌红淡紫苔薄少有津，脉细缓。曾住院检查未明确诊断。炙麻黄4g、桂枝6g、炒白芍12g、柴胡9g、姜半夏12g、炒黄芩15g、人参叶12g、羌独活各9g、寄生12g、青蒿30g、薄荷9g、生米仁30g、鸡血藤30g、细辛3g、茜草12g。

二诊：2015年8月28日。本周发作1次，伴两侧胸胁部瘙痒，便干，2～3天1次，舌紫苔薄白，脉细偏沉。

上方去茜草，桂枝改用肉桂3g，加秦艽9g、白芥子12g、全蝎3g、荷叶15g。

三诊：2015年9月4日。本周未发作，纳可，便日2次，舌紫苔薄白脉细滑。上方去薄荷，加丹皮12g。

患者为风、寒、湿、热、瘀共患，病情复杂。身痛恶寒为有表寒；恶寒发热汗出、往来发作，为正邪交争，邪留少阳；胸胁部发痒为风邪而致；唇舌暗紫为有瘀。徐老师以麻桂各半汤合小柴胡汤、蒿芩清胆汤为主，加辛温祛风通络之品，从太阳、少阳同治而获效。

总之，胆的主要生理功能为主少阳春生之气，主决断，藏精汁助消化。与心、肝、脾、肺、胃、肠等五脏六腑关系密切，因此胆病常常影响于五脏六腑的功能。徐老师在治疗诸多脏腑疾病时不忘胆的升发条达之性。

（五）杜颖

杜颖，女，硕士，毕业于浙江中医药大学中医临床专业，主治医师。师从徐志瑛教授 10 余年，为第五批全国老中医药专家学术经验继承人。作为钱塘学派的流派思想继承人，潜心研读医学经典，融会贯通，发展辨证论治，用以解决疑难杂症，讲究顾护胃气。在药物配伍上，注重辨阳明、分药性，收纳先辈诸论，广采用药经验，重用四诊、倚以八法、结合临床加以发挥。对内科杂病有一定研究，发表过《循证医学与中医辨证》《徐志瑛治不寐验案举隅》等论文。杜颖总结了徐老师治痰的经验。

痰是人体内水、精、津、液代谢异常，停聚而成的病理产物。同时痰又可以成为新的致病因子，引起更为广泛的病理变化。痰有狭义和广义之分。狭义之痰是指肺络渗出物和呼吸道的分泌物，或咳嗽而出，或呕恶而出，容易被人们察觉和理解，故有人称其为外痰、有形之痰；广义之痰是由于机体气机郁滞或阳气衰微，或情怀不畅，不能正常运化津液，使体液停留积聚，逐步蕴结而成，往往不为人们所察觉，故称其为内痰、无形之痰。

因此，徐老师认为痰伏于肺，为肺系咳喘病的病理基础，治疗当先治痰。痰去则肺络通畅，肃降有常，咳喘自止。在临床上，咳喘病患者初发时不论有痰无痰，徐老师都会使用祛痰药。同时治痰应注意以下四点。

1. 治痰当辨因

咳喘病治痰当根据痰的色量，辨其性质，分而治之。若痰色白而清稀，无腥臭，易咯出，属寒痰，宜选姜半夏、鹅卵石等温而祛之；若痰色黄而黏稠，难咯出，属热痰，当清而祛之，可用寒水石、天竺黄、姜竹茹、浙贝母等；若痰稀量多，滑而易出，为湿痰，常用苍术、半夏、茯苓燥而祛之；若痰少难咯，顽固难出，属燥痰，如同时伴见舌红苔少阴虚之象，宜加用沙参、天冬、麦冬、石斛、芦根、天花粉等；若痰经久难消，顽固不化，则皂角刺、海浮石、海蛤壳等不可少之；白芥子除有荡涤皮里膜外之痰的作用外，还有行气散结的功效，用于长期咳嗽有痰湿阻于经络的患者。

2. 治痰先行气

痰为水液聚集而成，与精血同源，均要靠气来推动，所以治痰必先行气。

故治疗咳喘病时当以宣肺理气为先，因此桔梗、枳壳、苏梗、陈皮等药必不可少。其中桔梗一药，其味虽平，但宣肺祛痰力强，当重用之；而枳壳不仅有化痰消积的作用，还有破气除痞的作用，所以，枳壳在治痰时能引导着其他化痰药直达病所，从而更好地发挥功效。

3. 治痰须健脾

"脾为生痰之源"，故咳喘病治痰时不可只求手太阴之标，而不顾足太阴之本。脾虚则积湿生痰，故健脾化湿以杜其生痰之源，是治痰的重要方法。咳喘病急性发作时，在祛痰的同时宜佐以培土，可配伍使用生炒薏苡仁、白术等，薏苡仁生用有利水渗湿、清热排脓之功，千金苇茎汤用其配伍桃仁、冬瓜仁、苇茎以清热排脓；咳喘病缓解期更须佐以健脾化湿，肺脾同治，方选参苓白术散、温胆汤加味等以理脾行气、助阳化湿、培脾土生肺金，达到杜其生痰之源的目的。

4. 治痰四法

"肺为贮痰之器"，肺通过咳嗽来清除气道中的痰液，因痰而咳，痰去咳自止。徐志瑛治痰主要有化痰、豁痰、祛痰、涤痰四种方法。化痰指借助于脾气的帮助来化去全身的痰饮，主要指较为清稀的部分；祛痰指祛除体内的痰饮，主要指祛除存在于肺部的痰饮；豁痰指将积聚在体内的痰块化掉成为较软的痰液，排出体外；涤痰指荡涤痰饮，不论较清稀的或是较稠厚的，这类药均能将其排出，力量较为强大。就排痰的力量来说，涤痰最强，豁痰次之，祛痰再次之，而化痰最弱。各种痰证变化不一，在治疗时即要根据不同类型采取不同方法，临床中并不能将它们完全分开，在呼吸系统疾病处于慢性期后，就需要加强豁痰或涤痰药之力。

（六）凌红羽

凌红羽（凌藝匀），女，助理中医师，为徐老师之女。2007年开始师承于浙江省中医院徐志瑛名老中医，2011年为徐志瑛名老中医工作室成员，整理徐志瑛名老中医病案资料。2013年7月于浙江中医药大学获中医学（中西医临床方向）本科学士学位。2013年9月获助理执业医师资格。2014年8月至浙江省中医院进行住院医师规范化培训，现为浙江中医院住院医师。发表论文5篇，整理出版《徐志瑛治疗危重疑难病案100例》，参与编写《徐志瑛学术经验集》，摘录部分内容如下。

在我小时候的记忆中鲜有母亲的陪伴。平时自不用说，她几乎没有准时

浙江中医临床名家·徐志瑛

下班回过家。即使过年过节，她也时常要在单位值班。有时难得在家，单位一个电话，她又急匆匆地赶去医院。回家后，她时常会和我们讲将一个病危患者从死神面前成功抢救回来而倍感欣慰，也会因无力挽回患者的生命而感叹和沮丧。

可那时，我并不能完全理解她经常"弃"我们于不顾的做法，而是非常羡慕邻家的小朋友们能承欢于母亲膝前，有母亲的呵护，能和自己的母亲撒娇。后来慢慢长大，知道当医生的辛苦，也听到许多其他医生护士或患者对母亲医德、医术、医风的称赞，终于慢慢了解和理解了母亲那时为何不能陪伴我们，并由衷地为自己的母亲感到骄傲，也对医生的职业开始有了敬畏之心。

2007年开始，我跟随母亲学医。在我踏入学医之路时，她勉励我：要成为一名真正的"良医"，就必须具有"雄鹰的眼睛、雄狮的胆量、鲁班的智慧、波洛的推理、女人的纤手"；在临床上要做到"眼勤、耳勤、口勤、手勤、脚勤"。要做一个现代的中医师，要"古为今用，西为中用"。我谨记于心，并以此作为我的座右铭，不断地勉励自己。她的医德医风也深刻影响着我，"要做一名既有医术，又有仁心的医生"。

在我独立试诊时，碰到一中年53岁男性患者王某，曾有高血压、糖尿病、肾癌术后病史。那天患者就诊走入诊室时，脚一软，摔倒地上，我赶紧过去搀扶他起来。他夫人对我说，他腰扭伤10余天了，床上躺了几天，今天腰还是使不上力。我详细向患者询问了病情，了解到患者双腿无力、脚麻而摔扑，无头痛头晕，无胸闷气急等诸症状。空腹血糖未测，血压平时自测稳定，当时血压150/90mmHg。纳便正常，寐安，舌淡红苔白厚，脉弦滑。我让患者躺于诊疗床上，仔细查体，右足巴宾斯基征弱阳性，其余无殊。因患者有肾癌、高血压、糖尿病等病史，巴宾斯基征弱阳性，当时我总感觉不放心，感觉患者的摔跤不是腰部的原因造成的，便建议他住院检查。患者不同意住院治疗，认为没问题。我先让患者静卧于诊疗床上，耐心做他思想工作并与其家属沟通，同时叫来急救车，患者终于同意住院。20多分钟后，患者出现嗜睡状况，至医院急诊室后即出现昏迷。急诊头颅CT示：①两侧大脑半球白质区、基底节区多发性缺血灶伴腔隙性脑梗死；②右侧大脑中动脉M1段局部密度增高，排除血栓形成可能；③脑萎缩。经及时抢救，患者终于脱离危险。

晚上回家后，母亲给予了我肯定，并对我说："作为一名医生，能坚持自己的原则，没有把疑危病人放回家应感到欣慰。"她又语重心长对我说："作为一名医生，一定要把病人的生命放在第一位，由于机体的不同，会出现各种复杂症状，一定要仔细负责，不能马虎，对于一时拿不准的疑难病症时，要劝导病人及时去相关的科室检查确诊，使病人能得到及时的治疗。今天你处理及时，挽回了他的生命，需要继续努力。"

上面这位患者脱离危险后，在母亲的指导下我给予了他中药医治。2016年11月2日脑血管造影：右侧颈内动脉末端闭塞伴少量烟雾状血管形成；右侧大脑中动脉及右侧大脑前动脉未显影；右侧后交通动脉开放；由前向后代偿；双侧颈外动脉未代偿颅内血管；右侧椎动脉为劣势侧，终止于右侧小脑后动脉；左侧颈内动脉起始处闭塞；左侧椎动脉为优势侧；基底动脉、双侧大脑后动脉未见明显异常；左侧后交通动脉开放，由后向前代偿左侧大脑中动脉及大脑前动脉供血区域。静脉期未见异常。

一诊：2016年11月4日。面色晦暗，反应迟钝，语言不能对答，上下肢能活动，但力不足，纳可，二便不能自控，舌红紫苔少，脉浮大滑。治疗拟益气活血、益智开窍、逐饮平肝之法。生黄芪30g、防己9g、桃仁12g、炒当归12g、川芎15g、广郁金12g、石菖蒲12g、藤梨根30g、鸡血藤30g、川石斛12g、紫丹参30g、苦参9g、益智仁15g、冬葵子30g、川连12g、鬼见羽12g。

二诊：面色仍晦暗，神清，不愿答话，走路时发抖，纳可，便干，舌红苔薄白，脉细滑。生黄芪30g、防己9g、桃仁12g、炒当归12g、川芎15g、藤梨根30g、鸡血藤30g、川石斛12g、冬葵子30g、鬼见羽12g、紫丹参30g、苦参9g、决明子30g、益智仁15g、狗脊12g、墨旱莲12g、绞股蓝12g。

经3个月治疗后，患者神清，能对答，活动已正常，夜尿遗，大便不畅，舌淡红苔薄，脉弦缓。血糖不稳定，餐后血糖13.7mmol/L，门冬胰岛素注射液每早16U，每晚13U。

再经近半年的治疗，患者诸症稳定，神清，生活能自理，思想活跃，纳佳，便调，舌红苔薄，脉细缓。血糖不稳定，空腹血糖6～8.4mmol/L，餐后血糖8mmol/L，门冬胰岛素注射液每早16U，每晚13U。二甲双胍，每日3次。患者后续不定期中药治疗，病情稳定。治疗中，我谨记母亲对我的教导，反复告诫患者及其家属，容易再次出现血栓的可能，患者有糖尿病一定要配合控制饮食。那一次及时挽救了患者的生命，患者病后能恢复到较好的状态，我非常欣慰，也收获了患者及其家属的感谢。

随着自己行医的时间长起来，我慢慢体会到母亲及其他一些前辈常说的，越看病越害怕，害怕自己的一个疏忽或经验的不足，对患者的病情把握不定，耽误患者的病情，造成了生命的流逝。所以，我看病时更认真仔细，有时患者的资料太多，就拿回家晚上再仔细整理。患者也对我充满了信任。

时光飞梭，师承母亲徐志瑛学医以来，回顾点点滴滴，她的医德医风让我敬佩，她的医术更督促我不断地努力学习。跟师的过程非常辛苦，但也乐在其中，因为我在试诊过程中水平得到了不断提高。我一直牢记母亲的教诲：学医不是一朝一夕，作为医生，要有慈悲之心，要有仁心，要有恒心，要有耐心去对每一个患者，从不断的学习中积累经验，提高自己的诊治水平。几十年在母亲身边耳濡目染，学习她做医生恪守的医德和精湛的医术，让我倍感幸运，更使我坚定自己选择的这条道路一定会越走越宽。一定要在继承和创新的道路上，在中医的治养结合工作中，贡献自己微不足道的力量。

（七）朱杭溢

朱杭溢，男，浙江永康人，副主任中医师，中华中医药学会中医药文化分会委员。浙江省金华市医界新秀，浙江省永康市中医内科重点学科带头人，永康市青年拔尖人才。2001年毕业于浙江中医药大学，师从浙江省中医院院长、国家级名老中医徐志瑛教授，随诊3年，从事中医药临床及科研工作18年，发表学术论文17篇，主编及副主编著作5部，参编著作4部。精通消化专科，参与各级课题多项，其中主持厅局级以上课题5项。擅长用中医、中西医结合等方法诊治各种多发病和疑难病，尤其对脾胃病、肝胆病、高脂血症、糖尿病、急慢性咳嗽、哮喘、肺支气管、肾病、风湿免疫病、心血管病、老年病、颈椎病、腰腿痛、中风及养生保健和膏方调理有较深入的研究。现就其少许常见疾病诊治经验、方药经验及临床感悟做简单叙述。

1. 慢性萎缩性胃炎

慢性萎缩性胃炎是以胃黏膜上皮和腺体萎缩，数目减少，胃黏膜变薄，黏膜基层增厚，或伴幽门腺化和肠上皮化生，或有不典型增生为特征的慢性消化系统疾病。随着胃镜检查的不断普及，慢性萎缩性胃炎的检出不断增多，成为消化系统疾病的常见病。

大部分慢性萎缩性胃炎都是从浅表性胃炎发展而来，常见外因有三个方面：①长期不良的饮食习惯。②慢性炎症的反复刺激。③胃内环境的改变。现代医学强调的幽门螺杆菌感染也是导致慢性炎症刺激与胃内环境改变的主要因素。从内因而言，则是自身修复能力不足。《黄帝内经》云"半百而衰"，故慢性萎缩性胃炎中老年多发。

从症状而言,萎缩性胃炎常见上腹部隐痛、胀满,嗳气,食欲不振,或消瘦、贫血。腹部隐痛、胀满,嗳气,是胃失通降的表现,并常见土虚木乘之证;食欲不振,或消瘦、贫血则是脾失运化,气血乏源的证候。经言六腑以通为用,叶天士据此提出"六腑以通为补"。据此笔者初期常以疏肝降逆、和胃健脾为主,力图恢复"胃主通降"的功能;后期则以健脾和胃、温补脾肾为主,提高患者自身修复能力,在临床上取得了满意疗效。

初期基本方:柴胡6g、炒白芍15g、枳壳10g、炙甘草10g、法半夏10g、白豆蔻6g、薏苡仁30g、茯苓15g、香茶菜15g、半枝莲15g、蒲公英30g。

方解:柴胡、炒白芍、枳壳、炙甘草调和肝脾,法半夏、白豆蔻、薏苡仁、茯苓降逆化湿健脾,香茶菜、半枝莲、蒲公英清热消痈。如阴虚者去柴胡、白豆蔻加北沙参、石斛、怀山药,甚者加乌梅肉;胀者加厚朴花、佛手、玫瑰花、扁豆花、大腹皮;久痛者加莪术、丹参、香附、延胡索、九香虫;消化不良者加炒二芽、焦山楂、鸡内金、莱菔子。

后期基本方:黄芪30g、党参10g、炒苍白术各15g、茯苓15g、炙甘草10g、炒白芍15g、枳壳10g、莪术10g、丹参15g、肉桂3g、蛇舌草20g、香茶菜15g。

方解:黄芪、党参、炒苍白术、茯苓、炙甘草益气健脾,炒白芍、枳壳疏肝柔肝,莪术、丹参祛瘀生新,肉桂温少火,蛇舌草、香茶菜清热消痈。阴虚者加养阴药,脾阳虚弱者加温补脾肾之品,同时可适当加用紫河车、阿胶等补益气血之品。

病案 患者,褚某,2010年10月26日经永康市某医院胃镜检查诊断为慢性浅表性胃炎伴隆起糜烂,病理示:萎缩伴肠化。经西药治疗1年后,于2011年12月1日在上海市某医院复查胃镜示:浅表性萎缩性胃炎,病理示:萎缩(++),肠化(+),炎症(++)。后于2013年来我处就诊,前期用方:蒲公英30g、茯苓15g、炒白芍15g、枳壳15g、炙甘草10g、法半夏10g、薏苡仁30g、佛手10g、香茶菜15g、半枝莲15g、蛇舌草20g、炒二芽各15g、鸡内金15g。加减治疗月余,腹胀腹痛、嗳气等诸症缓解。后期继用:黄芪30g、党参10g、炒苍白术各15g、茯苓15g、炙甘草10g、炒白芍15g、枳壳10g、莪术10g、丹参15g、肉桂5g、补骨脂15g、菟丝子15g、蛇舌草20g。加减治疗4个月后,于2013年12月3日在某大学附属医院胃镜复查示慢性胃炎，病理：阴性。

体会：萎缩与肠化在胃镜检查中屡见不鲜，两者既有联系又有区别，萎缩常与反复的炎性刺激和自身修复能力下降相关（如衰老），肠化常与反复炎性刺激和胃镜环境变化引起的适应性改变相关。所以除了消"炎"以外，萎缩更倾向于对自身修复功能的提升，偏于扶正；而肠化则注重胃内环境的恢复，偏于恢复其通降功能。

2. 黄芪建中汤应用举隅

黄芪建中汤是调理脾胃疾病的常用方剂，出自《金匮要略》，其方由黄芪、桂枝、芍药、生姜、大枣、炙甘草、饴糖等药组成，属桂枝汤类方，具有温中补虚、缓急止痛之功效，可治疗"虚劳里急，诸不足"，后世医家多有发挥，临床应用广泛。笔者在最近工作实践中发现该方加减应用对胃脘痛、汗证、心悸等病均有不错效果，特举其中三个案例以供探讨。

（1）胃脘痛

患者，叶某，女性，34岁，初诊日期：2016年11月28日。

怀孕5个月，2天前突发剑突下阵发性疼痛，得暖稍缓，纳可，二便尚可，舌淡苔白边锯，脉细滑。证属脾胃虚寒、中阳不振，方用黄芪建中汤治之。

处方：黄芪15g、桂枝6g、炒白芍20g、炙甘草10g、生姜5片、饴糖50g，3剂，水煎服。

二诊：2016年12月16日。患者上次服药后疼痛缓解，一直未发，但昨日饮食生冷后腹痛又起，舌脉如前，仍属中阳不足之证，予以原方加减。

处方：黄芪15g、苏叶15g、炒白芍20g、炙甘草10g、生姜5片、饴糖30g，5剂，水煎服。

药后复诊诸症尚可，未予处方，嘱服生姜大枣汤食疗，并注意饮食起居。

按：《金匮要略》妇人杂病篇云："妇人腹中痛，小建中汤主之。"此案属脾胃虚寒，故仿小建中汤意，加黄芪以补气固胎，建中汤以建中培土，使脾胃健运，气血通畅而腹痛自已。

（2）汗证

患者，张某，男性，45岁，初诊日期：2017年3月15日。

乏力倦怠2个月余，平素易汗出，动则加剧，易外感，颈背酸胀，腹部畏冷，赴多家医院检查未见异常，故来中医院就诊，查舌胖大苔边锯，脉细弱肤冷。证属阳气不固，方用黄芪建中汤加减治之。

处方：黄芪 30g、桂枝 10g、炒白芍 15g、炙甘草 6g、大枣 15g、干姜 10g、肉桂 5g、葛根 50g、煅牡蛎 60g、防风 6g、羌活 6g，7 剂，水煎服。

二诊：2017 年 3 月 24 日。诉服药后泻下数次，腹部较前稍温，腰背酸胀缓解，汗出仍有，较前稍缓，乏力倦怠仍有。

处方：黄芪 30g、桂枝 10g、炒白芍 15g、炙甘草 6g、大枣 15g、干姜 10g、肉桂 10g、葛根 50g、煅牡蛎 60g、防风 6g、羌活 6g、苏叶 15g、麻黄根 15g，7 剂，水煎服。

三诊：2017 年 3 月 29 日。诉药后乏力倦怠较前缓解，汗出亦少，二便尚可，腹部畏冷稍有，仍以前方加减服用 20 余剂而愈。

按：此案属中气素虚又兼外感，而见阳气不固发为汗证。虽有表证，不可过汗，故以黄芪建中汤以建其中而兼调营卫，营卫和则诸症渐愈。

（3）心悸

患者，陈某，女性，72 岁，初诊日期：2017 年 7 月 6 日。

胸闷心悸 1 周，乏力倦怠，四肢酸胀，小腿痉挛，腹胀纳差，二便尚可，舌淡紫苔白，脉沉细而结。既往有冠心病病史，曾服中药效果颇佳，故来中医院就诊。证属中气虚弱、心阳不振，方用黄芪建中汤合瓜蒌薤白汤加减。

处方：黄芪 30g、桂枝 15g、炒白芍 15g、赤芍 15g、生姜 3 片、大枣 15g、香附 10g、苏叶 15g、瓜蒌 30g、薤白 15g、半夏 10g、丹参 20g、五味子 6g，7 剂，水煎服。

二诊：2017 年 7 月 13 日。胸闷较前缓解，腿部痉挛，四肢乏力仍有，胃纳渐增，舌脉如前，继服原方 7 剂。

三诊：2017 年 7 月 20 日。胸闷不多，四肢酸胀乏力，舌脉如前。

处方：黄芪 30g、桂枝 15g、炒白芍 15g、赤芍 15g、生姜 3 片、大枣 15g、鸡血藤 30g、木瓜 15g、葛根 30g、煅牡蛎 30g、浮小麦 30g、麦冬 10g、五味子 6g，7 剂，水煎服。

四诊：2017 年 7 月 27 日。四肢酸胀好转，腿部痉挛未见，予以原方加减继服 10 余剂后，改用黄芪生脉饮等中成药以巩固疗效。

按：此案属心脾两虚，中阳不振，输运失司，精微无以上奉；心气虚衰，胸阳不旷，气血瘀滞而诸症变生。故以黄芪建中汤补中益气治其本，瓜蒌薤白汤宽胸化浊以治标，鸡血藤、木瓜等活血通络，以助四肢得养。待诸症渐平，则加黄芪生脉饮以补心气，使标本兼治而病渐瘥。

体会： 黄芪建中汤笔者在治疗虚寒性胃脘痛时最为常用，常以原方取效。治疗胃脘痛饴糖一味不可不用，其性黏滞，可延长药物在胃脘等处的停留时间，加强疗效。

3. 胃食管反流性咳嗽

胃食管反流性咳嗽（GERC）为因胃酸和其他胃内容物反流进入食管，导致以咳嗽为突出表现的临床综合征，属于胃食管反流病的一种特殊类型。诊断标准：①慢性咳嗽，以白天咳嗽为主。② 24 小时食管 pH 多通道阻抗监测 DeMeester 积分 ≥ 12.70，和（或）SAP ≥ 80%，症状指数 ≥ 45%，可用于 GERC 的诊断。但需要注意，少部分合并或以非酸反流（如胆汁反流）为主的患者，其食管 pH 监测结果未必异常。食管 pH 监测联合腔内阻抗能识别包括非酸反流在内的所有胃食管反流，是目前最灵敏可靠的 GERC 诊断手段。③抗反流治疗后咳嗽明显减轻或消失。

胃食管反流性咳嗽属中医"肝胆咳"和"胃咳"范畴，属内伤咳嗽。该病多见于木火刑金，气上犯肺和（或）胃火上炎，致气痰交阻之证。《丹溪心法》曰："善治痰者，不治痰而治气，气顺则一身之津液亦随气行。" 更说明了痰因气而生，故治痰先治气，气顺则痰自消、津液自布理论的重要性。

木火刑金，气上犯肺者，常用左金丸以平肝降气和胃；肝火旺者加栀子、丹皮；夜间反酸伴刺激性咳嗽者，可加乌贼骨、煅瓦楞、黛蛤散；嗳气可加旋覆花、代赭石，如有胆汁反流则加蒲公英、金钱草等清利之品。胃火上炎，致气痰交阻者，常用柴胡、香附、郁金、佛手、生枳壳等以疏肝理气，姜半夏、川厚朴、桑白皮以化痰，野荞麦根、人中白、射干、土牛膝等以清肺利咽。

病案 患者，王某，男性，37 岁，因反复反酸咽痒，咳嗽半年就诊。

初诊：2017 年 7 月 25 日。胃中发热，反酸，嗳气频频，咽痒反复半年，多次治疗无效，胃纳一般，大便稀，小便赤，舌质红苔白稍腻，脉弦小滑，四肢冷。诊断为反流性咳嗽，属胃气上逆之证，治拟疏肝和胃、降逆化痰之法。处方：柴胡 15g，炒白芍 30g，枳壳 24g，炙甘草 9g，茯苓 30g，桔梗 30g，旋覆花 10g，代赭石 6g，乌贼骨 20g，姜半夏、桑白皮、地骨皮各 10g。14 剂后症状改善，咳嗽渐止，再以原方加减，服用 2 个月余，症状得以缓解。

体会： 胃食管反流患者，脾胃常偏于敏感，易受精神及外界刺激而致病情波动，出现反复发作，更有甚者因贲门松弛导致生理屏障减弱而使疾病反复迁延，所以治疗中常辅用疏肝理气之品，并需与患者做好沟通，做好精神饮食调摄。

附 录

大 事 概 览

一、徐志瑛人事记

1939年，生于浙江省杭州市。

1959～1965年，就读于浙江中医学院中医医疗系（六年制），本科毕业。

1962年4～8月，跟随魏长春老师学习。

1964年4～11月，在杭州市红十字会医院内科，跟随吴宝森老师学习。

1964年12月至1965年6月，在宁波市中医院妇科，跟随宋世焱老师学习。

1965年9月至1966年10月，下基层参加"血防"工作锻炼和江西省乙脑工作队，被评为江西省"三好积极分子"。

1965年10月至1971年1月，在江西高安县人民医院工作，任住院医师，以内科、传染科、妇科、儿科等为主，每年被评为医院的"三好积极分子"。在传染病科以中药治疗流行性出血热，成功地把死亡率从96.7%下降为16.9%，其所在医院成为全国流行性出血热防治点，并举办了全国讲习班，为中医辨证论治的主讲人。

1971年，至今在浙江中医药大学附属第一医院，即浙江省中医院工作。

1972年，晋升为主治医师，主持中医病区工作。

1980年，率先在医院以中医药开展"三衰"并成立中医急症科，也在省内开展和组建中医急症协作组，负责高热、出血、中风、休克、急性菌痢等课题研究并担任省急症协作组副组长。

1981年，《"通里攻下活血化瘀"法对肺心病发作期的治疗及其对血气、血液流变学与电解质的影响》论文获1978～1980年浙江省自然科学较佳学术论文奖。

1983 年，担任中医内科主任，成立呼吸科，兼中医内科教研室主任，参与教学任务，于 1997 年被浙江中医药大学聘为临床兼职教师，2003 年取得浙江省教育厅颁发的教师资格证书。浙江省中医院成为全国中西医结合呼吸病学会副组长单位，其担任副秘书长。

1983 年，首次提出"冬病夏治""冬令调治"的方法，开展"冬令调补（膏方调治）"项目。

1985 年，晋升为副主任医师。在此期间担任科主任和学科带头人，并担任硕士生导师。

1985 ～ 2010 年，为历届"浙江省中医药学会"常务理事和"浙江省中医院学会内科分会"专业委员会委员。

1986 年，至今均被聘任为浙江省保健委员会专家和顾问。

1987 年，被聘为"浙江省卫生厅药品审评委员会"委员。

1987 年，被聘为"中国中西医结合研究会呼吸病专业委员会"委员。

1987 年，开办了"中医急诊"课程，为主讲人和组织者。

1987 ～ 1994 年，任浙江省中医院院长和兼浙江中医药大学中医系主任。

1988 年，被聘为"中华医学会浙江分会国际医学交流中心"理事。

1988 年，被聘为"光明中药函授学院浙江分院院务委员会"委员。

1988 年，被聘为"杭州西湖气功医院"顾问。

1989 年，以《清热解毒法与温阳蠲饮法治疗肺心病急性发作期的对照研究》论文获 1986 ～ 1988 年浙江省科技协会三等奖。

1989 年，被聘为《生活与健康》报编辑委员会委员。

1989 年，被聘为"中国防痨学会浙江分会肺部疾病"专家。

1990 ～ 1991 年，被聘为浙江省科学基金生命科学评审组成员。

1990 年，被聘为《中国中西医结合临床》杂志常务编委。

1991 ～ 1996 年，被聘为《浙江中医杂志》社编委。

1992 年，被聘为"全国中医院校临床教育研究会筹委会"委员。

1992 年，"止血 1 号的研究"获 1992 年浙江省医学科学技术进步三等奖。

1992 年，其负责的"慢性肺源性心脏病缓解期的冬病夏治临床研究"获浙江省卫生厅科学技术进步二等奖。

1993 年，晋升为主任医师。

1994 年，被聘为《浙江省人民医院院刊》特约编委。

1996 年，被聘为"中国中西医结合学会呼吸病专业委员会"委员。

1997年，被评为浙江省名中医。

1998年，被聘为"浙江省中西医结合学会首届呼吸病专业委员会"顾问。

1999年，"慢性肺源性心脏病阴阳转化实验研究及清热养阴法应用"获1999年浙江省教育委员会科技进步三等奖。

2002年，"益气温肾清热活血法对慢阻肺的肺功能保护作用的研究"获2002年浙江省中医药科学技术创新二等奖。

2002～2010年，被聘为浙江省医学会和杭州市医学会"医疗事故技术鉴定专家库"成员。

2003年9月至2006年9月，每周到东阳市中医院指导查房，建立呼吸科中医病房，培养吴允华为学科带头人。

2004年，获浙江中医药大学2003年度"优秀授课教师"称号。

2004年，荣获全国老卫生科技优秀工作者称号。

2004年，入选"中华名院、名医、名药"专栏。

2006年，获中华中医药学会首届中医药传承"特别贡献奖"。

2006年，被聘为《中华现代中医学杂志》专家编辑委员会常务编委。

2006～2008年，参与"针灸系的美容"中医专题课程。

2007年，被聘为浙江省名中医研究院研究员。

2007～2012年，为浙江省老科技工作者协会理事，浙江省老卫生科技工作者协会常务理事、中医专业委员会常务副主任委员。

2007年，获"第三批全国老中医药专家学术经验继承指导老师"荣誉证书。

2011年9月1日，国家中医药管理局批准成立"全国名老中医药专家传承徐志瑛工作室"。

2013年，被聘为博士生导师。

2018年，被评为浙江省国医名师。

二、著作

1992年，任副主编著《实用中西医结合呼吸病学》一书。

1996年，参编《实用农村手册》"中药学"一章。

1999年，参编《呼吸病药理学和治疗学》，撰写第41章。

2004年，审校《健康与合理用药》一书。

2006年，参编《中国医院管理难点要点指导》中医医院和专科医院管理篇。

2007～2009年，主审《浙江省名中医研究院徐志瑛手稿》，为浙江省名中医研究院内部刊物。

2008年，参编《浙江中医药名家之路》。

2011年，主审《徐志瑛膏方经验》。

2011年，参编《临证医案集萃——徐志瑛呼吸系统疑难杂病专家》。

2016年，主审《徐志瑛学术经验集》。

2017年，主编《徐志瑛治疗危重疑难病案一百例》。

三、学术论文

（1）徐志瑛.沥胞难产治例体会.浙江中医杂志，1965，（8）：19.

（2）徐志瑛."导泻法"治疗急性肾功能衰竭14例疗效观察.浙江中医学院学报，1984，（1）：24.

（3）徐志瑛.中医中药治疗肠道传染病疗效观察.浙江中医学院学报，1985，（1）：14.

（4）徐志瑛.清热解毒与温阳蠲饮法治疗肺心病急性发作期的对照研究.浙江中医杂志，1988，（6）：34.

（5）徐志瑛.慢性肺心病急性期失代偿性呼吸性酸中毒40例分析.浙江中医学院学报增刊，1989，（1）：55.

（6）徐志瑛."冬病夏治"法治疗慢性肺源性心脏病219例.浙江中医学院学报，1991，（3）：17.

（7）徐志瑛.温肾益气固本丸治疗支气管哮喘缓解期40例.浙江中医杂志，1991，（11）：482.

（8）徐志瑛.己椒苈黄汤加味治疗右心衰竭30例.浙江中医杂志，1993，（4）：156-157.

（9）徐志瑛.昏迷、休克、出血验案2例.中国中医急症增刊，1996，（5）：128.

（10）徐志瑛.急症临床验案.浙江中医学院学报，1997，（1）：31.

（11）徐志瑛.肺心固本冲剂治疗缓解期慢性肺源性心脏病的临床和实验研究.中国中医药科技，1998，（4）：119-120.

（12）徐志瑛.冬病夏治与冬令调治.浙江中西医结合杂志，2003，（6）：331-333.

（13）徐志瑛指导.论肝与代谢综合征.浙江中西医结合杂志，2004，（1）：23-24.

（14）徐志瑛.急性肠梗阻的辨证论治.浙江中西医结合杂志，2004，（4）：595-596.

（15）徐志瑛.联系日常巧取象援物比类话祛湿.浙江中医药大学学生科技杂志，2006，（7）：15-17.

（16）徐志瑛.肺间质纤维化的辨证施治.浙江中西医结合杂志，2008，（5）：265-267.

（17）徐志瑛.肺络为病——论肺间质纤维化.浙江中西结合杂志，2009，（6）：331-332.

四、课题获奖

（1）"止血1号的研究"获1992年浙江省医学科学技术进步三等奖。

（2）"慢性肺源性心脏病缓解期的冬病夏治临床研究"获1992年浙江省中医学科学技术进步二等奖。

（3）"慢性肺源性心脏病阴阳转化实验研究及清热养阴法应用"获1999年浙江省教育委员会科技进步三等奖。

（4）"益气温肾清热活血法对慢阻肺的肺功能保护作用的研究"获2002年浙江省中医药科学技术创新二等奖。

五、论文获奖

（1）《"通里攻下活血化瘀"法对肺心病发作期的治疗及其对血气、血液流变学与电解质的影响》论文获1978～1980年浙江省自然科学较佳学术论文奖。

（2）《清热解毒法与温阳蠲饮法治疗肺心病急性发作期的对照研究》论文获1986～1988年浙江省科技协会三等奖。